中华圣贤经典名篇名句

国学精粹

文捷◎编著

中国华侨出版社
·北京·

图书在版编目（CIP）数据

国学精粹 / 文捷编著. － 北京：中国华侨出版社，
2019.12

ISBN 978-7-5113-8083-8

Ⅰ. ①国… Ⅱ. ①文… Ⅲ. ①国学－通俗读物 Ⅳ.
①Z126－49

中国版本图书馆 CIP 数据核字（2019）第 262079 号

● **国学精粹**

编　著 / 文　捷
责任编辑 / 刘雪涛
责任校对 / 孙　丽
封面设计 / 环球设计
经　销 / 新华书店
开　本 / 670 毫米×960 毫米 1/16　印张 /20　字数 /288 千字
印　刷 / 香河利华文化发展有限公司
版　次 / 2020 年 3 月第 1 版　2020 年 3 月第 1 次印刷
书　号 / ISBN 978-7-5113-8083-8
定　价 / 49.80 元

中国华侨出版社　北京市朝阳区西坝河东里 77 号楼底商 5 号　邮编：100028
法律顾问：陈鹰律师事务所　　　编辑部：(010) 64443056　　64443979
发行部：(010) 64443051　　　　传　真：(010) 64439708
网　址：www.oveaschin.com　　E-mail：oveaschin@sina.com

前　言

　　中国是拥有五千年悠久历史的国家，漫长的岁月为她积淀了厚重的文化底蕴，儒家、道家、法家、墨家等文化是中华文化之精魂，几千年来，中国就是以这几种文化为发展基础，铸就了永垂不朽的民族精神。可以说，以国学为代表的中华文化传统是中华民族的"魂"和"根"，是中华民族的标志，是中华民族的骄傲，也是中华民族生生不息、团结奋进的不竭动力。一方面，中华民族的民族精神正是在中华文化传统之中孕育和发展起来的，中华民族文化不断传承、培育和发展着中华民族精神。另一方面，中华民族精神又构成了中华民族文化的核心和灵魂，成为中华民族传统基本特质与生命活力的集中体现。同时，千百年来，国学一直影响着国人的思想和道德，国学作为一种中华民族文化的传承，展现的不仅是中国悠久的传统文化，更是每一个中国人立身处世之本。为此，学习国学、了解国学，继承与弘扬中国的传统文化，是每一个中国人义不容辞的责任。

　　追根思源，知古鉴今。从个人角度来说，国学中蕴含着深刻的思想和智慧，不仅可使我们开阔视野，提升软实力，丰富知识，更有助于启迪我们的思维，引发我们新的思考、探索和行动。国学已经渗透到中国社会的方方面面，直接影响着国人的思想、意识、伦理、道德和行为。国学不仅是中国悠久传统文化的明证，也是每一个中国人立身处世之本，更是我们不可或缺的精神力量。学习国学、了解国学，继承和弘扬中国文化，是每个国人义不容辞的责任。作为一个现代人，不能不知道传统，作为一个中国人，不能不了解国学。然而，国学典籍汗牛充栋，国学内容庞杂浩繁，即使穷其毕生，也难通万一。

为帮助大家更好地了解和学习国学，我们特别编著了这本《国学精粹》，它精选了古代文化经典里的精华篇章，以古籍经典为基础，收录了其中非常有代表性的经典文字或篇目，各篇文章都是精编细选，分为原文、注释、译文三部分，尽可能流畅、准确地翻译原典，体现经典的内涵，力图用流畅的文字将国学经典中的精华传递给读者。本书体例既科学合理又新颖别致，可读性极强，是每位想潜心学习国学的朋友的好帮手。

目　录

论语篇

学而篇 ……………… 1

为政篇 ……………… 4

八佾篇 ……………… 8

里仁篇 ……………… 10

公冶长篇 …………… 14

雍也篇 ……………… 16

述而篇 ……………… 20

泰伯篇 ……………… 23

子罕篇 ……………… 26

乡党篇 ……………… 29

先进篇 ……………… 30

颜渊篇 ……………… 31

子路篇 ……………… 33

卫灵公篇 …………… 39

季氏篇 ……………… 41

阳货篇 ……………… 44

微子篇 ……………… 46

尧曰篇 ……………… 48

孟子篇

卷一　梁惠王上 ………… 49

卷二　梁惠王下 ………… 51

卷三　公孙丑上 ………… 58

卷四　公孙丑下 ………… 63

卷五　滕文公上 ………… 66

卷六　滕文公下 ………… 67

卷七　离娄上 •••••••••••• 70　　卷十一　告子上 •••••••••••• 81

卷八　离娄下 •••••••••••• 75　　卷十二　告子下 •••••••••••• 86

卷九　万章上 •••••••••••• 79　　卷十三　尽心上 •••••••••••• 88

卷十　万章下 •••••••••••• 80　　卷十四　尽心下 •••••••••••• 92

道德经篇

道经 •••••••••••• 95　　德经 •••••••••••• 100

诗经篇

周南 •••••••••••• 107　　唐风 •••••••••••• 139

召南 •••••••••••• 110　　秦风 •••••••••••• 143

邶风 •••••••••••• 114　　陈风 •••••••••••• 145

鄘风 •••••••••••• 119　　桧风 •••••••••••• 146

卫风 •••••••••••• 121　　曹风 •••••••••••• 147

王风 •••••••••••• 126　　豳风 •••••••••••• 148

郑风 •••••••••••• 128　　小雅 •••••••••••• 152

齐风 •••••••••••• 134　　大雅 •••••••••••• 163

魏风 •••••••••••• 137　　周颂 •••••••••••• 166

孙子兵法篇

始计篇 •••••••••••• 167　　虚实篇 •••••••••••• 176

作战篇 •••••••••••• 169　　军争篇 •••••••••••• 178

谋攻篇 •••••••••••• 170　　九变篇 •••••••••••• 180

军形篇 •••••••••••• 173　　行军篇 •••••••••••• 181

兵势篇 •••••••••••• 175　　地形篇 •••••••••••• 183

九地篇 ·············· 184 用间篇 ·············· 188

火攻篇 ·············· 186

鬼谷子篇

捭阖 ·············· 191 摩篇 ·············· 212

反应 ·············· 196 权篇 ·············· 216

内楗 ·············· 197 谋篇 ·············· 219

抵巇 ·············· 201 决篇 ·············· 223

飞箝 ·············· 204 符言 ·············· 225

忤合 ·············· 207 本经 ·············· 228

揣篇 ·············· 210 中经 ·············· 240

墨子篇

亲士 ·············· 245 非攻中 ·············· 250

修身 ·············· 246 非攻下 ·············· 255

七患 ·············· 247 大取 ·············· 263

非攻上 ·············· 248 小取 ·············· 272

史记篇

五帝本纪 ·············· 277 项羽本纪 ·············· 290

夏本纪 ·············· 280 高祖本纪 ·············· 297

殷本纪 ·············· 282 晋世家 ·············· 301

周本纪 ·············· 286 赵世家 ·············· 304

秦本纪 ·············· 287 孟尝君列传 ·············· 308

秦始皇本纪 ·············· 288

论语篇

学而篇

原　文

子曰①："学②而时习③之，不亦说④乎？有朋⑤自远方来，不亦乐⑥乎？人不知⑦，而不愠⑧，不亦君子⑨乎？"

注　释

①子：中国古代对于有地位、有学问的男子的尊称，有时也泛称男子。《论语》书中"子曰"的子，都是指孔子而言。

②学：孔子在这里所讲的"学"，主要是指学习西周的礼、乐、诗、书等传统文化典籍。

③时习：在恰当的时候进行温习。朱子将其解释为"时常温习、复习"，意思相近。

④说：同"悦"，愉快、高兴的意思。

⑤朋："同门曰朋"，也就是志同道合的人，泛指朋友。

⑥乐：快乐。

⑦人不知：别人不了解自己。

⑧愠：恼怒，怨恨。

⑨君子：具有高尚人格的人。

译　文

孔子说："学习，又时常温习和练习，不也是很愉快的事吗？有志同道合的人从远方来，不也是很快乐的事吗？别人不了解，自己也不怨恨、恼怒，这不也是一个有德君子所为吗？"

原　文

有子①曰："其为人也孝弟②，而好犯上③者，鲜④矣；不好犯上，而好作乱者，未之有也⑤。君子务本⑥，本立而道⑦生。孝弟也者，其为仁之本⑧与⑨！"

注　释

①有子：孔子的学生，姓有，名若，比孔子小33岁。

②孝弟：孝，子女敬爱父母；弟，同"悌"，弟弟善事兄长。

③犯上：犯，冒犯、干犯。上，指在上位的人。

④鲜：少。

⑤未之有也：此为"未有之也"的倒装句型。即"没有这种情况"。

⑥务本：务，专心、致力于。本，根本、基础。

⑦道：在中国古代思想里，道有多种含义。此处的道，指孔子提倡的仁道，即以仁为核心的整个道德思想体系及其在实际生活的体现。

⑧为仁之本：仁是孔子哲学思想的最高范畴，又是伦理道德准则。为仁之本，即以孝悌作为仁的根本。

⑨与：通"欤"，语气词。

译　文

有子说："具有孝悌之德，而喜好犯上的，这样的人是很少见的。不喜好犯上，而好作乱的人是没有的。君子专心致力于根本的事务，根本确立了，治国做人的原则也就有了。孝悌之德，就是仁道的根本啊！"

原　文

曾子①曰："吾日三省②吾身。为人谋而不忠③乎？与朋友交而不信④乎？传不习⑤乎？"

注　释

①曾子：孔子弟子，姓曾，名参，字子舆，小孔子46岁，鲁国人。曾参以孝出名，据说《孝经》《大学》就是他撰写的。

②三省：三，表示多次；省，自省、检查，即多次自省。

③忠：对人尽心竭力。

④信：信实、诚信。

⑤传不习：传，受之于师谓之传，即老师传授给自己的。习，温习、复习。

译　文

曾子说："我每天多次反省自己，为别人办事是否尽到忠心？同朋友交往是否信守诺言？老师传授给我的知识是否复习了？"

原　文

子曰："君子不重①则不威；学则不固②。主忠信③。无④友不如己⑤者；过⑥则勿惮⑦改。"

注　释

①重：庄重、自持。

②固：固陋，闭塞不通。

③主忠信：以忠信为主。

④无：通"毋"，不要。

⑤不如己：一种解释为"比不上自己"，另一种解释为"和自己不相像"。译文采用第一种解释。

⑥过：过错、过失。

⑦惮：害怕、畏惧。

译　文

孔子说："君子不庄重就没有威严；学习可以使人不闭塞；要以忠信为主，不要同不如自己的人交朋友；有了过错，就不要怕改正。"

原　文

有子曰："信近①于义②，言可复③也；恭近于礼，远④耻辱也。因⑤不失其亲，亦可宗⑥也。"

注　释

①近：接近、符合。

②义：义是儒家的伦理范畴。是指思想和行为符合一定的标准。

这个标准就是"礼"。

③复：实践。朱子《集注》云："复，践言也。"

④远：使动用法，使之远离，避免。

⑤因：因此，如此。

⑥宗：效法。

译　文

有子说："诚信符合于义，才能实行；恭敬符合于礼，才能远离耻辱。如此才不会失去别人的亲近，（这）也是值得效法的。"

原　文

子贡曰："贫而无谄①，富而无骄，何如②？"子曰："可也。未若贫而乐③，富而好礼者也。"子贡曰："《诗》云，'如切如磋，如琢如磨④'，其斯之谓与？"子曰："赐也！始可与言《诗》已矣，告诸往而知来者⑤。"

注　释

①谄：谄媚、奉承。

②何如：怎么样。

③贫而乐：安贫乐道。

④如切如磋，如琢如磨：此二句见《诗经·卫风·淇澳》。加工象牙和骨，切了还要磋，加工玉石，琢了还要磨，有精益求精之意。

⑤告诸往而知来者：诸，同之；往，过去的事情；来，未来的事情。

译　文

子贡说："贫穷而不谄媚，富有而不骄傲自大，怎么样？"孔子说："这也算可以了。但比不上贫穷却乐于道，富裕却喜好礼。"子贡说："《诗》上说，'如切如磋，如琢如磨'，就是讲的这个意思吧？"孔子说："赐呀，我可以同你谈论《诗》了，你能从我已经讲过的话中领会到我还没有说到的意思。"

为政篇

原　文

子曰："为政以德①，譬如北辰②，居其所③而众星共④之。"

注　释

①为政以德：以道德为基础执政，即采取"德治"。

②北辰：北极星。

③所：处所，地方。

④共：同"拱"，环绕的意思。

译　文

孔子说："（执政者）用仁德作为执政的根本，就会像北极星那样，处在自己的位置上，而群星都会环绕着它。"

原　文

子曰："吾十有五而志于学，三十而立①，四十而不惑②，五十而知天命③，六十而耳顺④，七十而从心所欲不逾矩⑤。"

注　释

①立：站得住，指立身处世。

②不惑：能够避免被外界欲望所迷惑。

③天命：指不能为人力所支配的事情。

④耳顺：面对纷呈的言论，能够分出真假。

⑤不逾矩：不逾越规矩。

译　文

孔子说："我十五岁立志为学；三十岁能够立身处世；四十岁能避免被外界事物所迷惑；五十岁懂得了天命；六十岁能正确对待各种言论，分辨它们的真假是非；七十岁时不用去刻意注意，随心所欲的言行都不会越出规矩。"

原　文

子夏问孝，子曰："色难①。有事，弟子②服其劳③；有酒食，先生④馔⑤，曾是以为孝乎?"

注　释

①色难：色，脸色。难，不容易。即侍奉父母做到长期和颜悦色

很难。

②弟子：晚辈、儿女。

③服其劳：服侍。

④先生：长辈、父母。

⑤馔：饮食、吃喝。

译　文

子夏请教什么是孝，孔子说："侍奉父母，最不容易的就是对父母和颜悦色。有了事情，儿女去做，有了酒饭让父母吃，这难道就可以算作孝了吗?"

原　文

子曰："温故而知新①，可以为师矣。"

注　释

①温故而知新：温习以前学习的知识，能从中得到新的收获。

译　文

孔子说："在温习旧知识时，能有新的体会和发现，就可以当老师了。"

原　文

子贡问君子①。子曰："先行其言而后从之。"

注　释

①问君子：以君子问，即问怎样做一个君子。

译　文

子贡问怎样做一个君子。孔子说："对于你要说的话，先做出来，然后再说。"

原　文

子曰："学而不思则罔①，思而不学则殆②。"

注　释

①罔：通"惘"，迷惑、糊涂。

②殆：疑惑、危险。

译　文

孔子说："只读书学习而不去思考问题，就会惘然无知而没有收获；只空想而不读书学习，就会疑惑而无所得。"

原　文

子曰："由①，诲女②，知之乎？知之为知之，不知为不知，是知也。"

注　释

①由：子路，孔子弟子，好勇力。

②女：同"汝"，你。

译　文

孔子说："由，我教给你的东西明白了吗？知道就是知道，不知道就是不知道，这就是智慧啊！"

原　文

季康子①问："使民敬、忠以②劝③，如之何？"子曰："临④之以庄，则敬；孝慈⑤，则忠；举善而教不能，则劝。"

注　释

①季康子：季孙氏，名肥，"康"是他的谥号，鲁哀公时任正卿。

②以：连接词，与"而"同。

③劝：勉励、自勉。

④临：对待。

⑤孝慈：一说当政者自己孝慈；一说当政者引导百姓孝慈。本文采用后者。

译　文

季康子问："要使百姓恭敬、忠诚，并能够相互劝勉，该怎样去做呢？"孔子说："用庄重的态度对待百姓，他们就会尊敬你；用孝慈之道来引导他们，百姓就会尽忠；贤能的人选拔、取用，不贤能的人对其进行教导，百姓就会互相勉励了。"

原　文

子曰："人而无信，不知其可也。大车无輗①，小车无軏②，其何以行之哉?"

注　释

①輗：古代大车车辕前面横木上的木销子。

②軏：古代小车车辕前面横木上的木销子。没有輗和軏，车就不能走。

译　文

孔子说："如果一个人不讲信用，不知道他能够做什么。就好像大车没有輗、小车没有軏一样，如何能够行驶呢?"

八佾篇

原　文

季氏旅①于泰山，子谓冉有②曰："女③弗能救④与?"对曰："不能。"子曰："呜呼! 曾谓泰山不如林放乎?"

注　释

①旅：祭祀山川为旅。当时，只有天子和诸侯才有祭祀名山大川的资格。

②冉有：孔子弟子，姓冉，名求，字子有，比孔子小29岁。当时是季氏的家臣，所以孔子责备他。

③女：同"汝"，你。

④救：挽求、劝阻。

译　文

季孙氏要去祭祀泰山。孔子对冉有说："你难道不能劝阻吗?"冉有说："不能。"孔子说："唉! 难道说泰山之神还不如林放知礼吗?"

原　文

子曰："君子无所争，必也射①乎! 揖②让而升，下而饮③，其争也君子。"

注　释

①射：原意为射箭。此处指古代的射礼。

②揖：拱手行礼，表示尊敬。

③饮：饮酒。

译　文

孔子说："君子之间没有什么可争的事情。如果有的话，那就是射礼了。比赛时，先相互作揖谦让，然后上场。射完后，又相互作揖再退下来，然后登堂喝酒。这就是君子之争。"

原　文

子入太庙①，每事问。或曰："孰谓鄹②人之子知礼乎？入太庙，每事问。"子闻之，曰："是礼也。"

注　释

①太庙：君主的祖庙。鲁国太庙，即周公旦的庙，供鲁国祭祀周公。

②鄹：春秋时鲁国地名，又写作"陬"，在今山东曲阜附近。"鄹人之子"指孔子。

译　文

孔子进入太庙以后，每件事都要询问。有人说："谁说此人懂得礼呀，他到了太庙里，什么事都要问别人。"孔子听到此话后说："这就是礼呀！"

原　文

子曰："射不主皮①，为力不同科②，古之道也。"

注　释

①皮：用皮做成的箭靶子。

②科：等级。

译　文

孔子说："比赛射箭，不在于穿透靶子，因为各人的力气大小不同。自古以来就是这样。"

原　文

定公^①问："君使臣，臣事君，如之何？"孔子对曰："君使臣以礼，臣事君以忠。"

注　释

①定公：鲁国国君，姓姬名宋，"定"是其谥号，公元前509—前495年在位。

译　文

鲁定公问："国君使唤臣子，臣子侍奉国君，都应该遵守什么规则呢？"孔子回答说："君主使唤臣子应该符合礼，臣子侍奉君主应该尽到忠。"

里仁篇

原　文

子曰："里仁^①为美，择不处^②仁，焉得知^③？"

注　释

①里仁：里，住处，借作动词用。即住在有仁者的地方。
②处：居住。
③知：同"智"。

译　文

孔子说："跟有仁德的人住在一起才是好的。如果选择住处不以接近仁者为标准，怎么能说是明智的呢？"

原　文

子曰："苟志于仁矣，无恶也。"

译　文

孔子说："如果立志于仁，就不会做坏事了。"

原　文

　　子曰："富与贵，是人之所欲也，不以其道①得之，不处②也；贫与贱，是人之所恶也，不以其道得之，不去③也。君子去仁，恶乎④成名？君子无终食之间违仁，造次⑤必于是，颠沛⑥必于是。"

注　释

　　①不以其道：采用不正当的方式。

　　②处：接受。

　　③去：摆脱。

　　④恶乎：怎样、如何。

　　⑤造次：急促、仓促。

　　⑥颠沛：人事困顿，颠沛流离中。

译　文

　　孔子说："富贵是人人都想得到的，但君子不用正当的方法得到它，就不会去享受它；贫贱是人人都厌恶的，但君子不用正当的方法摆脱它，就不会离开它。如果离开了仁德，君子又怎么能叫君子呢？君子没有一顿饭的时间背离仁德，即使在最紧迫的情况下也必须按照仁德办事，就是在颠沛流离的时候也一定会遵守仁德。"

原　文

　　子曰："我未见好仁者，恶不仁者①。好仁者，无以尚之②；恶不仁者，其为仁矣，不使不仁者加乎其身。有能一日用其力③于仁矣乎？我未见力不足者。盖④有之矣，我未之见也。"

注　释

　　①恶不仁者：厌恶不仁的事的人。

　　②无以尚之：没有比仁德更好的事了。

　　③力：力量、精力。

　　④盖：大概、可能。

译　文

　　孔子说："我没有见过爱好仁德的人，也没有见过厌恶不仁的人。爱好仁德的人，会觉得世上没什么会比行仁再好的了；厌恶不仁的人，不让不仁德的事发生在自己身上。有能一天把自己的精力用在实行仁德上的人吗？我没有看见精力不足的人。这种人可能还是有的，但我没见过。"

原 文

子曰："人之过也，各于其党①。观过，斯②知仁矣。"

注 释

①党：类别。

②斯：就。

译 文

孔子说："人们的错误，有很多种类型。所以，考察一个人所犯错误的性质，就可以知道他有没有仁德了。"

原 文

子曰："君子怀①德，小人怀土②；君子怀刑③，小人怀惠④。"

注 释

①怀：思念。

②土：乡土。

③刑：法制惩罚。

④惠：恩惠。

译 文

孔子说："君子思念的是道德，小人思念的是乡土；君子想的是法制，小人想的是恩惠。"

原 文

子曰："放①于利②而行，多怨③。"

注 释

①放：依据、依照。

②利：个人利益。

③怨：招致怨恨。

译　文

孔子说："只是为追求利益而去做事的话，就会招致更多的怨恨。"

原　文

子曰："君子喻①于义，小人喻于利。"

注　释

①喻：通晓、明白。

译　文

孔子说："君子懂得义的含义，而小人只知小惠小利。"

原　文

子曰："事父母几①谏，见志②不从，又敬不违③，劳④而不怨。"

注　释

①几：轻微、婉转。
②志：观点、意见。
③违：冒犯、忤逆。
④劳：忧愁、烦劳。

译　文

孔子说："侍奉父母，如果他们有不对的地方，要委婉地劝说他们。即使父母不听从，也应继续对他们恭恭敬敬的，不忤逆于他们，替他们操劳而不怨恨。"

原　文

子曰："父母之年，不可不知也。一则以喜，一则以惧。"

译　文

孔子说："父母的年纪，不可不知道。一方面为他们的长寿而高兴，一方面又为他们的衰老而忧惧。"

原　文

子曰："君子欲讷①于言而敏②于行。"

注　释

①讷：迟钝。这里指说话要谨慎。

②敏：敏捷、快速。

译　文

孔子说："君子说话要小心谨慎，行动要勤奋敏捷。"

公冶长篇

原　文

或曰："雍①也仁而不佞②。"子曰："焉用佞？御人③以口给④，屡憎于人，不知其仁⑤。焉用佞？"

注　释

①雍：孔子弟子，姓冉名雍，字仲弓。

②佞：能言善辩，有口才。

③御人：抵御别人，指争辩顶嘴。

④口给：言语敏捷。

⑤不知其仁：指有口才者有仁与否不可知。

译　文

有人说："冉雍这个人有仁德但不善辩。"孔子说："何必要能言善辩呢？靠伶牙俐齿与人辩论，常常会招致别人的讨厌。我不知道他是否具有仁德，但君子何必非得要能言善辩呢？"

原　文

子曰："吾未见刚者。"或对曰："申枨①。"子曰："枨也欲②，焉得刚？"

注　释

①申枨：孔子弟子，姓申，名枨，字周。

14

②欲：多欲望。

译　文

孔子说："我没有见过刚强的人。"有人回答说："申枨就是刚强的。"孔子说："申枨这个人欲望太多，怎么能刚强呢？"

原　文

子贡问曰："孔文子①何以谓之文也？"子曰："敏②而好学，不耻下问，是以谓之文也。"

注　释

①孔文子：卫国大夫孔圉，"文"是其谥号。

②敏：敏捷、勤勉。

译　文

子贡问道："孔文子凭什么能得到一个'文'的谥号呢？"孔子说："他聪敏勤勉而好学，不以向比他地位卑下的人请教为耻，所以给他谥号叫'文'。"

原　文

子曰："宁武子①，邦有道则知，邦无道则愚②，其知可及也，其愚不可及也。"

注　释

①宁武子：卫国大夫，姓宁，名俞，"武"是他的谥号。

②愚：守愚，装糊涂。

译　文

孔子说："宁武子这个人，当国家有道时，他就显得聪明，当国家无道时，他就装糊涂。他的那种聪明别人可以做得到，他的那种糊涂别人就很难赶得上了。"

原　文

子曰："巧言令色足恭①，左丘明②耻之，丘亦耻之。匿怨而友其人，左丘明耻之，丘亦耻之。"

注　释

①足恭：过分恭敬。

②左丘明：鲁国人，姓左丘，名明，相传是《左传》的作者。

译　文

孔子说："花言巧语，装出好看的脸色，低三下四地过分恭敬，左丘明认为这种人可耻，我也认为可耻。藏匿起怨恨，在表面上装出友好的样子，左丘明认为这种人可耻，我也认为可耻。"

原　文

子曰："已矣乎！吾未见能见其过而内自讼①者也。"

注　释

①讼：责备。

译　文

孔子说："算了吧，我还没有看见过能够看到自己的错误而又能从内心责备自己的人。"

雍也篇

原　文

子曰："贤哉回也，一箪①食，一瓢饮，在陋巷②，人不堪其忧，回也不改其乐③。贤哉回也！"

注　释

①箪：古代盛饭用的竹器。

②巷：此处指颜回的住处。

③乐：乐道。

译　文

孔子说："颜回真是有贤德啊！一箪饭，一瓢水，住在简陋的居所里，别人都忍受不了这种穷困清苦，颜回却没有改变他乐于求道的志向。颜回真是有贤德啊！"

原　文

冉求曰："非不说①子之道，力不足也。"子曰："力不足者，中道②而废。今女画③。"

注　释

①说：同"悦"。

②中道：中途。

③画：划定界限，停止前进。

译　文

冉求说："我不是不喜欢老师所讲的学说，而是我自己的能力不足。"孔子说："能力不足的话，只会半途而废，现在你是自己给自己划了界限不想前进。"

原　文

子曰："质①胜文②则野③，文胜质则史④。文质彬彬⑤，然后君子。"

注　释

①质：朴实、自然，无修饰。

②文：文采，修饰。

③野：粗鲁、鄙野，缺乏文采。

④史：虚伪、浮夸，言辞华丽。

⑤彬彬：指文与质配合恰到好处。

译　文

孔子说："质朴多于文采，就会流于粗鄙；文采多于质朴，就会流于浮夸。只有质朴和文采配合恰当，才是个君子。"

原　文

子曰："人之生也直，罔①之生也幸而免。"

注　释

①罔：不正直的人。

译 文

孔子说："人应凭借正直而立于世，不正直的人即使能够生存，那也只是他们侥幸地避免了灾祸。"

原 文

子曰："知之者不如好之者，好之者不如乐之者。"

译 文

孔子说："知道它的人，不如爱好它的人；爱好它的人，不如以它为乐的人。"

原 文

子曰："中人①以上，可以语上②也；中人以下，不可以语上也。"

注 释

①中人：具有中等才智的人。
②上：上等、高深的学问。

译 文

孔子说："具有中等以上才智的人，可以给他讲授高深的学问；才智中等水平以下的人，不可以给他讲高深的学问。"

原 文

樊迟问知①，子曰："务②民之义，敬鬼神而远之，可谓知矣。"问仁，曰："仁者先难而后获，可谓仁矣。"

注 释

①知：同"智"。
②务：致力于。

译 文

樊迟问孔子怎样才算是智，孔子说："专心致力于完善自己的品德，尊敬鬼神但要远离它，就可以说是智了。"樊迟又问怎样才是仁，孔子说："仁人对难做的事，做在别人前面，在享有收获的时候，甘心居于人后，这就可以说是仁了。"

原　文

子曰："知者乐水，仁者乐山^①；知者动，仁者静；知者乐，仁者寿。"

注　释

①知者乐水，仁者乐山："知"同"智"；乐，喜爱的意思。

译　文

孔子说："智者喜爱水，仁者喜爱山；智者好动，仁者沉静；智者常乐，仁者长寿。"

原　文

子曰："中庸^①之为德也，其至矣乎！民鲜久矣。"

注　释

①中庸：中，折中、调和，无过无不及。庸，平常、普通。

译　文

孔子说："中庸作为一种道德，该是最高的了吧！但人们缺少这种道德已经很久了。"

原　文

子贡曰："如有博施于民而能济众，何如？可谓仁乎？"子曰："何事于仁？必也圣乎！尧舜^①其犹病诸^②。夫仁者，己欲立而立人，己欲达而达人。能近取譬^③，可谓仁之方也已。"

注　释

①尧舜：尧舜等上古贤王是孔子心中推崇的圣人，代表德行最高的统治者。

②病诸：心有不足。

③能近取譬：能够就自身打比方。即推己及人。

译　文

子贡说："如果能博施惠利于老百姓，又能周济大众，怎么样？这样做可以算是仁了吗？"孔子说："岂止是仁，简直可以称为'圣'了！就连尧、舜这样的贤君也难以做到呢。'仁'就是自己期望有所成就，也要让别人同样有所成就；自己要显达，也要帮助别人一同显达。凡事能就近以自己作比，推己及人，这可以说就是实现'仁'的方法了。"

述而篇

原　文

子曰："默而识①之，学而不厌，诲②人不倦，何有于我哉③？"

注　释

①识：记住。

②诲：教诲。

③何有于我哉：我做到了多少呢？

译　文

孔子说："默默地记住所学的知识，学习不觉得厌烦，教人不知道疲倦，这些我做到了多少呢？"

原　文

子曰："德之不修，学之不讲，闻义不能徙①，不善不能改，是吾忧也。"

注　释

①徙：迁移，指靠近义、做到义。

译　文

孔子说："（很多人）对品德不去修养，学问不去讲求，听到义不能去做，有了不善的事不能改正，这些都是我所忧虑的事情。"

原　文

子曰："不愤①不启，不悱②不发。举一隅③不以三隅反，则不复也。"

注　释

①愤：思索时因疑难而困扰。

②悱：想表达却难以言说。

③隅：角落。

译　文

孔子说："教导学生，不到他想冥思苦想而不得其解的时候，不去开导他；不到他有了想法却难以言说的时候，不去启发他。教给他某一方面的东西，他却不能举一反三，那就先不要急着教他新东西。"

原　文

子曰："富①而可求②也；虽执鞭之士③，吾亦为之。如不可求，从吾所好。"

注　释

①富：升官发财。

②求：依道义求取。

③执鞭之士：古代为天子、诸侯和官员出入时手执皮鞭开路的人。指地位低下的职事。

译　文

孔子说："如果富贵合乎于道义就可以求得，即使是给人执鞭的下等差事，我也愿意去做。如果依据道义不能求得富贵，那我宁可做自己喜欢的事。"

原　文

子曰："饭疏食①饮水，曲肱②而枕之，乐亦在其中矣。不义而富且贵，于我如浮云。"

注　释

①饭疏食：饭，"吃"的意思，疏食即粗粮。

②曲肱：弯着胳膊。

译　文

孔子说："吃着粗粮，喝着白水，弯着胳膊当枕头，平淡的生活中也有很多乐趣。用不正当的手段得来的富贵，对于我来讲就像是天上的浮云一样，只不过是过眼云烟。"

原　文

子曰："我非生而知之者，好古，敏以求之者也。"

译　文

孔子说："我不是生来就具有知识的，而是爱好古代文化，勤奋敏捷地去求得知识的。"

原　文

子以四教：文①、行②、忠③、信④。

注　释

①文：文献典籍。
②行：道德品行。
③忠：尽忠敬事。
④信：诚实守信。

译　文

孔子教诲学生四方面内容：文献典籍、道德品行、尽忠敬事、诚实守信。

原　文

子曰："圣人①吾不得而见之矣！得见君子者，斯可矣。"子曰："善人②吾不得而见之矣！得见有恒③者，斯可矣。亡而为有，虚而为盈，约④而为泰⑤，难乎有恒矣。"

注　释

①圣人：具有最高智慧和道德的人。
②善人：有道德，一心向善的人。

③恒：指恒心。

④约：穷困。

⑤泰：这里是奢侈的意思。

译　文

孔子说："圣人我是看不到了，能看到君子，这就可以了。"孔子又说："善人我是看不到了，能见到有一定操守的人，这也就可以了。没有却装作有，空虚却装作充实，穷困却装作宽裕，这样的人是很难保持一定操守的。"

原　文

子曰："仁远乎哉？我欲仁，斯仁至矣。"

译　文

孔子说："仁难道很遥远吗？只要我立志于仁，仁就来了。"

原　文

子曰："君子坦荡荡①，小人长戚戚②。"

注　释

①坦荡荡：心胸宽广、开阔。

②长戚戚：形容拘束、烦恼。

译　文

孔子说："君子心胸宽广、开阔，小人则经常陷入忧愁、拘束中。"

泰伯篇

原　文

曾子曰："以能问于不能，以多问于寡，有若无，实若虚；犯而不校①——昔者吾友②尝从事于斯矣。"

注　释

①校：同"较"，计较。

②吾友：我的朋友。旧注上一般都认为这里指颜渊。

译　文

曾子说："自己有才能却能虚心向才能不如自己的人请教，自己知识丰富却能虚心向知识少的人请教，有学问也像没学问一样谦逊；知识很充实却好像很空虚；被人侵犯也不计较——从前我的朋友就这样做过了。"

原　文

子曰："民可使①，由之②，不可使，知之③。"

注　释

①使：使用，任用。

②由之：顺着他们的性子使用。

③知之：使之知，即教化人民，让他们能够使用。

译　文

孔子说："人民可以任用，就顺着他们的性子，合理地使用。不能使用，就教导他们，使他们能够使用。"

原　文

子曰："好勇疾①贫，乱也。人而不仁②，疾之已甚③，乱也。"

注　释

①疾：恨、憎恨。

②不仁：不符合仁德。

③已甚：太过分。

译　文

孔子说："喜好勇悍而厌恶穷困，是乱德。对于不仁德的人厌恶得太厉害，也是乱德。"

原　文

子曰："笃信①好学，守死善道，危邦②不入，乱邦③不居。天下有道则见④，无道则隐。邦有道，贫且贱焉，耻也；邦无道，富且贵焉，耻也。"

注　释

①笃信：坚定信守。

②危邦：出现政治危机的国家。

③乱邦：处于动乱之中的国家。

④见：同"现"。

译　文

孔子说："坚定信念，努力学习，誓死守卫自己的信仰。不进入政局不稳的国家，不居住在社会动荡的国家。天下有道就出来做官；天下无道就隐居自保。国家有道，自己贫贱，是耻辱；国家无道，自己富贵，也是耻辱。"

原　文

子曰："不在其位，不谋其政。"

译　文

孔子说："不在那个职位上，就不考虑它的事。"

原　文

子曰："狂①而不直，侗②而不愿③，悾悾④而不信，吾不知之矣。"

注　释

①狂：急躁、急进。

②侗：幼稚无知。

③愿：谨慎老实。

④悾悾：诚恳的样子。

译　文

孔子说："狂妄而不正直，幼稚而不谨慎，表面诚恳而不守信用，我不知道为什么有人会这样。"

原　文

子曰："禹，吾无间然①矣。菲②饮食而致③孝乎鬼神，恶衣服而致美乎黻冕④；卑⑤宫室而尽力乎沟洫⑥。禹，吾无间然矣。"

注　释

①间然：挑剔、有意见。

②菲：菲薄，不丰厚。

③致：尽心、努力。

④黻冕：祭祀时穿的礼服叫黻；祭祀时戴的帽子叫冕。

⑤卑：低矮。

⑥沟洫：沟渠。

译　文

孔子说："对于禹，我没有什么意见了；他饮食很简单，对待鬼神却很尽心；他平时穿着简朴，祭祀时的衣帽却十分华美；他的宫室很低矮，却致力于修治水利沟渠。对于禹，我没什么意见了。"

子罕篇

原　文

子绝四——毋意①，毋必②，毋固③，毋我④。

注　释

①意：同"臆"，主观揣测。

②必：必定，固执。

③固：固执己见。

④我：这里指自以为是。

译　文

孔子杜绝了四种弊病：不凭空猜测，不武断下结论，不固执己见，不自以为是。

原　文

子见齐衰①者，冕衣裳者②与瞽③者，见之，虽少，必作④；过之，必趋⑤。

注　释

①齐衰：古时用麻布制成的丧服。

②冕衣裳者：冕，官帽；衣裳，这里统指官服。冕衣裳者指贵族。

③瞽：盲。

④作：站起来，表示敬意。

⑤趋：快步走，表示敬意。

译　文

孔子看到穿丧服的人，尊贵的人和盲人时，虽然他们年轻，也一定要站起来表示敬意，从他们面前经过时，一定要快步走过，以示尊敬。

原　文

子在川上曰："逝者①如斯夫，不舍昼夜。"

注　释

①逝者：消逝的时光。

译　文

孔子在河边说："消逝的时光就像这河水一样，昼夜不停地离我们而去。"

原　文

子曰："苗而不秀①者有矣夫；秀而不实②者有矣夫！"

注　释

①秀：稻、麦等庄稼吐穗扬花叫秀。

②实：长出果实、获得收成。

译　文

孔子说："庄稼有长了苗而不能吐穗扬花的；也有吐穗扬花而不结果实的。"

原　文

子曰："后生①可畏，焉知来者之不如今也？四十、五十而无闻焉，斯亦不足畏也已。"

①后生：年轻人。

译　文

孔子说："年轻人是值得敬畏的，怎么知道他们不如现在的人呢？但如果一个人到了四五十岁时还默默无闻，那他就没有什么值得敬畏的了。"

原　文

子曰："三军①可夺帅也，匹夫②不可夺志也。"

注　释

①三军：大国所有的军队，言军队众多。

②匹夫：平民百姓，男子汉、大丈夫。

译　文

孔子说："可以强行使三军丧失它的主帅；却不能强迫夺去一个男子汉的志向。"

原　文

子曰："知者不惑，仁者不忧，勇者不惧。"

译　文

孔子说："智者不会陷入迷惑，仁者不会陷入忧愁，勇者不会陷入畏惧。"

原　文

子曰："可与共学①，未可与适道②；可与适道，未可与立③；可与立，未可与权④。"

注　释

①共学：一起学习典籍知识。

②适道：一起追求道。

③立：立于道而不改，即坚守道。

④权：权衡轻重，随机应变。

译　文

孔子说："可以一起学习的人，未必能够一起追求道；能够一起追求道的人，未必能够一起坚守道；能够一起坚守道的人，未必能够随机应变地共事。"

乡党篇

原　文

入公门，鞠躬如①也，如不容。立不中门，行不履阈②。过位，色勃如也，足躩如也，其言似不足者。摄齐③升堂，鞠躬如也，屏气似不息者。出，降一等④，逞⑤颜色，怡怡如也。没阶⑥，趋进，翼如也。复其位，踧踖如也。

注　释

①鞠躬如：恭敬谨慎的样子。

②履阈：脚踩门槛。

③摄齐：齐，衣服的下摆。摄，提起。提起衣服的下摆。

④降一等：下了一级台阶。

⑤逞：舒展开。

⑥没阶：走完台阶。

译　文

孔子走进宫廷的大门，表现出谨慎而恭敬的样子，好像没有容身之地。站立时，不站在门的中间；行走时，也不踩门槛。经过国君的座位时，脸色立刻庄重起来，脚步也加快起来，说话也好像中气不足一样。他提起衣服下摆向堂上走的时候，恭敬谨慎，憋住气好像不呼吸一样。退出来，走下台阶，脸色便舒展开了，怡然和乐。走完了台阶，快步地向前走几步，姿态像鸟儿舒展翅膀一样。回到自己的位置，又是恭敬而谨慎的样子。

原 文

升车①，必正立，执绥②。车中，不内顾③，不疾言④，不亲指⑤。

注 释

①升车：登上马车。

②绥：上车时扶手用的索带。

③内顾：回头看。

④疾言：大声、快速说话。

⑤不亲指：不用自己的手指画。

译 文

孔子上车时，一定先直立站好，然后拉着索带上车。在车上，不回头，不疾声说话，不用手指指点点。

先进篇

原 文

季路问事鬼神。子曰："未能事人，焉能事鬼?"曰："敢问死。"曰："未知生，焉知死?"

译 文

季路问应如何事奉鬼神。孔子说："没能事奉好人，怎么能事奉鬼呢?"季路说："请问死是怎么回事?"孔子回答："还不知道活着的道理，怎么能知道死呢?"

原 文

子张问善人①之道，子曰："不践迹②，亦不入于室③。"

注 释

①善人：朱子注：质美而未学者也。即本质善良但没有经过学习的人。

②践迹：踩着前人的脚印走，学习前人。

③入于室：学问和修养有所成就。

译 文

子张问本质良美却没有经过学习的人该如何求道。孔子说："如果不沿着前人的脚印走，其学问和修养就不到家。"

原 文

子曰："论笃是与①，君子者乎？色庄者②乎？"

注 释

①论笃是与：论，言论。笃，诚恳、稳重。与，赞许。即，对说话诚恳稳重的人应表示赞许。

②色庄者：仅仅是容貌上表现出庄重的人。

译 文

孔子说："说话诚恳稳重的人应该赞许，但还应辨明他是真的君子呢，还是仅仅在容貌上做出庄重表情的人呢？"

颜渊篇

原 文

颜渊问仁。子曰："克己复礼①为仁。一日克己复礼，天下归仁②焉。为仁由己，而由人乎哉？"颜渊曰："请问其目③。"子曰："非礼勿视，非礼勿听，非礼勿言，非礼勿动。"颜渊曰："回虽不敏，请事④斯语矣。"

注 释

①克己复礼：克制自己，使自己的言行合于礼。

②天下归仁：归，赞誉。即天下的人都会赞誉你的仁德。

③目：具体的条目。

④事：从事，照着去做。

译 文

颜渊问怎样做才是仁。孔子说："克制自己，使自己的言行合乎礼，这就是仁。一旦做到了这些，天下的人都会赞誉你的仁德。实行

仁德，完全在于自己，难道在于别人吗?"颜渊说:"请问实行仁的具
体条目。"孔子说:"不合于礼的不看，不合于礼的不听，不合于礼的
不说，不合于礼的不做。"颜渊说:"我虽然愚钝，请让我按照您的这
些话去做。"

原　文

子张问政。子曰:"居之无倦，行之以忠。"

译　文

子张问为政之道。孔子说:"坚守本职不懈怠，执行君令要忠实。"

原　文

季康子问政于孔子。孔子对曰:"政者正也。子帅以正，孰敢
不正?"

译　文

季康子问孔子为政之道。孔子回答:"政就是正的意思。您本人带
头做到'正'，那么还有谁敢不走正道呢?"

原　文

季康子患盗，问于孔子。孔子对曰:"苟子之不欲，虽赏之不窃。"

译　文

季康子因为盗窃多发而苦恼，向孔子求教。孔子告诉他:"如果您
不贪求太多的财物，即使给予奖励，人们也不会去偷窃。"

原　文

季康子问政于孔子曰:"如杀无道①，以就有道②，何如?"孔子对
曰:"子为政，焉用杀? 子欲善而民善矣。君子之德风，人小之德草，
草上之风③，必偃④。"

注　释

①无道:无道的人。

②有道：有道的人。

③草上之风：风加之于草。

④偃：仆，倒。

译　文

季康子问孔子为政之道，说："如果杀掉无道的人，来成全有道的人，怎么样？"孔子说："您治理政事，哪里用得上杀戮？您要以善为政，百姓都会向善。君子的品德好像风，百姓的品德则像是草，分吹到草上，草便会随风而倒下。"

原　文

子贡问友。子曰："忠告而善道之，不可则止，毋自辱也。"

译　文

子贡问交友之道。孔子说："忠诚地劝告他，恰当地引导他，如果他不听从就罢了，不要自取其辱。"

原　文

曾子曰："君子以文会友，以友辅仁。"

译　文

曾子说："君子以文章学问来会聚朋友，依靠朋友帮助自己培养仁德。"

子路篇

原　文

子曰："诵诗三百，授之以政，不达①；使于四方，不能专对②。虽多，亦奚以③为？"

注　释

①达：通达、胜任。

②专对：独立对答。

③以：用。

译　文

孔子说:"熟读《诗》三百篇,让他处理政务,却不能胜任;让他出使他国,不能独立地办交涉;即使读得再多,又有什么用处呢?"

原　文

子曰:"其身正,不令而行;其身不正,虽令不从。"

译　文

孔子说:"为政者自身端正,不下达强制命令,老百姓也会跟随他;如果他自身不够端正,即使强制命令,也没人跟从他。"

原　文

子适卫,冉有仆①。子曰:"庶矣哉!"冉有曰:"既庶②矣,又何加焉?"曰:"富之。"曰:"既富矣,又何加焉?"曰:"教之。"

注　释

①仆:驾车。

②庶:众多,这里指人口。

译　文

孔子到卫国去,冉有为他驾车。孔子说:"人口真是多啊!"冉有问:"人口够多了,还要做些什么呢?"孔子说:"使人民富足。"冉有问:"人民富足了以后,又该做些什么呢?"孔子说:"教化他们。"

原　文

子曰:"善人为邦百年,亦可以胜残去杀矣。诚哉是言也!"

译　文

孔子说:"善人治理国家,经过百年,也就可以消除残暴,远离刑罚杀戮了。这话说得对呀!"

原　文

叶公问政。子曰:"近者悦,远者来。"

译　文

叶公问为政之道。孔子说："让近处的人高兴，让远处的人来归附。"

原　文

樊迟问仁。子曰："居处恭，执事敬，与人忠。虽之夷狄，不可弃也。"

译　文

樊迟问怎样才是仁。孔子说："平时生活端庄恭谨，在外办事敬业职守，与人相交忠贞不贰。即使到了夷狄之地，这些也不可背弃。"

原　文

子曰："君子和①而不同②，小人同而不和。"

注　释

①和：和谐、协调。

②同：完全一致，同流合污。

译　文

孔子说："君子与人和谐相处而不同流合污，小人同流合污而不讲求协调。"

原　文

子曰："君子泰而不骄，小人骄而不泰。"

译　文

孔子说："君子安静坦然而不骄矜无礼；小人骄矜无礼而不安静坦然。"

原　文

子路问曰："何如斯可谓之士矣？"子曰："切切偲偲①，怡怡②如也，可谓士矣。朋友切切偲偲，兄弟怡怡。"

注　释

①偲偲：勉励、诚恳的样子。

②怡怡：和气、顺从的样子。

译　文

子路问："怎样做才可以称为士呢?"孔子说："互相督促勉励和谐相处，就可以算是士了。朋友之间互相督促勉励，兄弟之间和谐相处。"

原　文

子曰："士而怀居①，不足以为士矣。"

注　释

①怀居：留恋家居的安逸生活。

译　文

孔子说："士如果留恋家居的安逸生活，就不足以做士了。"

原　文

子曰："有德者必有言，有言者不必有德。仁者必有勇，勇者不必有仁。"

译　文

孔子说："有道德的人，一定有善言；有善言的人，不一定有道德。有仁德的人，一定勇敢；勇敢的人，不一定有仁德。"

原　文

子曰："君子而不仁者有矣夫，未有小人而仁者也。"

译　文

孔子说："君子中也许会有不仁的人，而小人中是绝对不可能有仁人的。"

原　文

子曰："贫而无怨难，富而无骄易。"

译 文

孔子说:"贫穷而能够没有怨恨很难实现,富裕而不骄傲容易做到。"

原 文

子曰:"其言之不怍①,则为之也难。"

注 释

①怍:惭愧。

译 文

孔子说:"说话大言不惭,实现这些话就会很困难。"

原 文

子曰:"君子上达,小人下达。"

译 文

孔子说:"君子向上通达仁义,小人向下通达财利。"

原 文

子曰:"君子耻其言而过其行。"

译 文

孔子说:"君子认为言论超过了行动是可耻的。"

原 文

子曰:"不患人之不己知,患其不能也。"

译 文

孔子说:"不担心别人不了解自己,只担心自己没有本事。"

原 文

子曰:"骥①不称其力,称其德也。"

注 释

①骥:千里马。

译 文

孔子说:"对于千里马不要称赞它的气力,而应赞许它的品德。"

原 文

子曰:"莫我知也夫!"子贡曰:"何为其莫知子也?"子曰:"不怨天,不尤①人。下学而上达②,知我者其天乎!"

注 释

①尤:责怪、怨恨。

②下学而上达:下学人事,上达天命。

译 文

孔子说:"没有人了解我啊!"子贡问:"为什么说没有人了解您呢?"孔子说:"不埋怨天,不责备人,下学人事而上达天命,能够了解我的只有天吧!"

原 文

子路问君子。子曰:"修己以敬。"曰:"如斯而已乎?"曰:"修己以安人①。"曰:"如斯而已乎?"曰:"修己以安百姓②。修己以安百姓,尧舜其犹病诸。"

注 释

①安人:使身边人安乐。

②安百姓:使天下百姓安乐。

译 文

子路问君子之道。孔子说:"修养自己品德,保持恭敬认真。"子路问:"这样就足够了吗?"孔子说:"修养自己品德,使周围的人们安乐。"子路问:"这样就足够了吗?"孔子说:"修养自己品德,使天下百姓都安乐。修养自己品德,使天下百姓都安乐,尧舜都难以做到。"

卫灵公篇

原　文

子曰："志士仁人，无求生以害仁，有杀身以成仁。"

译　文

孔子说："志士仁人，不会为了活命求生而违背仁，他们只会牺牲自己的性命来成就仁。"

原　文

子曰："无为而治①者其舜也与？夫②何为哉？恭己正南面而已矣。"

注　释

①无为而治：不对人民过分干涉，不主动妄为而达到治理。
②夫：代词，指舜。

译　文

孔子说："能够实现无为而治的，大概只有舜了吧？他做了些什么呢？只是庄严端正地坐在朝廷的王位上罢了。"

原　文

子曰："可与言而不与之言，失人；不可与言而与言，失言。知者不失人，亦不失言。"

译　文

孔子说："可以同他谈的话，却不同他谈，这就是错失了人才；不可以同他谈的话，却同他谈，这就是说错了话。有智慧的人既不错失人才，也不说错话。"

原　文

子曰："过而不改，是谓过矣。"

译　文

孔子说："有了过错而不改正，这就真的犯了过错了。"

原　文

子曰："知及之①，仁不能守之；虽得之，必失之；知及之，仁能守之，不庄以涖②之，则民不敬。知及之，仁能守之，庄以涖之，动之不以礼，未善也。"

注　释

①知及之：用聪明才智得到它，一般指禄位和国家天下。

②涖：临。

译　文

孔子说："凭借聪明才智得到它，但自身仁德不足以保持它，即使得到了，也一定会失去。凭借聪明才智得到它，自身仁德可以保持它，不用严肃态度来对待它，那么百姓就会不敬；凭借聪明才智得到它，自身仁德可以保持它，用严肃态度来对待它，但行为不用礼来节制，还不能算是完善。"

原　文

子曰："君子不可小知①而可大受②也，小人不可大受而可小知也。"

注　释

①知：考察。

②受：承担。

译　文

孔子说："君子不能通过小事情来考察，但可以来承担重大的使命。小人不能承担重大的使命，但可以通过小事来考察他。"

原　文

子曰："当仁，不让于师。"

译　文

孔子说："面对仁德，就是老师也不必谦让。"

原　文

　　子曰："君子贞①而不谅②。"

注　释

　　①贞：正，固守正道。

　　②谅：小信，不分是非而守信。

译　文

　　孔子说："君子固守正道，不拘泥于小信。"

原　文

　　子曰："道不同，不相为谋。"

译　文

　　孔子说："志趣观点不同，不一起谋划共事。"

季氏篇

原　文

　　孔子曰："益者三友，损者三友。友直，友谅①，友多闻，益矣。友便辟②，友善柔③，友便佞④，损矣。"

注　释

　　①谅：诚信。

　　②便辟：惯于走邪道。

　　③善柔：表面柔顺，内心奸险。

　　④便佞：巧言令色取悦人。

译　文

　　孔子说："有益的交友有三种，有害的交友也有三种。同正直的人交友，同诚信的人交友，同见闻广博的人交友，都是有益的。同好走邪道的人交友，同表里不一的人交友，同巧言令色的人交友，都是有害的。"

原　文

　　孔子曰："益者三乐，损者三乐。乐节礼乐，乐道人之善，乐多贤友，益矣。乐骄乐，乐佚①游，乐晏乐，损矣。"

注　释

①佚：同"逸"。

译　文

孔子说："使自己受益的快乐有三种，使自己受害的快乐也有三种。以礼乐节制自己为乐，以称道别人的优点为乐，以有许多贤德之友为乐，这是有益的。以骄纵享乐为乐，以闲游放纵为乐，以宴饮无度为乐，这是有害的。"

原　文

孔子曰："侍于君子有三愆①：言未及之而言谓之躁，言及之而不言谓之隐，未见颜色而言谓之瞽②。"

注　释

①愆：过失。
②瞽：盲人。

译　文

孔子说："侍奉君子有三种过错：没有问到的时候就说话，这是急躁；已经问到了不说话，这叫隐瞒；不看他人的脸色而贸然说话，这是瞎子。"

原　文

孔子曰："君子有三畏：畏天命，畏大人，畏圣人之言。小人不知天命而不畏也，狎大人，侮圣人之言。"

译　文

孔子说："君子有三件值得敬畏的事：敬畏天命，敬畏位尊者，敬畏圣人的话。小人不懂得天命，因而不知敬畏，不尊重位尊者，轻侮圣人的话。"

原　文

孔子曰："生而知之者，上也；学而知之者，次也；困而学之，又其次也；困而不学，民斯为下矣。"

译 文

孔子说："生来就知道的人，是上等人；经过学习后才知道的，是次一等的人；遇到困难才去学习的，是又次一等的人；遇到困难还不去学习的，就是下等的人了。"

原 文

孔子曰："君子有九思①：视思明，听思聪，色思温，貌思恭，言思忠，事思敬，疑思问②，忿思难③，见得思义。"

注 释

①思：思虑，心存……引申为追求。

②思问：心存疑问，追求没有疑问。

③思难：心存祸患，追求没有祸患。

译 文

孔子说："君子有九种追求：看的时候，要追求明白；听的时候，要追求清楚；自己的脸色，要追求温和；自己的容貌，要追求谦恭；言谈的时候，要追求忠诚；办事要追求恭敬；遇到疑问，要追求询问明白；愤怒时，要追求消除后患；获取财利时，要追求符合道义。"

原 文

子曰："见善如不及，见不善如探汤。吾见其人矣，吾闻其语矣。隐居以求其志，行义以达其道。吾闻其语矣，未见其人也。"

译 文

孔子说："见到善行，唯恐赶不上似的去追求；见到不善，就像手伸到开水中一样赶快避开。我见过这样的人，也听到过这样的话。隐居避世来保全自己的志向，依照义而贯彻自己的主张。我听到过这种话，却没有见到过这样的人。"

阳货篇

原　文

子曰："性相近也，习相远也。"

译　文

孔子说："人的本性是相近的，是后天的习染让人们变得差别巨大。"

原　文

子曰："由也，女闻六言六蔽矣乎？"对曰："未也。""居①，吾语女。好仁不好学，其蔽也愚②；好知不好学，其蔽也荡③；好信不好学，其蔽也贼④；好直不好学，其蔽也绞⑤；好勇不好学，其蔽也乱；好刚不好学，其蔽也狂。"

注　释

①居：坐下。

②愚：愚鲁，少变通。

③荡：放荡，好高骛远而没有根基。

④贼：害。

⑤绞：尖刻伤人。

译　文

孔子说："仲由呀，你听说过六种品德和六种弊病吗？"子路回答："没有。"孔子说："坐下，我告诉你。爱好仁德而不爱好学习，弊病是愚鲁少变；爱好智慧而不爱好学习，弊病是放荡轻浮；爱好诚信而不爱好学习，弊病是易生祸害；爱好耿直却不爱好学习，弊病是尖刻伤人；爱好勇敢却不爱好学习，弊病是犯上作乱；爱好刚强却不爱好学习，弊病是狂妄自大。"

原　文

子曰："色厉而内荏①，譬诸小人，其犹穿窬②之盗也与？"

注　释

①色厉而内荏：厉，威严，荏，虚弱。外表严厉而内心虚弱。

②窬：洞。

译　文

孔子说："外表严厉而内心怯弱，用小人作比喻，就像是挖墙洞的小偷吧？"

原　文

子曰："乡愿①，德之贼也。"

注　释

①乡愿：貌似好人，却是与世俗同流的伪君子。

译　文

孔子说："看似有道德修养的伪君子，就是破坏道德的人。"

原　文

子曰："古者民有三疾，今也或是之亡也。古之狂①也肆②，今之狂也荡③；古之矜也廉④，今之矜也忿戾⑤；古之愚也直，今之愚也诈而已矣。"

注　释

①狂：狂妄自大。

②肆：放肆，不拘小节。

③荡：放荡，不守礼仪。

④廉：棱角分明，不可接近。

⑤忿戾：蛮不讲理。

译　文

孔子说："古代人有三种毛病，现在人恐怕连这三种毛病也不能同古人相比了。古代的狂者不拘小节，现在的狂者却是放荡无礼；古代骄傲的人不可接近，现在那些骄傲的人却是凶恶蛮横；古代愚钝的人还能保持直率，现在的愚钝者却善于欺诈伪装！"

原　文

子曰："予欲无言。"子贡曰："子如不言，则小子何述焉?"子曰："天何言哉? 四时行焉，百物生焉，天何言哉?"

译　文

孔子说："我想不说话了。"子贡说："您如果不说话，那么我们这些学生还传述什么呢?"孔子说："天说了什么呢? 四季照常运行，百物照样生长。天说了什么呢?"

微子篇

原　文

柳下惠为士师①，三黜。人曰："子未可以去乎?"曰："直道而事人，焉往而不三黜? 枉道而事人，何必去父母之邦?"

注　释

①士师：典狱官，掌管刑狱。

译　文

柳下惠当典狱官，多次被罢免。有人问他："你为何不离开鲁国?"柳下惠说："以正道事奉君主，在哪里不会被多次罢官呢? 如果（为了做官而）不以正道事奉君主，何必离开本国呢?"

原　文

周公谓鲁公①曰："君子不施②其亲，不使大臣怨乎不以③。故旧无大故，则不弃也。无求备于一人。"

注　释

①鲁公：周公的儿子伯禽，封于鲁。
②施：同"弛"，怠慢、疏远。
③以：用。

译　文

周公对鲁公说："君子不怠慢他的亲族，不使大臣们抱怨不被任用。

故旧老臣没有大的过失，就不要遗弃他们，不要对一个人求全责备。"

原　文

周有八士^①：伯达、伯适、伯突、仲忽、叔夜、叔夏、季随、季騧。

注　释

①八士：本章中所说八士已不可考。

译　文

周代有八个士：伯达、伯适、伯突、仲忽、叔夜、叔夏、季随、季騧。

原　文

子张曰："执德不弘，信道不笃，焉能为有？焉能为亡？"

译　文

子张说："执守仁德而不能发扬光大，信仰善道却不忠实坚定，这样的人怎么能说有仁德，又怎么能说他没有仁德？"

原　文

子夏曰："虽小道^①，必有可观者焉，致远恐泥^②，是以君子不为也。"

注　释

①小道：各种小的技能。
②泥：阻滞，妨碍。

译　文

子夏说："即使小的技艺，也一定有可取的地方，但过于深入钻研就会阻滞其中，妨碍在大道上的探求，所以君子不做这些事。"

原　文

子夏曰："日知其所亡，月无忘其所能，可谓好学也已矣。"

译　文

子夏说："每天学到一些自己不具有的知识，每月都不能忘记已经

47

学会的东西，这就可以叫作好学了。"

原　文

子夏说："小人之过也必文。"

译　文

子夏说："小人犯了过错一定要掩饰。"

原　文

子夏曰："大德①不逾闲②，小德出入可也。"

注　释

①大德：指大节。

②闲：木栏，这里指界限。

译　文

子夏说："大节上不能超越界限，小节上有些出入是可以的。"

原　文

子贡曰："君子之过也，如日月之食焉。过也，人皆见之；更也，人皆仰之。"

译　文

子贡说："君子的过错，就像日食月食一样。有错，人们都看得见；改错，人们也都仰望着他。"

尧曰篇

原　文

孔子曰："不知命，无以为君子也；不知礼，无以立也；不知言，无以知人也。"

译　文

孔子说："不懂天命，就不可能成为君子；不知礼仪，就不能立身处世；不能分辨言语的好坏，就不能真正了解别人。"

孟子篇

卷一　梁惠王上

<u>原　文</u>

梁惠王曰："寡人愿安^①承教。"

孟子对曰："杀人以梃^②与刃，有以异乎？"

曰："无以异也。"

"以刃与政，有以异乎？"

曰："无以异也。"

曰："庖^③有肥肉，厩^④有肥马，民有饥色，野有饿莩^⑤，此率兽而食人也。兽相食且人恶之。为民父母，行政不免于率兽而食人。恶^⑥在其为民父母也？仲尼曰：'始作俑者，其无后乎^⑦！'为其象^⑧人而用之也。如之何其使斯民饥而死也？"

<u>注　释</u>

①安：乐意。

②梃：木棒。

③庖：厨房。

④厩：马圈。

⑤饿莩：饿死的人。

⑥恶：疑问副词，何。

⑦始作俑者，其无后乎：这是孟子引用孔子的话，但此句在孔子或记述孔子言行的著作中均没有记载。

49

⑧象：通"像"。

译　文

梁惠王说："我很乐意得到您的指教。"

孟子回答道："用木棒打死人和用刀子杀死人有什么区别吗？"

梁惠王说："没有什么区别。"

孟子又问："用刀子杀死人和用政策害死人有什么区别吗？"

梁惠王答道："没有什么区别。"

孟子说："厨房里有肥美的鲜肉，马圈里有肥壮的马匹，可百姓却面露饥色，野外横陈着他们饿死的尸体。这就好比无德的统治者带领着禽兽来吃人啊。禽兽之间互相蚕食，人们尚且厌恶，统治者作为黎民百姓的父母，施行政令时却不能免除率领禽兽来吃人的情况，那又如何能称得上是百姓的父母呢？孔子说：'最先用陶俑陪葬的统治者，并没有绝后。'（他们为什么要用陶俑代替活人殉葬呢？是因为心存仁义）采用酷似人像的陶俑陪葬的统治者，怎么忍心让他的子民活活饿死呢？"

原　文

孟子见梁襄王①。出，语②人曰："望之，不似人君；就之，而不见所畏焉。卒然③问曰：'天下恶乎定？'吾对曰：'定于一。''孰能一之？'对曰：'不嗜杀人者能一之。''孰能与④之？'对曰：'天下莫不与也。王知夫苗乎？七、八月⑤之间旱，则苗槁矣。天油然作云，沛然下雨，则苗浡然⑥兴之矣。其如是，孰能御之？今夫天下之人牧⑦，未有不嗜杀人者也，如有不嗜杀人者，则天下之民皆引领而望之矣。诚如是也，民归之，由⑧水之就下，沛然谁能御之？'"

注　释

①梁襄王：梁惠王的儿子，名嗣，一名赫，公元前318年至公元前296年在位。

②语：告诉。

③卒然：突然。卒同"猝"。

④与：从，跟。

⑤七、八月：周代历法的七、八月，相当于夏历的五、六月，正是禾苗需要雨水的时候。

⑥渤然：兴起的样子。渤然兴之即蓬勃地兴起。

⑦人牧：为政者。

⑧由：同"犹"，好像，如同。

译　文

孟子见了梁襄王，出来以后对人说："从远处看，不像个国君，到了跟前也不能让人生出敬畏之心。贸然问我：'天下将如何安定下来?'我回答说：'天下安定于合而为一。'他又问：'谁能统一天下呢?'我回答：'不嗜杀的国君能统一天下。'他又问：'有谁愿意跟随不喜欢杀人的国君呢?'我答：'天下的人没有不愿意跟随他的。大王知道禾苗的情况吗?当七、八月间天旱的时候，禾苗就干枯了。一旦天上乌云密布，哗哗地下起大雨米，禾苗便又会蓬勃生长起来。这样的情况，谁能够阻挡得了呢?如今各国的统治者，没有一个不喜欢杀人的，如果有一个不喜欢杀人的统治者，那么，天下的老百姓都会伸长脖子期待着他来统治自己。真像这样，老百姓归服他，就如雨水向下奔流一样，那充沛的气势，谁能阻挡得住呢?'"

卷二　梁惠王下

原　文

齐宣王问曰："交邻国有道乎?"

孟子对曰："有。惟仁者为能以大事小，是故汤事葛①，文王事昆夷②；惟智者为能以小事大，故大王事獯鬻③，句践事吴④。以大事小者，乐天者也；以小事大者，畏天者也。乐天者保天下，畏天者保其国。《诗》云⑤：'畏天之威，于时保之。'"

王曰："大哉言矣！寡人有疾⑥，寡人好勇。"

对曰："王请无好小勇。夫抚剑疾视曰，'彼恶敢当我哉'！此匹夫之勇，敌一人者也。王请大之！

《诗》云⑦：'王赫斯⑧怒，爰⑨整其旅，以遏徂莒⑩，以笃周祜⑪，以对于天下。'此文王之勇也。文王一怒而安天下之民。

《书》曰⑫：'天降下民，作之君，作之师。惟曰其助上帝，宠之四方。有罪无罪，惟我在，天下曷敢有越厥⑬志？'一人衡行⑭于天下，武王耻之。此武王之勇也。而武王亦一怒而安天下之民。今王亦一怒而安天下之民，民惟恐王之不好勇也。"

注　释

①汤事葛：葛国是商紧邻的小国，商汤征伐自葛开始，善待其民。

②昆夷：昆夷，也写作"混夷"，周朝初年的西戎国名。

③大王事獯鬻：大王，即周文王的祖父；獯鬻又称"猃狁"，当时北方的少数民族。

④句践：春秋时越国国君勾践，公元前 497 年至公元前 465 年在位，曾战败而服侍吴王夫差。

⑤《诗》云：以下引自《诗经·周颂·我将》。

⑥疾：毛病。

⑦《诗》云：以下诗句引自《诗经·大雅·皇矣》。

⑧赫斯：发怒的样子。

⑨爰：语首助词，无意义。

⑩以遏徂莒：遏，止；徂，往，到；莒：古国名，在今山东莒县。本句译为"把侵略莒国的敌军阻挡了"。

⑪以笃周祜：笃，厚；祜，福。即，增加了周国的福泽。

⑫《书》曰：以下为《尚书》中的句子。后人作伪《古文尚书》将其置于《周书·泰誓》中。

⑬厥：用法同"其"。

⑭衡行：横行。

译　文

齐宣王问："与邻国交往有什么方法或讲究吗？"

孟子回答："有。只有有仁德的人，才有资格以大国的身份去侍奉小国，所以商汤侍奉葛国，周文王侍奉昆夷。只有有智慧的人才有资格以小国的身份来侍奉大国，所以周太王侍奉獯鬻，越王勾践侍奉吴国。以大国身份侍奉小国的，是以天命为乐的人；以小国身份侍奉大国的，是敬畏天命的人。以天命为乐的人安定天下，敬畏天命的人安定自己的国家。《诗经》上说：'畏惧上天的威灵，因此才能够安定。'"

宣王说："先生的话可真是高深呀！不过，我有个毛病，就是逞强好勇。"

孟子说："那就请大王不要好小勇。有的人动不动就按着宝剑瞪着眼睛说：'他怎么敢抵挡我呢？'这只是匹夫之勇，只能算是一人之敌。对这样的匹夫之勇，大王还是不要有。"

"《诗经》上说：'文王大怒，整备兵马，将侵略莒国的敌军阻挡，增添了周国的福泽，未辜负天下百姓的期望。'这是文王的勇。文王一怒便使天下百姓都得到安定。

"《尚书》中说：'上天降生了老百姓，又替他们降下了君王，降下了师长，这些君王和师长的唯一责任，就是帮助上帝来爱护老百姓。天下四方的有罪者和无罪者，都由他一人来负责，普天之下，何人敢超越他的意志而作奸犯科呢？'所以，只要有一人在天下横行不法，周武王便感到羞耻。这是周武王的勇。周武王也是一怒便使天下的百姓都得到安定。如今大王如果也做到一怒便使天下百姓都得到安定，那么，老百姓就会唯恐大王不喜好勇了啊。"

原　文

齐宣王问曰："人皆谓我毁①明堂②。毁诸？已乎③？"

孟子对曰："夫明堂者，王者之堂也。王欲行王政，则勿毁之矣。"

王曰："王政可得闻与？"

对曰："昔者文王之治岐④也，耕者九一⑤，仕者世禄，关市讥而不征⑥，泽梁⑦无禁，罪人不孥⑧。老而无妻曰鳏。老而无夫曰寡。老而无子曰独。幼而无父曰孤。此四者，天下之穷民而无告者。文王发政施仁，必先斯四者。《诗》云⑨：'哿矣富人，哀此茕独⑩。'"王曰："善哉言乎！"

曰："王如善之，则何为不行？"

王曰："寡人有疾，寡人好货。"

对曰："昔者公刘⑪好货；《诗》云⑫：'乃积乃仓，乃裹糇粮⑬，于橐于囊^⑭。思戢用光^⑮。弓矢斯张，干戈戚扬^⑯，爰方启行^⑰。'故居者有积仓，行者有裹粮也，然后可以爰方启行。王如好货，与百姓同之，于王何有?"

王曰："寡人有疾，寡人好色。"

对曰："昔者大王好色，爱厥妃。《诗》云^⑱：'古公亶父，来朝走马，率^⑲西水浒^⑳，至于岐下。爰及姜女^㉑，聿来胥宇^㉒。'当是时也，内无怨女，外无旷夫^㉓。王如好色，与百姓同之，于王何有?"

注 释

①毁：拆毁，取消。

②明堂：为天子接见诸侯而设的建筑。

③已乎：已，止、不。即不施行拆毁明堂的措施。

④岐：地名，在今陕西岐山县一带，为周王朝发源地。

⑤耕者九一：指井田制。把耕地划呈井字形，每井九百亩，周围八家各一百亩，属私田，中间一百亩属公田，由八家共同耕种，收入归公家，所以叫九一税制。

⑥关：道路上的关卡。市：集市。讥：稽查。征：征税。

⑦泽梁：泽，潴水；梁，鱼梁。即川泽鱼塘等。

⑧孥：本指妻子儿女，这里用作动词，不孥即指不牵连妻子儿女。

⑨《诗》云：诗句引自《诗经·小雅·正月》。

⑩哿矣富人，哀此茕独：哿：可以；茕：孤单。即，富人过得已经可以了，哀怜那些孤单无依的穷人吧。

⑪公刘：人名，后稷的后代，周朝的创业始祖。

⑫《诗》云：诗句引自《诗经·大雅·公刘》。

⑬糇粮：干粮。

⑭橐、囊：都是盛物的东西，囊大橐小。

⑮思戢用光：思，语气词，无义。戢，同"辑"，和睦。用，因而。光，发扬光大。

⑯干戈戚扬：四种兵器。

⑰爰方启行：爰，于是；方，开始；启行，出发。

⑱《诗》云：诗句引自《诗经·大雅·绵》。

⑲率：循着。

⑳浒：水边。

㉑爰：语首词，无义。姜女：太王的妃子。也称太姜。

㉒聿：语首词，无义。胥：相。宇：居住。

㉓怨女：未出嫁的老处女。旷夫：未娶妻的单身汉。古代女子居内，男子居外，所以以内外代指。

译　文

齐宣王问道："别人都建议我拆掉明堂，我究竟是拆毁好呢，还是不拆毁好呢？"

孟子回答："明堂是施行王政的殿堂。大王如果想施行王政，就请不要拆毁它吧。"

宣王说："可以把王政说给我听听吗？"

孟子回答说："从前周文王治理岐地的时候，对农民征收九分之一的税；对做官的人给予世代承袭的俸禄；在关卡和市场上只稽查，不征税；水泽池沼对任何人开放没有禁令；对罪犯的处罚不牵连妻子儿女。失去妻子的老年人叫作'鳏'；失去丈夫的老年人叫作'寡'；没有儿女的老年人叫作'独'；失去父亲的儿童叫作'孤'。这四种人是天下穷苦无靠的人。文王实行仁政，一定最先考虑到他们。《诗经》上说：'富人已经过得可以了，可怜那些无依无靠的穷苦人吧。'"

宣王说："说得好啊！"

孟子说："大王如果认为说得好，为什么不这样做呢？"

宣王说："我有个毛病，我爱财。"

孟子说："从前公刘也爱财。《诗经》上说：'收割粮食装满仓，干粮食物准备好，装进小袋和大囊。和睦团结争荣光，张弓带箭齐武装。盾戈斧铆拿手上，开始动身向前方。'因此留在家里的人有谷，行军的人有干粮，这才能够率领人民前进。大王如果喜爱钱财，能想到老百姓也喜爱钱财，这对施行王政有什么影响呢？"

宣王说："我还有个毛病，我好女色。"

孟子回答说："从前周太王也好女色，非常爱他的妃子。《诗经》说：'古公亶父，大早乘快马。沿着西边河岸，一直走到岐山下。带着妻子姜氏，一起来此居住。'那时，没有找不到丈夫的老处女，也没有找不到妻子的老光棍。大王如果喜爱女色，能想到老百姓也喜爱女色，这对施行王政有什么影响呢？"

原　文

孟子见齐宣王曰："所谓故国①者，非谓有乔木②之谓也，有世臣③之谓也。王无亲臣矣，昔者所进④，今日不知其亡⑤也。"

王曰："吾何以识其不才而舍之？"

曰："国君进贤，如不得已，将使卑踰尊，疏踰戚，可不慎与？左右皆曰贤，未可也；诸大夫皆曰贤，未可也；国人皆曰贤，然后察之；见贤焉，然后用之。左右皆曰不可，勿听；诸大夫皆曰不可，勿听；国人皆曰不可，然后察之；见不可焉，然后去之。左右皆曰可杀，勿听；诸大夫皆曰可杀，勿听；国人皆曰可杀，然后察之；见可杀焉，然后杀之。故曰，国人杀之也。如此，然后可以为民父母。"

注　释

①故国：具有悠久传统的国家。

②乔木：高大古老的树木。

③世臣：累代的功勋大臣。

④进：进用。

⑤亡：去位，去职。

译　文

孟子拜见齐宣王，说："我们平时所说具有悠久传统的国家，并不是指那个国家有高大而古老的树木，而是指有累代的功勋大臣。可大王您现在却没有亲信的旧臣了，过去所任用的一些人，现在都不知到哪里去了。"

齐宣王说："我如何去识别那些没有才能的人而舍弃他们呢？"

孟子回答说："国君选择贤才，在不得已的时候，将会把地位低的提拔到地位高的人之上，把关系疏远的提拔到关系亲近的人之上，这能够不谨慎吗？左右亲信都说某人好，不可轻信；众位大夫都说某人好，还是不可轻信；全国的人都说某人好，然后去考察他，发现他是真正的贤才，再任用他。左右亲信都说某人不好，不可轻信；众位大夫都说某人不好，还是不可轻信；全国的人都说某人不好，然后去考察他，发现他真不好，再罢免他。左右亲信都说某人该杀，不可轻信；众位大夫都说某人该杀，还是不可轻信；全国的人都说某人该杀，然后去考察他，发现他真该杀，再杀掉他。这样就可以说，是全国的人杀了他。这样做，才可以为民之父母。"

原　文

齐人伐燕①，胜之。宣王问曰："或谓寡人勿取，或谓寡人取之。以万乘之国伐万乘之国，五旬而举之②，人力不至于此。不取，必有天殃③。取之，何如？"

孟子对曰："取之而燕民悦，则取之。古之人有行之者，武王是也④。取之而燕民不悦，则勿取。古之人有行之者，文王是也⑤。以万乘之国伐万乘之国，箪食壶浆⑥，以迎王师。岂有他哉？避水火也。如水益深，如火益热，亦运⑦而已矣。"

注　释

①齐人伐燕：公元前315年（齐宣王五年），燕王哙将君位让与相国子之，国人不服气，将军市被和太子平进攻子之，子之反攻，杀死了市被和太子平，国内一片混乱。齐宣王趁机进攻燕国，很快就取得了胜利，子之被杀，燕王哙死于混乱。

②五旬而举之：《战国策·燕策》记载，当齐国的军队攻打燕国时，燕国"士卒不战，城门不闭"，因此齐国军队五十天就攻进了燕国的首都。

③天殃：因齐宣王认为他攻打燕国太顺利，"人力不至于此"，是天意。古人认为"天赐弗取，反受其咎"，上天赐予不取就是怠慢上天，会受到灾祸。

④武王是也：指武王伐纣，灭其国，有其土。

⑤文王是也：文王三分天下有其二，仍然服侍殷商而没有造反。

⑥箪食壶浆：箪：盛饭的竹筐；浆：米酒。用饭筐装着饭，用酒壶盛着酒浆。

⑦运：转。指齐国若更为暴虐，则燕国人民将转而望救于他人了。

译 文

　　齐国攻打燕国，获得了胜利。齐宣王问道："有人劝告我说不要去占领燕国，有人劝告我说要占领它。以一个拥有万辆兵车的大国去攻打一个同样拥有万辆兵车的大国，仅仅用了五十天就打下来了，仅凭人力是难以做到的。如果我们不去占领它，一定会遇到天灾吧。如果占领它，会发生什么呢？"

　　孟子回答："如果你占领了它，能让燕国的老百姓高兴，那就去占领它。古人就有这样去做的，周武王就是。占领它而不能让燕国的老百姓高兴，那就不要去占领它。古人就有这样去做的，周文王就是。以齐国这样一个拥有万辆兵车的大国去攻打燕国这样一个同样拥有万辆兵车的大国，燕国的老百姓却用饭筐装着饭，用酒壶盛着酒浆来欢迎大王的军队，难道还有其他的原因吗？只不过是想摆脱他们那水深火热的乱政罢了。如果齐国让他们的水更深，火更热，灾难更沉重，那百姓是不会支持齐国的，然后就会去寻求其他的出路了。"

卷三　公孙丑上

原 文

　　孟子曰："以力①假仁②者霸，霸必有大国。以德行仁者王，王不待③大——汤以七十里，文王以百里。以力服人者，非心服也，力不赡④也；以德服人者，中心悦而诚服也，如七十子⑤之服孔子也。《诗》云⑥：'自西自东，自南自北，无思不服。'此之谓也。"

注 释

　　①力：土地甲兵之力。

　　②假仁：假，借、凭借。假仁指本无仁义之心，凭借强力实现了仁者可以实现的业绩。

　　③待：等待，引申为依靠。

　　④赡：充足。

　　⑤七十子：指孔子的弟子。

⑥《诗》云：引自《诗经·大雅·文王有声》。

译　文

孟子说："用强力而假借仁义的人可以实现霸道，但霸道必须是大国为依托。用道德而实行仁义的人可以实现王道，实现王道的不一定是大国——商汤凭借方圆七十里土地而称王，周文王凭借方圆百里的土地而称王。用武力征服别人的，别人并不是真心服从，只不过是力量不够罢了；用道德使人归服的，他人是心悦诚服，就像孔子弟子们归服孔子那样。《诗经》说：'从西从东，从南从北，无不心悦诚服。'正是说的这种情况。"

原　文

孟子曰："尊贤使能，俊杰在位，则天下之士皆悦而愿立于其朝矣；市，廛而不征①，法而不廛②，则天下之商皆悦，而愿藏于其市矣；关，讥而不征③，则天下之旅皆悦，而愿出于其路矣；耕者，助而不税④，则天下之农皆悦，而愿耕于其野矣；廛⑤，无夫里之布⑥，则天下之民皆悦，而愿为之氓⑦矣。信能行此五者，则邻国之民仰之若父母矣。率其子弟，攻其父母，自有生民以来未有能济者也。如此，则无敌于天下。无敌于天下者，天吏⑧也。然而不王者，未之有也。"

注　释

①廛：市中储藏、堆积货物的货栈。征：征税。

②法而不廛：指官方依据法规收购长期积压于货栈的货物，以保证商人的利益。

③讥而不征：只稽查不征税。讥，查问。

④助而不税：指"耕者九一"的井田制只帮助种公田而不再收税。

⑤廛：这里指民居，与"廛而不征"的"廛"所指不同。

⑥夫里之布：古代的一种税收名称，即"夫布""里布"，大致相当于后世的土地税、劳役税。

⑦氓：居民。

⑧天吏：顺从上天旨意的执政者。

译 文

孟子说:"尊重使用贤德而有才的人,杰出的人物都有职位,那么,天下的士人都乐于在这样的朝廷中担任官职了;在市场上提供储货的地方却不征税,把滞销的货物依法收购不使它们积压,那么,天下的商人都愿意在这样的市场做生意;关口只稽查而不征税,那么,天下的行旅都乐于在这样的路上往来了;种庄稼只按井田制助耕公田而不再征税,那么,天下的农民都乐于在这样的土地上耕种了;住宅区没有额外的土地税和劳役税,那么,天下的百姓都乐于成为这里的居民。真正能够做到这五点,就连邻国的百姓都会将他当父母一样仰慕。如果有谁想率领这些百姓来攻打他,就好比率领儿辈去攻打父母,自有人类以来就没有成功过的。这样,他就无敌于天下了。无敌于天下的统治者称为'天吏'。这样还不实现王道,是从来没有过的。"

原 文

孟子曰:"矢人①岂不仁于函人②哉?矢人唯恐不伤人,函人唯恐伤人。巫匠③亦然。故术④不可不慎也。孔子曰:'里仁为美,择不处仁,焉得智?'夫仁,天之尊爵也,人之安宅也。莫之御⑤而不仁,是不智也。不仁、不智、无礼、无义,人役也。人役而耻为役,由⑥弓人而耻为弓,矢人而耻为矢也。如耻之,莫如为仁。仁者如射:射者正己而后发,发而不中,不怨胜己者,反求诸己而已矣。"

注 释

①矢人:造箭的人。

②函人:造铠甲的人。

③巫:巫医,为人禳灾祈福。匠:做棺材的工匠。

④术:这里指选择谋生之术,也就是选择职业。

⑤御:阻挡。

⑥由:同"犹"。

译 文

孟子说:"造箭的人难道不如造铠甲的人有仁德吗?造箭的人唯恐

自己造的箭不能够伤害人，造铠甲的人却唯恐箭伤害了人。巫医和棺材匠之间也是这样。所以，一个人选择谋生职业不可以不慎重。孔子说：'居住在有仁德之处。选择住处而不依从于仁德，怎么能说是明智呢？'仁，是上天尊贵的爵位，人间最安稳的归所。没有人阻挡却不选择仁，是不明智。不仁、不智、无礼、无义的人，只配被别人驱使。被别人驱使而引以为耻，就像造弓的人以造弓为耻，造箭的人以造箭为耻一样。如果真正引以为耻，那就不如归于仁。仁就像射箭一样：射手先端正自己的姿势然后才放箭，如果没有射中，不能埋怨比自己射得好的人，而应反过来找自己的原因。"

原　文

孟子曰："子路，人告之以有过，则喜。禹，闻善言，则拜。大舜有①大焉，善与人同②，舍己从人，乐取于人以为善。自耕稼、陶、渔以至为帝，无非取于人者。取诸人以为善，是与人为善者也！故君子莫大乎与人为善。"

注　释

①有：同"又"。

②善与人同：与人共同做善事。即自己有善，能够推广于他人；他人有善，自己主动学习。

译　文

孟子说："子路，别人指出他的过错，他就很高兴。大禹听到有教益的活，就恭敬地拜谢。舜帝又更进一步：总是与别人共同做善事。舍弃自己的缺点，学习人家的优点，以汲取别人的长处修善为乐。从他种地、做陶器、捕鱼一直到做帝王，没有哪个时候不向别人学习的。吸取别人的优点来行善，也就是与别人一起来行善。君子之德，没有比与别人一起来行善更大的了。"

原　文

孟子曰："伯夷，非其君不事，非其友不友。不立于恶人之朝，不与恶人言。立于恶人之朝，与恶人言，如以朝衣朝冠坐于涂炭①。推恶恶之心，思与乡人立，其冠不正，望望然去之，若将浼②焉。是故诸侯虽有善其辞命而至者，不受也。不受也者，是亦不屑就已。柳下惠③，不羞污君，不卑小官。进不隐贤，必以其道。遗佚④而不怨，阨穷而不悯。故曰：'尔为尔，我为我，虽袒裼裸裎⑤于我侧，尔焉能浼我哉？'故由由然⑥与之偕而不自失焉，援而止之而止。援而止之而止者⑦，是亦不屑去已。"

孟子曰："伯夷隘，柳下惠不恭。隘与不恭，君子不由也。"

注 释

①涂炭：污浊的地方。

②浼：污染。

③柳下惠：鲁国大夫，姓展名获，字禽。柳下是他住的地方，"惠"是他的谥号，故称柳下惠。

④佚：隐逸。

⑤袒裼裸裎：袒臂露身。

⑥由由然：很随便地遵从别人。

⑦援而止之而止者：朱熹注："言欲去而可留也。"指想要离去，但他人尽力要求他留下，也就会留下。

译 文

孟子说："伯夷这个人，不与他同道的君主不侍奉，不与他同道的朋友不交往，不在厌恶的人的朝廷里做官，不与厌恶的人谈话；如果在自己厌恶的朝廷里做官，和自己厌恶的人交谈，就好像穿着礼服戴着礼帽坐在污浊的地方一样。推想他厌恶恶人的心理，想象他与乡下俗人站在一起，那人衣冠不整，他就会愤愤然离开，好像他将会被沾染一样。因此，诸侯中虽然有人看重他的言辞能力来聘请他，他不接受。不接受的原因，是因为他不屑于屈就厌恶的人、事。柳下惠并不觉得侍奉贪官污吏是耻辱，不会因官职小而觉得卑贱；他进职不隐藏自己的才干，必定要按自己的主张行事；被遗落而隐逸也不心怀怨恨，处于困窘之境也不发愁。所以他说：'你是你，我是我，即使一丝不挂赤裸裸站在我身边，又怎么能沾染我呢？'所以他很随便地遵从与其站在一起而不会失去理智，如果勉强让他留下他也会留下。勉强让他留下他也会留下的原因，是因为他瞧不起那些人。"

孟子评价说："伯夷狭隘，柳下惠不恭敬。狭隘和不恭敬，都是君子不该遵从和仿效的。"

卷四　公孙丑下

原　文

孟子曰："天时①不如地利②，地利不如人和③。三里之城，七里之郭，环而攻之而不胜。夫环而攻之，必有得天时者矣；然而不胜者，是天时不如地利也。城非不高也，池非不深也，兵革非不坚利也，米粟非不多也；委④而去之，是地利不如人和也。故曰：域民⑤不以封疆之界，固国不以山溪之险，威天下不以兵革之利。得道者多助，失道者寡助。寡助之至，亲戚畔⑥之；多助之至，天下顺之。以天下之所顺，攻亲戚之所畔；故君子有⑦不战，战必胜矣。"

注　释

①天时：用兵作战的天气、时机等。
②地利：山川险要、城池坚固等。
③人和：人心向背、内部团结等。
④委：放弃。
⑤域民：限制人民。域，界限。
⑥畔：同"叛"。
⑦有：或，要么。

译　文

孟子说："（作战上）有利的天时不如有利的地势，有利的地势不如人的齐心协力。一个三里内城墙、七里外城墙的小城，四面围攻都不能够攻破它。既然四面围攻，总有遇到好时机或好天气的时候，但还是攻不破，这说明有利的天时不如有利的地势。城墙不是不高，护城河不是不深，武器装备不是不精良，粮草也不是不充足，但还是弃城而逃了，这就说明有利的地势不如人的齐心协力。所以说：限制百姓迁徙不能靠封锁边疆界限，巩固国家不能靠山川地势的险要，扬威天下也不能靠武器装备的精良。拥有道义的人得到的帮助就多，失去道义的人得到的帮助就少。帮助的人少到极点时，连亲戚也会背叛；帮助的人多到极点时，全天下的人都会顺从。以全天下人都顺从的力量去攻打连亲戚都会叛离的人，不战则已，战必能胜。"

原　文

孟子致为臣而归①。王就见孟子，曰："前日愿见而不可得；得侍同朝，甚喜；今又弃寡人而归，不识可以继此而得见乎？"

对曰："不敢请耳，固所愿也。"

他日，王谓时子②曰："我欲中国③而授孟子室，养弟子以万钟，使诸大夫国人皆有所矜式④。子盍为我言之？"

时子因陈子⑤而以告孟子，陈子以时子之言告孟子。

孟子曰："然，夫时子恶知其不可也！如使予欲富，辞十万而受万，是为欲富乎？季孙⑥曰：'异哉子叔疑⑦！使己为政，不用，则亦已矣，又使其子弟为卿。人亦孰不欲富贵？而独于富贵之中有私龙断⑧焉。'古之为市也，以其所有易其所无者，有司者治之耳。有贱丈夫⑨焉，必求龙断而登之，以左右望，而罔市利。人皆以为贱，故从而征之。征商自此贱丈夫始矣。"

注　释

①致为臣而归：孟子久在齐国，不能行其道，于是辞去齐宣王授予的客卿之位，准备离开。

②时子：齐国大夫。

③中国：中，在……中；国，国都。

④矜式：敬重，效法。

⑤陈子：即孟子的学生陈臻。

⑥季孙：应为鲁国季孙氏的某人，赵岐注为孟子的弟子，朱熹则认为"不知何时人"。

⑦子叔疑：人名，与季孙一样不可考。

⑧龙断：即"垄断"。原意是名词，指高而不相连属的土墩子，后逐渐引申为把持、独占。

⑨丈夫：对成年男子的通称。

译 文

孟子辞去齐国的官职准备离开。齐宣王专门去看孟子，说："从前希望见到您而不可能；后来终于得以在朝廷上相见，我感到很高兴；现在您又将弃我而去了，不知以后还能否相见？"

孟子回答说："我不敢请求罢了，这本来就是我的愿望。"

过了几天，齐王对臣下时子说："我想在国都之中给孟子设立屋室，再用万钟粮食供养他的学生，使我们的官员和百姓都有所效法。您何不替我向孟子谈谈呢？"

时子便托陈子把此话转告给孟子。陈子把时子的话告诉了孟子。

孟子说："嗯，那时子如何知道这事做不得呢！如果我是贪图财富的人，辞去十万钟俸禄，却去接受一万钟的赏赐，这是想要富贵吗？季孙曾经说过：'子叔疑真奇怪啊！自己做官，不被重用，也就算了，却又让自己的子弟为卿。谁不想做官发财呢？可他却想在这做官发财中搞垄断。'古代的市场交易，本来不过是以有换无，有关的部门调解纠纷就罢了。有一个卑贱的子，一定要找一个独立的高地登上去，左顾右盼，恨不得把全市场的赚头都由他一人捞取。别人都觉得这人卑鄙，因此向他征税。征收商税也就从这个卑贱的人开始了。"

原 文

孟子去齐，充虞路问曰："夫子若有不豫①色然。前日虞闻诸夫子曰：'君子不怨天，不尤人。'"

曰："彼一时，此一时也。五百年必有王者兴，其间必有名世者。由周而来，七百有余岁矣。以其数，则过矣；以其时考之，则可矣。夫天未欲平治天下也；如欲平治天下，当今之世，舍我其谁也！吾何为不豫哉？"

注 释

①豫：快乐，愉快。

译 文

孟子离开齐国，充虞在路上问道："老师似乎有不快的样子。可是以前我曾听您讲过:'君子不抱怨上天,不责怪别人。'"

孟子说:"那是一个时候,现在又是一个时候。从历史上来看,每五百年就会有一位圣贤君主兴起,其中必定还有名重于世的辅佐者。周朝建立以来,到现在已经七百多年了。从年数来看,已经超过了;从时势来考察,也应该是时候了。大概老天还不想使天下太平了吧,如果想使天下太平,在当今这个世界上,除了我还有谁呢?我为什么不快乐呢?"

卷五　滕文公上

原　文

滕文公为世子①,将之楚,过宋而见孟子。孟子道性善,言必称尧舜。

世子自楚反,复见孟子。孟子曰:"世子疑吾言乎?夫道一而已矣。成覵②谓齐景公曰:'彼,丈夫也;我,丈夫也;吾何畏彼哉?'颜渊曰:'舜,何人也?予,何人也?有为者亦若是。'公明仪③曰:'文王,我师也;周公岂欺我哉?'今滕,绝长补短,将五十里也,犹可以为善国。《书》曰:'若药不瞑眩④,厥疾不瘳⑤。'"

注　释

①世子:即太子。

②成覵:齐国的勇士。

③公明仪:鲁国贤人,曾子学生。

④瞑眩:眼睛昏花看不清楚。

⑤瘳:病愈。

译　文

滕文公做太子的时候,要到楚国去,经过宋国时,拜访了孟子。孟子向他讲性善的道理,话题不离尧舜。

太子从楚国返回时,又来拜访孟子。孟子说:"太子质疑我的话吗?道理都是一致的。成覵对齐景公说:'他是大丈夫,我也是大丈夫,我为什么畏惧他呢?'颜渊说:'舜是什么人,我是什么人,有作为的人也会像他那样。'公明仪说：'文王是我的老师；周公难道会欺骗我吗？'现在的滕国，截长补短也有将近方圆五十里的土地吧。还可以治理成一个好国家。《尚书》说：'若药不能使人头昏眼花，那疾病就不会痊愈。'"

卷六 滕文公下

原 文

景春①曰："公孙衍②、张仪③岂不诚大丈夫哉！一怒而诸侯惧，安居而天下熄④。"

孟子曰："是焉得为大丈夫乎？子未学礼乎？丈夫之冠也，父命之⑤；女子之嫁也，母命之，往送之门，戒之曰：'往之女家，必敬必戒，无违夫子！'以顺为正者，妾妇之道。居天下之广居，立天下之正位，行天下之大道⑥；得志，与民由之；不得志，独行其道。富贵不能淫，贫贱不能移，威武不能屈，此之谓大丈夫。"

注 释

①景春：人名，具体事迹不详。

②公孙衍：魏国人，著名的说客，时人称为犀首。

③张仪：魏国人，与苏秦同为纵横家的主要代表。

④熄：指战火熄灭，天下太平。

⑤丈夫之冠也，父命之：古代男子到二十岁叫作成年，行加冠礼，父亲训导他。

⑥广居、正位、大道：朱子《孟子集注》注释为：广居，仁也；正位，礼也；大道，义也。

译 文

景春说："公孙衍和张仪真的是大丈夫啊！发起怒来，诸侯们都会恐惧；安静下来，天下就会平安无事。"

孟子说："这如何能称为大丈夫呢？你没有学过礼吗？男子举行加冠礼的时候，父亲给予训导；女子出嫁的时候，母亲给予训导，送她到门口，告诫她说：'到了你丈夫家里，一定要恭敬谨慎，不要违背你的丈夫！'以顺从为原则的，是妾妇之道。至于大丈夫，则应该住在天下最宽广的宅子里，站在天下最正确的位置上，走在天下最光明的大道上。得志的时候，便与老百姓一同前进；不得志的时候，便独自坚持自己的原则。富贵不能使他骄奢淫逸，贫贱不能使他改移节操，威武不能使他屈服意志。这样才叫作大丈夫！"

原　文

万章①问曰："宋，小国也。今将行王政，齐楚恶而伐之，则如之何？"

孟子曰："汤居亳，与葛为邻，葛伯放②而不祀。汤使人问之曰：'何为不祀？'曰：'无以供牺牲也。'汤使遗之牛羊。葛伯食之，又不以祀。汤又使人问之曰：'何为不祀？'曰：'无以供粢盛也。'汤使亳众往为之耕，老弱馈食。葛伯率其民，要其有酒食黍稻者夺之，不授者杀之。有童子以黍肉饷，杀而夺之。《书》曰③：'葛伯仇饷。'此之谓也。为其杀是童子而征之，四海之内皆曰：'非富天下也④，为匹夫匹妇复雠也。''汤始征，自葛载'，十一征而无敌于天下。东面而征，西夷怨；南面而征，北狄怨，曰：'奚为后我？'民之望之，若大旱之望雨也。归市者弗止，芸者不变，诛其君，吊其民，如时雨降。民大悦。《书》曰：'徯我后，后来其无罚。''有攸不惟臣⑤，东征，绥厥士女，匪厥玄黄⑥，绍我周王见休⑦，惟臣附于大邑周。'其君子实玄黄于匪以迎其君子，其小人箪食壶浆以迎其小人，救民于水火之中，取其残而已矣。《太誓》曰：'我武惟扬，侵于之疆，则取于残，杀伐用张，于汤有光⑧。'不行王政云尔，苟行王政，四海之内皆举首而望之，欲以为君。齐楚虽大，何畏焉？"

注　释

①万章：孟子弟子。

②放：放纵，无道。

③《书》曰：见《尚书·仲虺之诰》。

④非富天下也：言商汤伐葛并非为了夺取天下。

⑤有攸不惟臣：有攸，古国名。指有攸国助纣为虐，不臣服于周。

⑥匪厥玄黄：匪，同"筐"，用筐装着。玄黄，黑色和黄色的丝绸。

⑦绍我周王见休：绍，继、侍奉；休，美。即百姓都以侍奉周王为美。

⑧光：光大。

译 文

万章问："宋国是个小国，如今若推行王政，却引起齐国、楚国的厌恶而招致讨伐，该怎么办呢？"

孟子说："汤居住在亳地，与葛国相邻，葛伯放纵无道，不祭祀先祖。汤派人询问：'为什么不祭祀？'葛伯说：'没有祭祀用的牲畜。'汤派人送去牛羊，葛伯把牛羊吃了，还是不祭祀。汤又派人询问：'为什么不祭祀？'葛伯说：'没有祭祀的谷物。'汤派亳地的民众去为葛国耕田，让老年人和小孩送饭。葛伯带领着他的民众拦住那些带着酒食米饭的人抢夺，不肯给的就杀死。有个小孩带着米饭和肉去送饭，遭到杀害而被抢走了食物。《尚书》上说：'葛伯与送饭者为仇。'就是指这件事。汤因为葛伯杀死了这个小孩子而去征讨葛国，天下的人都说：'汤并不是贪图天下，而是为了给平民百姓复仇。'汤的征讨，从葛国开始，先后征伐十一次而无敌于天下。他向东征讨，西边的夷人便埋怨；向南征讨，北方的狄人便埋怨，都说：'为什么把我们放在后面呢？'百姓盼望他，就像大旱之时企盼雨水一样。所到之处，赶集的不停止买卖，种田的不停止耕耘，商汤讨伐无道之君，抚慰那里的百姓，像及时雨从天而降，百姓非常喜欢。《尚书》上说：'等待我们的君王，他来了我们就不受罪了。''有攸国助纣为虐不臣服，周王向东征讨，安抚那里的士民妇女，他们用筐装着黑色、黄色的丝帛，以侍奉我们周王为荣，都臣服了大邦周国。'那里的君子用筐装着黑色、黄色的丝绸来迎接周国的君子，那里的百姓用筐装着饭食，用壶盛着米酒来迎接周国的士兵。把人民从水深火热中拯救出来，就是要去掉那里的暴政。《太誓》上说：'武力发扬光大，攻入他们国土，除掉残暴的君主，用杀伐彰明正义，比成汤的功业更加辉煌。'不行王政罢了，如果真能推行王政，普天下的民众都会抬头企盼，希望这样的人来做君主；齐国、楚国虽然强大，又有什么可怕的呢？"

卷七　离娄上

原　文

孟子曰："规矩，方员之至①也；圣人，人伦之至也。欲为君尽君道，欲为臣尽臣道，二者皆法尧舜而已矣。不以舜之所以事尧事君，不敬其君者也；不以尧之所以治民治民，贼其民者也。孔子曰：'道二：仁与不仁而已矣。'暴其民甚，则身弑国亡；不甚，则身危国削。名之曰'幽厉②'，虽孝子慈孙，百世不能改也。《诗》云③'殷鉴不远，在夏后之世'，此之谓也。"

注　释

①至：极，引申为准则。

②幽厉：幽，暗；厉，虐。

③《诗》云：以下诗文引自《诗经·大雅·荡》。

译　文

孟子说："规矩，是画方与圆的准则；圣人，是修缮人伦的准则。想要做君主，就要致力于为君之道；想要做臣子，就要致力于为臣之道。这二者都是效法尧、舜罢了。不以舜之所以侍奉尧的所为来侍奉君主，就是不敬奉自己的君主；不以尧之所以治理民众的所为来治理民众，就是残害自己的百姓。孔子说：'道路只有两条，仁与不仁而已。'残暴虐害百姓过甚则身死国灭；不太过分，则自身危险国家削弱，这就称之为'幽厉'，即使有孝子慈孙，历百世也改变不了。《诗经》上说：'殷商可以借鉴的教训并不遥远，就在前一代的夏朝。'说的正是这个意思。"

原　文

孟子曰："三代之得天下也以仁，其失天下也以不仁。国之所以废兴存亡者亦然。天子不仁，不保四海；诸侯不仁，不保社稷；卿大夫不仁，不保宗庙；士庶人不仁，不保四体。今恶死亡而乐不仁，是犹恶醉而强①酒。"

注　释

　　①强：勉强。

译　文

　　孟子说："夏、商、周三代获得天下凭借的是仁，他们失去天下原因在于不仁。国家的兴衰存亡也是由于同样的原因。天子不仁，不能够保有天下；诸侯不仁，不能够保住国家；卿大夫不仁，不能够保住祖庙；士人、百姓不仁，不能够保全身家性命。如今，既害怕死亡却又乐于为不仁的事，就好像既害怕醉酒却又偏偏要拼命喝酒一样。"

原　文

　　孟子曰："人有恒言，皆曰'天下国家'。天下之本在国，国之本在家，家之本在身。"

译　文

　　孟子说："人们有常言，都说'天下国家'。天下的基础是国，国的基础是家，家的基础是个人。"

原　文

　　孟子曰："为政不难，不得罪①于巨室②。巨室之所慕，一国慕之；一国之所慕，天下慕之。故沛然德教溢乎四海。"

注　释

　　①得罪：因自身不正而取怨于人。
　　②巨室：世家大族。

译　文

　　孟子说："为政不难，只要不因自身不正而取怨于那些世家大族就可以了。世家大族所仰慕的，全国都仰慕；全国所仰慕的，整个天下都仰慕。所以，德教才能沛然充溢四海之内。"

原　文

　　孟子曰："自暴①者，不可与有言也；自弃②者，不可与有为也。

言非③礼义，谓之自暴也；吾身不能居仁由义，谓之自弃也。仁，人之安宅也；义，人之正路也。旷安宅而弗居，舍正路而不由，哀哉！"

注　释

①暴：损害，糟蹋。

②自弃：知仁义之好，但溺于怠惰不能行之。

③非：诋毁。

译　文

孟子说："自暴的人，和他没有什么好说的；自弃的人，和他没有什么好做的。出言诋毁礼仪，叫作自暴。认为自己没能力居仁心，行正义，叫作自弃。仁，是人最安适的心灵宅院；义，是人最正确的光明大道。把最安适的宅院空起来不去住，把最正确的大道舍弃在一边不去走，真是可悲啊！"

原　文

孟子曰："居下位而不获于上，民不可得而治也；获于上有道：不信于友，弗获于上矣；信于友有道：事亲弗悦，弗信于友矣；悦亲有道：反身不诚，不悦于亲矣；诚身有道：不明乎善，不诚其亲身矣。是故诚者，天之道也；思诚者，人之道也。至诚而不动者，未之有也；不诚，未有能动者也。"

译　文

孟子说："在下位的人，如果不能取信于在上位的人，就不能治理好百姓。取信于在上位的人有定法：不能取信朋友就不能取信于在上位之人；取信于朋友有定法：侍奉父母，不能够使父母高兴，就不能取信于朋友；使父母高兴有定法：自身不真诚就不能使父母高兴；保持自身真诚有定法：不明白什么是善道就不能够使自己真诚。所以，真诚是符合于天道的，追求真诚是做人的原则。内心至诚而不能够使人感动的，是没有过的；自身不诚是不能够感动人的。"

原　文

孟子曰："伯夷辟纣，居北海之滨，闻文王作①，兴②曰：'盍归乎来！吾闻西伯善养老者。'太公辟纣，居东海之滨，闻文王作，兴曰：'盍归乎来！吾闻西伯善养老者。'二老者，天下之大老③也，而归之，是天下之父归之也。天下之父归之，其子焉往？诸侯有行文王之政者，七年之内，必为政于天下矣。"

注　释

①作：起，兴起。

②兴：起，振奋。

③大老：指不是一般的老人，德智皆备的老人。

译　文

孟子说："伯夷逃避纣王的暴政，隐居在北海边，听闻周文王兴起，振奋地说：'何不归服于他呢！我听说西伯善于供养老者。'姜太公逃避纣王的暴政，隐居在东海边，听闻周文王兴起，振奋地说：'何不归服于他呢！我听说西伯善于供养老者。'这两位老者，是天下德智兼备的老者，归服于文王，就如天下的父亲都归服于他一样了。天下的父亲都归服于他，他们的儿子们又能去哪里呢？诸侯如果能够施行文王的王政，七年之内，一定可以统一天下。"

原　文

孟子曰："人不足与适①也，政不足间②也。惟大人③为能格④君心之非。君仁莫不仁，君义莫不义，君正莫不正。一正君而国定矣。"

注　释

①适：同"谪"，指责，谴责。

②间：非议，指责。

③大人：具有大德之人。

④格：正。

译　文

孟子说："人（的缺点）是谴责不过来的，政事（的缺陷）是非议不过来的。只有具有大德的人，才能格正君主的过错。君主具有了仁德，其他人也就具有了仁德；君主合乎于道义，其他人也就合乎于道义了。只需端正了君主，国家就安定了。"

原 文

孟子曰："有不虞①之誉，有求全之毁。"

注 释

①虞：预料。

译 文

孟子说："有意料不到的赞誉，也有过分苛求的诋毁。"

原 文

孟子谓乐正子曰："子之从于子敖来，徒餔啜①也。我不意子学古之道，而以餔啜也。"

注 释

①餔啜：餔，吃；啜，喝。

译 文

孟子对乐正子说："你跟随王驩来这里，只不过为了吃喝而已。我没想到你学习古人圣贤之道，只是为了吃吃喝喝。"

原 文

孟子曰："不孝有三，无后为大。舜不告而娶，为无后也。君子以为犹告也。"

译 文

孟子说："不孝的情况有三种，其中以没有后代的罪过为最大。舜没有禀告父母就娶妻，为的就是怕没有后代。所以，君子认为他虽然没有禀告，却和禀告了一样。"

原 文

孟子曰："天下大悦而将归己，视天下悦而归己犹草芥也，惟舜为然。不得乎亲，不可以为人；不顺乎亲，不可以为子。舜尽事亲之道而瞽瞍①厎豫②，瞽瞍厎豫而天下化，瞽瞍厎豫而天下之为父子者定，此之谓大孝。"

注　释

①瞽瞍：舜的父亲。

②厎豫：厎，至；豫，乐。

译　文

孟子说："整个天下都心悦诚服地归顺自己，将天下悦服归顺自己看得如草芥般轻微，只有舜能这样。不得到双亲的亲情，就不可以作为一个人；不顺从双亲，就不可以作为一个儿子。舜竭尽侍亲之道而使父亲瞽瞍高兴，瞽瞍高兴天下都受到了感化，瞽瞍高兴天下的父子都得以安于慈孝之道，这就是舜的大孝。"

卷八　离娄下

原　文

子产①听郑国之政，以其乘舆济②人于溱洧。

孟子曰："惠而不知为政。岁十一月徒杠成，十二月舆梁成，民未病涉也。君子平其政，行辟人③可也。焉得人人而济之？故为政者，每人而悦之，日亦不足矣。"

注　释

①子产：春秋时郑国著名政治家，姓公孙，名侨。

②济：载人渡河。

③行辟人：出行时，让民众规避。

译　文

子产主持郑国的政务，用他的车子载着行人渡过溱水、洧水。

孟子说："子产这只是小恩小惠，不知为政之道。在十一月搭好过河的独木桥，在十二月搭好通行车马的大桥，人们就不会苦于涉水了。君子治理好他的政事，即使出行时让民众规避也是可以的。如何能将行人一个个地载过河呢？所以说，为政的人，要讨得每个人的欢心，

（每天都施小恩小惠）时间也是不够的。"

原　文

孟子曰："非礼之礼，非义之义，大人弗为。"

译　文

孟子说："不符合大礼的小规范，不符合大义的小信用，有德君子不会去坚持。"

原　文

孟子曰："人有不为也，而后可以有为。"

译　文

孟子说："人要先有所不为，而后才能有为。"

原　文

孟子曰："大人者，言不必信，行不必果，惟义所在。"

译　文

孟子说："具有大德之人，言语不拘于小信，行动不强求达到目的，唯道义是守。"

原　文

孟子曰："大人者，不失其赤子之心者也。"

译　文

孟子说："具有大德之人，不会失去纯真的赤子之心。"

原　文

孟子曰："养①生者不足以当大事，惟送死可以当大事。"

注　释

①养：奉养。

译　文

孟子说："奉养生者还不足以视为大事，只有送葬死者可以当作大事。"

原　文

孟子曰："君子深造之以道①，欲其自得②之也。自得之，则居之安③；居之安，则资④之深；资之深，则取之左右逢其原⑤，故君子欲其自得之也。"

注　释

①深造之以道：依道深造之，即顺着"道"来加强自己的修养。孟子的"道"即归于仁义之道。

②自得：自己领悟"道"，得之于心，而非得到他人的只言片语。

③居之安：能固守"道"，而不轻易背离。

④资：借鉴、汲取。

⑤原：通"源"。

译　文

孟子说："君子依'道'来加强自己的修养，是为了让自己领悟'道'。自己领悟了'道'，就会安于仁道；安于仁道，就会在其中汲取更多的智慧；汲取更多的智慧才能够左右逢源，所以君子想自己领悟'道'。"

原　文

孟子曰："博学而详说之，将以反说约也。"

译　文

孟子说："广博地学习，详尽地解说，目的在于融会贯通后返归到简约去。"

原　文

孟子曰："以善服人①者，未有能服人者也；以善养人②，然后能服天下。天下不心服而王者，未之有也。"

注　释

①服人：使人服从。

②养人：用善归化别人，使他人也向善。

译　文

孟子说："用善让他人服从，没有能够让人心服的；用善归化他人，则能够使天下服从。天下不心服而实现王道的，是没有的。"

原　文

孟子曰："天下之言性①也，则故②而已矣。故者以利③为本。所恶于智者，为其凿④也。如智者若禹之行水也，则无恶于智矣。禹之行水也，行其所无事也。如智者亦行其所无事，则智亦大矣。天之高也，星辰之远也，苟求其故，千岁之日至，可坐而致也。"

注　释

①性：事理人性。

②故：显现出来的规律。

③利：顺应自然之理。

④凿：穿凿，强为。

译　文

孟子说："天下人谈论事理人性，都是依据着已经显现出来的规律。已经显现出来的规律，都是以顺应自然之理为本的。智谋所以让人厌恶的地方，就在于穿凿强为。如果智者都能像大禹治水那样，对于智谋就没有可以厌恶的了。大禹治水，顺应水的本性，无为而治。如果智者也行无为之事，那智谋才是大智。天那么高，星辰那么遥远，如果延循着已经显现出来的规律，千年之前的事，也是可以推测出来的。"

原　文

储子①曰："王使人瞷②夫子，果有以异于人乎？"

孟子曰："何以异于人哉？尧舜与人同耳。"

注　释

①储子：齐国大夫。

②瞷：窥视，观察。

译　文

储子问："大王命人观察夫子，您真的和常人不同吗？"

孟子说："和常人有什么不同呢？尧舜也和普通人一样。"

卷九　万章上

原　文

万章问曰："舜往于田，号泣于旻天①，何为其号泣也？"

孟子曰："怨慕②也。"

万章曰："父母爱之，喜而不忘；父母恶之，劳而不怨。然则舜怨乎？"

曰："长息③问于公明高④曰：'舜往于田，则吾既得闻命矣；号泣于旻天，于父母，则吾不知也。'公明高曰：'是非尔所知也。'夫公明高以孝子之心，为不若是恝⑤，我竭力耕田，共为子职而已矣，父母之不我爱，于我何哉？帝使其子九男二女，百官牛羊仓廪备，以事舜于畎亩之中。天下之士多就之者，帝将胥⑥天下而迁之焉。为不顺于父母，如穷人无所归。天下之士悦之，人之所欲也，而不足以解忧；好色，人之所欲，妻帝之二女，而不足以解忧；富，人之所欲，富有天下，而不足以解忧；贵，人之所欲，贵为天子，而不足以解忧。人悦之、好色、富贵，无足以解忧者，惟顺于父母，可以解忧。人少，则慕父母；知好色，则慕少艾⑦；有妻子，则慕妻子；仕则慕君，不得于君则热中⑧。大孝终身慕父母。五十而慕者，予于大舜见之矣。"

注　释

①旻天：苍天。朱子注曰：仁覆闵下，谓之旻天。

②怨慕：怨自己不得父母之爱，而思慕之。

③长息：公明高弟子。

④公明高：曾子弟子。

⑤恝：淡然无忧貌。

⑥胥：观察，考察。

⑦少艾：年轻的美女。

⑧热中：内心焦躁。

译文

万章问："大舜到田野里，望着苍天呼号哭泣，为何他会呼号哭泣呢？"

孟子说："埋怨又思慕。"

万章说："父母宠爱，高兴而难忘；父母厌恶，忧愁却不怨恨。那么，舜怨恨父母吗？"

孟子说："长息曾经问公明高：'舜到田野里，我已经听您讲解过了；他望着苍天呼号哭泣，是为了父母，那我就不懂了。'公明高说：'这就不是你能理解的了。'这是公明高以孝子的心态，认为不应该若无其事，淡然处之：我尽力耕田，恭敬地完成做儿子的职责而已，至于父母不宠爱我，我有什么办法呢？帝尧派他的九个儿子两个女儿，还有百官带着牛羊、粮食，到农田里去侍奉大舜，天下的许多读书人都去归附他，尧考察舜而把天下让给他。因为不被父母喜欢，舜就如同穷人找不到归宿一样。被天下的读书人所喜欢，是每个人的欲望，却不能解开舜的忧愁；喜欢美貌的女子，也是每个人的欲望，娶了尧的两个女儿，却还是不能解开舜的忧愁；富裕，也是每个人的欲望，拥有了整个天下，却还是不能解开舜的忧愁；尊贵，也是每个人的欲望，身为天子之尊贵，却还不能解开舜的忧愁。被人喜爱、喜好美色、富裕且尊贵，没有一样能解除舜的忧愁，唯有让父母顺心才能解忧。人在少年时，仰慕父母；知道爱好美色了，则思慕年轻的美女；有了妻子，就会思念家室；入仕做官就会思念君主，得不到君主赏识就会内心焦躁。只有最孝顺的人终身思念父母。到了五十岁还思念父母的事，我在大舜身上见到了。"

卷十　万章下

原文

孟子谓万章曰："一乡之善士①，斯友一乡之善士；一国之善士，斯友一国之善士；天下之善士，斯友天下之善士。以友天下之善士为未足，又尚②论古之人。颂其诗，读其书，不知其人，可乎？是以论其世也。是尚友也。"

注　释

①一乡之善士：可以在一乡之内称善的优秀人物。

②尚：上。

译　文

孟子对万章说："一个乡的优秀人物就和一个乡的优秀人物交朋友，一个国家的优秀人物就和一个国家的优秀人物交朋友，天下的优秀人物就和天下的优秀人物交朋友。如果认为和天下的优秀人物交朋友还不够，便又向上追齐古代的贤者。咏诵他们的诗，阅读他们的书，不知道他们到底是什么人，可以吗？所以要研究他们所处的社会时代。这就是上溯历史与古人交朋友。"

卷十一　告子上

原　文

告子曰："性，犹杞柳①也；义，犹杯棬②也。以人性为仁义，犹以杞柳为杯棬。"

孟子曰："子能顺杞柳之性而以为杯棬乎？将戕贼杞柳而后以为杯棬也？如将戕贼杞柳而以为杯棬，则亦将戕贼人以为仁义与？率天下之人而祸仁义者，必子之言夫！"

注　释

①杞柳：北方生长的灌木，枝条长而软，可以编筐篓。

②杯棬：曲木制成的杯盂。

译　文

告子说："本性，就像杞柳一样；仁义，就像杯盂一样。强制人性合于仁义，就像将杞柳弯曲成杯盂一样。"

孟子说："你是顺着杞柳的本性将其制为杯盂，还是伤害杞柳的本性来将其制成杯盘呢？如果伤害杞柳的本性来将其制成杯盘的话，就意味着伤害人来达到仁义吗？鼓动天下人来危害仁义的，就是你的这种言论！"

原　文

孟子曰："无或①乎王之不智也，虽有天下易生之物也，一日暴②之，十日寒之。未有能生者也。吾见亦罕矣，吾退而寒之者至矣，吾如有萌焉何哉！今夫弈之为数③，小数也；不专心致志，则不得也。弈秋，通国之善弈者也。使弈秋诲二人弈，其一人专心致志，惟弈秋之为听。一人虽听之，一心以为有鸿鹄将至，思援弓缴④而射之，虽与之俱学，弗若之矣。为是其智弗若与？曰：非然也。"

注　释

①或：通"惑"，助长。
②暴：通"曝"，晒。
③数：技艺。
④缴：以绳系矢而射。

译　文

孟子说："不要蛊惑助长君王的不明智，即使有天下最容易生长的植物，晒它一天，寒冻十天，那也是无法生长的。我见到大王的时间很少，我退出来后寒冻他的人就来了，我即使使他的心性有所萌发又能怎么样呢？下棋作为一种技巧，只是小技巧而已；但如果不专心致志，也是学不到的。弈秋，是一个全国下棋的高手，如果让弈秋教两个人下棋，其中一人专心致志，只听弈秋讲课。另外一个人虽然在听课，却一心想着天鹅就要飞来，想拿起弓箭去射杀它，虽然也同时学，但却比不上别人。这是因为他的智力比不上吗？回答很明确：不是这样的。"

原　文

孟子曰："鱼，我所欲也；熊掌，亦我所欲也，二者不可得兼，舍鱼而取熊掌者也。生，亦我所欲也；义，亦我所欲也，二者不可得兼，舍生而取义者也。生亦我所欲，所欲有甚于生者，故不为苟得也；死亦我所恶，所恶有甚于死者，故患有所不辟^①也。如使人之所欲莫甚于生，则凡可以得生者，何不用也？使人之所恶莫甚于死者，则凡可以辟患者，何不为也？由是则生而有不用也，由是则可以辟患而有不为也。是故所欲有甚于生者，所恶有甚于死者，非独贤者有是心也，人皆有之，贤者能勿丧耳。

一箪食，一豆羹，得之则生，弗得则死。呼尔而与之，行道之人弗受；蹴^②尔而与之，乞人不屑也。万钟则不辨礼义而受之。万钟于我何加焉？为宫室之美、妻妾之奉、所识穷乏者得^③我与？乡^④为身死而不受，今为宫室之美为之；乡为身死而不受，今为妻妾之奉为之；乡为身死而不受，今为所识穷乏者得我而为之，是亦不可以已乎？此之谓失其本心。"

注　释

①辟：通"避"。
②蹴：踢、践踏。
③得：通"德"，感恩。
④乡：从前。

译　文

孟子说："鱼，是我想要的；熊掌，也是我想要的；如果这两样东西不能同时得到，那么就舍弃鱼而选择熊掌。生，是我想要的；义，也是我想要的；如果这两样东西不能同时得到，那就舍弃生命而选取义。生命也是我想要的，但想要的东西还有超过生命的，所以就不会苟且贪恋生命。死亡也是我所厌恶的，但所厌恶的东西还有超过死亡的，所以有时面对灾祸也不去躲避。如果人们所想要的没有超过生命的，那么凡是可以保全生命的手段，有何不可用呢？如果人们所厌恶的没有超过死亡的，那么凡是可以躲避灾祸的手段，有何不可做呢？这样便可以保全生命而不用，这样便可以避开灾祸而不为，是因为所想要的超过了生命，所厌恶的超过了死亡。不仅贤能的人有这样的心思，人人都有，只不过贤能的人能保有它不丧失罢了。

一箪饭，一碗汤，得到它就可以生存，得不到就会死去，轻慢地呼着给予，路上的行人都不会接受；践踏着赏赐给人，连乞丐都不屑一顾；万钟的厚禄如果不辨别是否符合礼义就接受，这万钟的厚禄对我有什么好处呢？为了宫室的壮美，为了妻妾的侍奉，为了所认识的穷人对自己的感激吗？过去宁愿身死都不接受，如今为了宫室的壮美而为之；过去宁愿身死都不接受，如今为了妻妾的侍奉而为之；过去宁愿身死都不接受，如今为了所认识的穷人对自己的感激而为之，这些事难道不该停止吗？这就叫作迷失了本性。"

原　文

孟子曰："仁，人心也；义，人路也。舍其路而弗由，放①其心而不知求，哀哉！人有鸡犬放，则知求之；有放心，而不知求。学问之道无他，求其放心而已矣。"

注　释

①放：遗失。

译　文

孟子说："仁，是人的本心；义，是人行走之路。舍弃自己的道路而不走，遗失自己的本心而不知求索，悲哀啊！人有鸡犬遗失了，都知道去寻找；自己的本心遗失了，却不知道寻找。学问之道没有别的，求索自己遗失的本心而已。"

原　文

孟子曰："今有无名之指，屈而不信①，非疾痛害事也，如有能信之者，则不远秦楚之路，为指之不若人也。指不若人，则知恶之；心不若人，则不知恶，此之谓不知类②也。"

注　释

①信：通"伸"。
②类：类次，引申为轻重。

译　文

孟子说："现在有人无名指弯曲不能伸直了，但并不疼痛妨害做事，如果有能让它伸直的人，即使远隔秦楚之遥，（他也会去求治）因为手指不如他人啊。手指不如他人都知道厌恶，内心不如他人，却不知道厌恶，这就是不知道轻重啊。"

原　文

孟子曰："拱把之桐梓，人苟欲生之，皆知所以养之者。至于身，而不知所以养之者，岂爱身不若桐梓哉？弗思甚也。"

译　文

孟子说："一把粗的桐树、梓树，人们如果想要它生长，都知道如何去养护它。至于人自身，反而不知道如何进行养护，难道爱惜自身反而不如爱惜桐树、梓树吗？太不会思想了。"

原　文

孟子曰："仁之胜不仁也，犹水胜火。今之为仁者，犹以一杯水，救一车薪之火也；不熄，则谓之水不胜火。此又与^①于不仁之甚者也，亦终必亡而已矣。"

注　释

①与：助。

译　文

孟子说："'仁'要远远地胜过'不仁'，就好比水能灭火一样。如今那些奉行仁道的人，就像用一杯水去灭一车柴草所燃烧的大火一般；火没熄灭，就说是水无法灭火。这样的说法又大大地助长了那些'不仁'之风气，最终可能连心中仅存的那点'仁义'也泯灭了。"

原　文

孟子曰："五谷者，种之美者也；苟为不熟，不如荑稗。夫仁亦在乎熟之而已矣。"

译　文

孟子说："五谷，是粮食中的好品种；但如果不成熟，还不如荑草和稗草。为仁的关键也是要让它达到成熟。"

原 文

孟子曰:"羿之教人射,必志①于彀②;学者亦必志于彀。大匠诲人,必以规矩;学者亦必以规矩。"

注 释

①志:期望。

②彀:使劲张弓,将弓拉满。

译 文

孟子说:"羿教人射箭,必定是期望将弓拉满;为学者也应当期望'将弓拉满'。高明的工匠教人手艺,必定依照一定的规矩;为学者也必定要依照一定的规矩。"

卷十二 告子下

原 文

孟子曰:"君子不亮①,恶乎执②?"

注 释

①亮:通"谅",信。

②执:守。

译 文

孟子说:"君子不守信,还能有什么操守呢?"

原 文

孟子曰:"舜发于畎亩之中,傅说①举于版筑之间,胶鬲②举于鱼盐之中,管夷吾举于士③,孙叔敖举于海④,百里奚举于市⑤。故天将降大任于是人也,必先苦其心志,劳其筋骨,饿其体肤,空乏其身,行拂乱其所为,所以动心忍性,曾⑥益其所不能。人恒过,然后能改;困于心,衡⑦于虑,而后作;征⑧于色,发于声,而后喻⑨。入则无法家拂士⑩,出则无敌国外患者,国恒亡。然后知生于忧患而死于安乐也。"

注　释

①傅说：殷武丁时人，曾为刑徒，在傅险筑墙，被武丁发现，举用为相。

②胶鬲：殷纣王时人，贩卖鱼盐为生，周文王举荐了他。

③士：狱囚管理者，"举于士"指在监狱之中被举用。

④孙叔敖举于海：孙叔敖是春秋时楚国的隐士，隐居海边，被楚庄王举用。

⑤百里奚举于市：百里奚流落在楚国，秦穆公知其贤能用五张羊皮的价格把他买回，任为宰相。

⑥曾：同"增"。

⑦衡：通"横"，指横塞。

⑧征：表征，表现。

⑨喻：被了解。

⑩法家拂士：法家，有法度的大臣；拂，假借为"弼"，拂士即可以辅弼君主的贤士。

译　文

孟子说："舜在田间耕作时被起用，傅说从事筑墙工作时被重用，胶鬲在当贩鱼卖盐的小商贩时被起用，管仲在身陷深牢大狱时被起用，孙叔敖隐居海滨时被起用，百里奚在市场被贩卖为奴时被起用。因此，上苍要将重大使命降临到某个人身上，一定要磨砺他的意志，让他筋骨受累，让他的身体忍受饥饿的折磨，使他身体虚弱无力，让他的行为颠倒错乱，事事不如意，通过这些来激励他的心智，使他的性情变得坚韧，增加他所不具备的才能。人常常会犯错，然后才能改正。心中困苦，思虑受阻，之后才能发愤图强；这些都表现在脸色上，吐露在言语中，然后才能为人所了解。一个国家，于内若是没有坚守法度的臣子，于外若是没有与之抗衡的邻国和来自外部的忧患，这样的国家常常会灭亡。由此可知，忧患使人得以生存，安逸享乐使人灭亡。"

卷十三 尽心上

原　文

　　孟子曰："尽其心者，知其性也。知其性，则知天矣。存其心，养其性，所以事天也。殀寿不贰，修身以俟之，所以立命也。"

译　文

　　孟子说："竭尽本心，就可以知晓人之本性。知道人的本性，就可以知晓天命。保持本心，涵养本性，这就是对待天命的方法。生命无论长短，修身自守顺应时势，这就是安身立命的方法。"

原　文

　　孟子曰："行之而不著①焉，习矣而不察②焉，终身由之而不知其道者，众③也。"

注　释

　　①著：明白（为什么）。
　　②察：察知（其所以然）。
　　③众：众人，指平庸。

译　文

　　孟子说："做事时不知道为什么要这样做，习惯了还不明白所以然，一辈子随波逐流不知所由之道，这样的人是庸人啊。"

原　文

　　孟子曰："人不可以无耻。无耻之耻，无耻矣。"

译　文

　　孟子说："人不可以不知羞耻。从不知羞耻进步到知道羞耻，就可以免于遭受耻辱了。"

原　文

　　孟子曰："耻之于人大矣！为机变①之巧者，无所用耻焉。不耻不若人，何若人有？"

注　释

①机变：奸诈。

译　文

孟子说："羞耻之心对于人至关重要！善于权变巧智的人是没有羞耻之心的。不以自己不如别人为羞耻，怎么赶得上别人呢？"

原　文

孟子谓宋勾践①曰："子好游②乎？吾语子游：人知之，亦嚣嚣③；人不知，亦嚣嚣。"

曰："何如斯可以嚣嚣矣？"

曰："尊德乐义，则可以嚣嚣矣。故士穷不失义，达不离道。穷不失义，故士得己④焉；达不离道，故民不失望焉。古之人，得志，泽加于民；不得志，修身见于世。穷则独善其身，达则兼善天下。"

注　释

①宋勾践：人名，生平不详。

②游：指游说。

③嚣嚣：安详自得的样子。

④得己：即自得。

译　文

孟子对宋勾践说："你好游说吗？我告诉你游说的道理：别人理解，也安详自得；别人不理解，也安详自得。"

宋勾践问："如何才能安详自得呢？"

孟子说："尊崇道德，乐行仁义，就可以安详自得了。所以士人穷困时不丧失仁义；显达时不背离正道。穷困时不失去仁义，所以安详自得；显达时不背离正道，所以不失望于百姓。古代的人，得志时，恩惠施于百姓；不得志时，修养自身以显现于世。穷困时独善其身，显达时兼济天下。"

原　文

孟子曰："以佚道使民，虽劳不怨；以生道杀民，虽死不怨杀者。"

译　文

孟子说："以使民安逸之道，去驱使人民，人民虽然劳累也不会怨恨；以使民安生之道杀人，罪人虽然被杀也不会怨恨杀他的人。"

原　文

孟子曰："人之所不学而能者，其良能也；所不虑而知者，其良知也。孩提之童无不知爱其亲者，及其长也，无不知敬其兄也。亲亲，仁也；敬长，义也。无他，达之天下也。"

译　文

孟子说："人无须学习就能的，是良能；无须思考就知晓的，是良知。蒙昧的小孩没有不知道亲爱父母的，等到他们长大，没有不知道尊敬兄长的。亲爱父母是仁；尊敬兄长是义。没有其他原因，这是通行天下的。"

原　文

孟子曰："无为其所不为，无欲其所不欲，如此而已矣。"

译　文

孟子说："不要去做自己不想做的事，不要去想自己不该想的事，如此就可以了。"

原　文

孟子曰："人之有德、慧、术、知者，恒存乎疢疾①。独孤臣孽子②，其操心也危，其虑患也深，故达。"

注　释

①疢疾：灾患。
②孤臣：远臣。孽子：庶子。都是地位相对卑贱之人。

译　文

　　孟子说："人之所以具备道德、智慧、本领、知识等，都是从灾祸之中得来的。那些被疏远的大臣和地位低下的庶子，操心、虑患胜于常人，所以能通达事理。"

原　文

　　孟子曰："饥者甘食，渴者甘饮。是未得饮食之正也，饥渴害之也。岂惟口腹有饥渴之害？人心亦皆有害。人能无以饥渴之害为心害，则不及人不为忧矣。"

译　文

　　孟子说："饥饿的人吃什么都觉得是美食，干渴的人喝什么都觉得是可口饮料。他们不能尝出饮食的正常滋味，是因为饥饿和干渴妨害了他们的味觉。难道只有口腹之上有饥饿和干渴的妨害吗？心灵也有相似的妨害。一个人能够不让饥饿和干渴那样的妨害去妨害心灵，那就不会以自己不及别人为忧虑了。"

原　文

　　孟子曰："仲子^①，不义与之齐国而弗受，人皆信之，是舍箪食豆羹之义也。人莫大焉亡亲戚、君臣、上下。以其小者信其大者，奚可哉？"

注　释

　　①仲子：陈仲子。

译　文

　　孟子说："陈仲子，如果不合乎道义地将整个齐国送给他，他也不会接受，齐国人都相信他的廉洁，但这仅仅是舍弃箪食豆羹的小义罢了。人最大的过错是失去亲戚、君臣、上下的人伦。因为他有小义，就相信他具有大节，这怎么可以呢？"

卷十四　尽心下

原　文

孟子曰："尽信书，则不如无书。吾于《武成》①，取二三策②而已矣。仁人无敌于天下，以至仁伐至不仁，而何其血之流杵③也？"

注　释

①《武成》：《尚书》的篇名，记叙武王伐纣之事。现存《武成》篇是伪古文。

②策：竹简。古代用竹简书写，一策相当于我们今天说一页。

③流杵：鲜血流淌，可以漂起木棒。

译　文

孟子说："完全相信书，那还不如没有书。对于《武成》，我只相信其中的二三页罢了。仁人在天下没有敌手，以周武王这样至仁的人去讨伐商纣这样至不仁的人，怎么会使鲜血流得可以漂起木棒呢？"

原　文

孟子曰："梓匠轮舆能与人规矩，不能使人巧。"

译　文

孟子说："制造车轮、车厢的工匠能教给人规矩，却不能使人具有技巧。"

原　文

孟子曰："身不行道，不行于妻子；使人不以道，不能行于妻子。"

译　文

孟子说："自己不恪守正道，那么道在他妻子儿女身上也无法实行；不按正道去使唤他人，那就连自己的妻子儿女也无法使唤。"

原　文

孟子曰："周①于利者，凶年不能杀；周于德者，邪世不能乱。"

注　释

①周：足。

译　文

孟子说："财力富足的人，灾荒之年不会受窘困；德行高尚的人，淫邪恶世都不会受迷惑。"

原　文

孟子曰："民为贵，社稷次之，君为轻。是故得乎丘民①而为天子，得乎天子为诸侯，得乎诸侯为大夫。诸侯危社稷，则变置。牺牲②既成，粢盛既洁③，祭祖以时，然而旱干水溢，则变置社稷。"

注　释

①丘民：田野之民，即民众。

②牺牲：供祭祀用的牛、羊、猪等祭品。

③粢盛既洁：盛在祭器内的祭品已洁净了。

译　文

孟子说："人民最为贵重，国家社稷为其次，国君最为轻。所以，得到民众欢心的可做天子，得到天子欢心的可做诸侯，得到诸侯欢心的可做大夫。诸侯危害到国家社稷，就改立国君。祭品丰盛、洁净，祭扫按时举行，但遭受旱灾水灾，那就改立社稷。"

原　文

孟子曰："仁也者，人也。合而言之，道也。"

译　文

孟子说："所谓的仁，就是人之所以为人之理。合而言之，就是人应该执守的道。"

原　文

孟子曰："诸侯之宝三：土地，人民，政事。宝珠玉者，殃必及身。"

译 文

孟子说："诸侯的宝物有三种：土地、人民、政事。如果将珠玉当作宝物，灾祸必定会降临到他的身上。"

原 文

孟子曰："养心莫善于寡欲。其为人也寡欲，虽有不存焉者，寡矣；其为人也多欲，虽有存焉者，寡矣。"

译 文

孟子说："要想修心养性，最好的办法就是减少欲望。一个人的欲望如果很少，即便本性有所缺失，那也是很少的；一个人的欲望如果很多，即便本性还有所保留，那也是很少的了。"

道德经篇

道经

原　文

不上贤^①，使民不争；不贵难得之货^②，使民不为盗^③；不见可欲^④，使民不乱。是以圣人之治也，虚其心^⑤，实其腹，弱其志^⑥，强其骨^⑦，恒使民无知、无欲也。使夫知不敢^⑧、弗为^⑨而已，则无不治矣^⑩。

注　释

①上贤：上，同"尚"，即崇尚，尊崇。贤：有德行、有才能的人。

②贵：重视，珍贵。货：财物。

③盗：窃取财物。

④见：通"现"，出现，显露。此是显示，炫耀的意思。可欲：引起人们欲望的事物。

⑤虚：（使）空虚。心：古人以为心主思维，此指思想，头脑。虚其心：使他们心里空虚，无思无欲。

⑥弱其志：使他们减弱志气。削弱他们竞争的意图。

⑦强其骨：使他们筋骨强壮。

⑧敢：进取。

⑨弗为：同"无为"。

⑩治：治理，此意是治理得天下太平。

译　文

不推崇有才德的人，避免老百姓互相争夺；不珍爱难得的财物，避免老百姓前去偷窃；不显耀足以引起贪心的事物，以免民心被迷乱。

因此，圣人的治理原则是：排空百姓的心机，填饱百姓的肚腹，减弱百姓的竞争意图，增强百姓的筋骨体魄，使他们没有智巧，没有欲望。使那些有才智的人也不敢妄为造事。圣人只需按照"无为"的原则去管理天下，那么，就可以实现天下太平了。

原　文

　　上善若水①。水善利万物而不争②，处众人之所恶③，故几于道④。居善地；心善渊⑤；与善仁⑥；言善信；政善治⑦；事善能；动善时⑧。夫唯不争，故无尤⑨。

注　释

　　①上善若水：上，最的意思。上善即最善，即前章所说的"圣人"的德行。此句是说，圣人的言行有类于水，而水德是近于道的。

　　②争：居功。

　　③处众人之所恶：恶，厌恶。即居处于众人所不愿去的地方。

　　④几于道：几，接近。即接近于道。

　　⑤心善渊：渊，沉静、深沉。即心要像深潭一样深沉平静，不受外界环境所扰。

　　⑥与善仁：与，指与别人相交相接。善仁，指有修养之人。

　　⑦政善治：为政善于治理国家，从而取得治绩。

　　⑧动善时：行为动作善于把握有利的时机，即顺时而作。

　　⑨尤：怨咎、过失、罪过。

译　文

　　圣人的德行就好像水一样。水善于滋润万物而不居功自傲，停留在众人都不喜欢的地方，所以最接近于"道"。（圣人）居处最善于选择地方，心胸像深潭一样深沉平静，不受外界环境所扰，待人真诚、友爱和无私，说话恪守信用，为政懂得治理之道，能把国家治理好，处事能够善于发挥所长，行动善于顺势而为。（圣人）正是因为具有不争的美德，所以没有过失，没有怨咎。

原　文

　　五色令人目盲①；五音令人耳聋②；五味令人口爽③；驰骋畋猎④，令人心发狂⑤；难得之货，令人行妨⑥；是以圣人为腹不为目⑦，故去彼取此⑧。

注　释

①五色：黑、白、黄、红、青五种颜色。此处指视觉上的娱乐。目盲：眼花缭乱。

②五音：宫、商、角、徵、羽五种音调。这里指听觉上的享乐。耳聋：听觉不灵敏。

③五味：酸、苦、甘、辛、咸五种味道，这里指口感上的享受。口爽：意思是味觉失灵。

④驰骋：纵横奔走，比喻纵情放荡。畋猎：打猎获取动物。

⑤心发狂：心情放荡而难以制止。

⑥行妨：伤害操行。妨，妨害、伤害。

⑦为腹不为目：只求温饱安宁，而不为纵情声色之娱。"腹"在这里代表一种简朴宁静的生活方式；"目"代表一种巧伪多欲的生活方式。

⑧去彼取此：摒弃物欲的诱惑，而保持安定知足的生活。"彼"指"为目"的生活；"此"指"为腹"的生活。

译　文

缤纷的色彩，使人眼花缭乱；嘈杂的音调，使人听觉失灵；丰盛的食物，使人舌不知味；纵情狩猎，使人心情放荡发狂；稀有的物品，使人行为不轨。因此，圣人但求吃饱肚子而不追逐声色之娱，所以摒弃物欲的诱惑而保持安定知足的生活方式。

原　文

大道①废，有仁义；智慧出②，有大伪；六亲③不和，有孝慈；国家昏乱，有忠臣。

注　释

①大道：自然之道，无为之道。

②智慧出：聪明、巧智的现象出现。

③六亲：父子、兄弟、夫妻。

译 文

大道被废弃了，才有提倡仁义的需要；聪明智巧的现象出现了，伪诈才盛行一时；家庭出现了纠纷，才能显示出孝与慈；国家陷入混乱，才会出现忠臣。

原 文

曲则全①，枉②则直，洼③则盈，敝④则新，少则得，多则惑。是以圣人抱一为天下式⑤。不自见⑥，故明⑦；不自是，故彰，不自伐⑧，故有功；不自矜，故长。夫唯不争，故天下莫能与之争。古之所谓"曲则全"者，岂虚言哉？诚全而归之。

注 释

①全：保全。

②枉：屈枉。

③洼：低洼。

④敝：陈旧。

⑤抱一：抱，守。一，道。即守道。式：范式、法则。

⑥见：现，呈现。

⑦明：彰明。

⑧伐：夸耀。

译 文

委曲便会保全，屈枉便会直伸；低洼便会充盈，陈旧便会更新；少取便会获得，贪多便会迷惑。所以圣人坚守"道"作为天下事理的范式，他不自我表扬，反能显明；不自以为是，反能是非彰明；不自我夸耀，反能取得功劳；不自我骄傲，所以才能长久。正因为不与人争，所以天下没有人能与他争。古时所谓"曲则全"的话，怎么会是空话呢？它实实在在能够达到。

原 文

以道佐人主者，不以兵强天下，其事好还①。师之所处，荆棘生焉。

大军之后，必有凶年②。善有果③而已，不敢以取强④。果而勿矜，果而勿伐，果而勿骄，果而不得已，果而勿强。物壮⑤则老，是谓不道⑥，不道早已⑦。

注 释

①其事好还：用兵这件事一定能得到还报。还：还报、报应。

②凶年：荒年、灾年。

③善有果：果，成功、济难之意。指达到获胜的目的、度过灾难。

④取强：逞强、好胜，取强于天下。

⑤物壮：强壮、强硬。

⑥不道：不合乎于"道"。

⑦早已：早死、很快完结。

译 文

用"道"来辅佐君主的人，不会依靠兵力而逞强于天下，滥用武力会返还祸患。军队所到的地方，荆棘横生。大战之后，一定会出现灾荒年份。善于用兵的人，用兵在于达到目的，而并非为了逞强于天下。达到目的后也要不矜、不伐、不骄，达到目的是不得已而用兵的，并非是为了逞强。事物过于强大就会走向衰朽，这就是不符合"道"，不符合"道"就会早早灭亡。

原 文

知人者智，自知者明。胜人者有力，自胜者强①。知足者富，强行②者有志，不失其所者久，死而不亡③者寿。

注 释

①强：刚强、果决。

②强行：坚持不懈、持之以恒。

③死而不亡：身虽死而"道"犹存。

译 文

能了解、认识别人叫作智慧，能认识、了解自己才算聪明。能战胜别人是有力的，能克制自己的弱点才算刚强。知道满足的人才是富有人，坚持不懈的人才是有志者。不离失本分的人能长久不衰，身虽死而"道"仍存的，才算真正的长寿。

原　文

道常无为而无不为①。侯王若能守之②，万物将自化③。化而欲④作，吾将镇之以无名之朴⑤，镇之以无名之朴，夫将不欲⑥。不欲以静，天下将自定⑦。

注　释

①无为而无不为："无为"是指顺其自然，不妄为。"无不为"是说没有一件事是它所不能为的。

②守之：即守道。

③自化：自我化育、自生自长。

④欲：指贪欲。

⑤无名之朴："无名"指"道"。"朴"形容"道"的朴实纯真。

⑥不欲：无欲。

⑦自定：自然而然地稳定安宁。

译　文

"道"永远顺应自然而不妄为，但它却又无所不能。统治者如果能够遵从"道"，万物就会自我化育、自生自长。自生自长又会产生贪欲，我用"道"的真朴来控制它们，这样就不会有贪欲之心了。没有了贪欲，万物就会安定宁静，天下也将自然达到稳定。

德经

原　文

反者道之动①，弱者道之用②。天下万物生于有③，有生于无④。

注　释

①反者道之动：循环往复是"道"运行的规律。

②弱者道之用：柔弱、渺小是道发挥作用的关键。

③有：指"道"的有形特质。

④无：指超现实世界的形上之道。

译　文

循环往复的变化，是道的运动规律，微妙、柔弱是道发挥作用的关键。天下的万物产生于看得见的有形质，有形质又产生于"道"的无中。

原　文

天下之至柔，驰骋①天下之至坚。无有入无间②，吾是以知无为之有益。不言之教，无为之益，天下希③及之。

注　释

①驰骋：穿行。

②无有入无间：无有，无形的东西。无形的力量能够穿透没有间隙的东西。

③希：少。

译　文

天下最柔弱的东西，可以穿行于最坚硬的东西中；无形的力量可以穿透没有间隙的东西。我因此认识到"无为"的益处。"不言"的教导，"无为"的益处，普天下很少有能达到那样的。

原　文

大成①若缺，其用不弊。大盈若冲②，其用不穷。大直若屈③，大巧若拙，大辩若讷④。静胜躁，寒胜热⑤。清静为天下正⑥。

注　释

①大成：最完美的。

②冲：虚、空虚。

③屈：弯曲。

④讷：木讷。

⑤静胜躁，寒胜热：清静克服扰动，寒冷克服暑热。

⑥正：首领、君长，同"侯王得一以为天下正"。

译　文

最完满的东西，好似有残缺一样，但它的作用永远不会衰竭；最充盈的东西，好似是空虚的，但是它的作用是无穷尽的。最直的东西，好似弯曲；最灵巧的东西，好似笨拙；最善辩的人，好似木讷。清静克服扰动，寒冷克服炎热。清静无为的人才能成为天下之首。

原　文

为学日益①，为道日损②，损之又损，以至于无为。无为而无不为③，取天下常以无事④；及其有事⑤，不足以取天下。

注　释

①为学日益：求学的人，外界知识越来越多。

②为道日损：求道的人，主观妄念越来越少。

③无为而无不为：不妄为，就没有什么事情做不成。

④取：治、教化之意。无事：无为，无扰攘之事。

⑤有事：有为，以政令扰民。

译　文

求学的人，其学问知识一天比一天增加；求道的人，主观妄念则一天比一天减少。减少又减少，到最后达到"无为"的境地。如果能够做到无为，任何事情都可以有所作为。治理国家的人，要经常以无为为治国之本，如果经常以政令扰害民众，那就不配治理国家了。

原　文

含德之厚，比于赤子。毒虫不螫①，猛兽不据②，攫鸟不搏③。骨弱筋柔而握固，未知牝牡之合而朘作④，精之至也。终日号而不嗄⑤，和之至也。知和曰"常"⑥，知常曰"明"，益生曰祥⑦，心使气曰强⑧。物壮⑨则老，谓之不道，不道早已。

注　释

①螫：毒虫子用毒刺咬人。

②据：兽类用爪、足攫取。

③攫鸟：猛禽。搏：鹰隼用爪击物。

④朘作：婴孩的生殖器勃起。朘，男孩的生殖器。

⑤嘎：嗓音嘶哑。

⑥知和曰"常"："常"指事物运作的规律。和，指阴阳二气合和的状态。

⑦益生：纵欲贪生。祥：这里指妖祥、不祥的意思。

⑧强：逞强、强暴。

⑨壮：强壮，盈盛。

译 文

道德涵养浑厚的人，就好比初生的婴孩。毒虫不螫他，猛兽不伤害他，凶恶的鸟不搏击他。他的筋骨柔弱，但拳头却握得很牢固；他虽然不知道男女的交合之事，但他的小生殖器却勃然举起，这就是因为精气充沛的缘故。他整天啼哭，但嗓子却不会沙哑，这是因为和气纯厚的缘故。认识淳和的道理叫作"常"，知道"常"的叫作"明"。贪生纵欲就会遭殃，意气用事就叫作逞强。事物过于壮盛了就会变衰老，这就叫"不道"，"不道"会很快地死亡。

原 文

治人事天①，莫若啬②。夫唯啬，是谓早服③；早服谓之重积德④；重积德则无不克；无不克则莫知其极，莫知其极，可以有国；有国之母⑤，可以长久。是谓根深固柢，长生久视⑥之道。

注 释

①治人事天：治人，管理百姓；事天，治理天下。

②啬：爱惜、节俭。

③早服：早为准备。

④重积德：不断地积德。

⑤有国之母：保守国家的根本、原则。

⑥长生久视：长久地维持、长久存在。

译 文

管理百姓、治理天下，没有比爱惜、节俭更为重要的了。节俭爱惜，才是早做准备的行为；早做准备，就是不断地积"德"；不断地积"德"，就没有什么不能攻克的；没有什么不能攻克，那就无法估量他的力量；具备了这种无法估量的力量，就可以担负治理国家的重任。有了治理国家的原则和道理，国家就可以长久维持。国运长久，就叫作根深蒂固、长生久视之道。

原　文

善为士者①，不武；善战者，不怒；善胜敌者，不与②；善用人者，为之下。是谓不争之德，是谓用人之力，是谓配天古之极③。

注　释

①士者：指领导者、统帅者。

②不与：意为不争，不正面冲突。

③配天古之极：符合自然的道理。

译　文

善于作为领导者的，不逞其勇武；善于作战的人，不轻易激怒；善于胜敌的人，不与敌人正面冲突；善于用人的人，对人表示谦下。这叫作不与人争的品德，这叫作运用别人的能力，这叫作符合自然的道理。

原　文

人之生也柔弱①，其死也坚强②。草木之生也柔脆③，其死也枯槁④。故坚强者死之徒⑤，柔弱者生之徒⑥。是以兵强则灭，木强则折。强大处下，柔弱处上。

注　释

①柔弱：指人活着的时候身体是柔软的。

②坚强：指人死了以后身体就变成僵硬的了。

③柔脆：指草木形质的柔软脆弱。

④枯槁：干硬枯槁。

⑤死之徒：倾向于死亡。

⑥生之徒：倾向于生存。

译　文

人活着的时候身体是柔软的，死了以后就变得僵硬了。草木生长时是柔软脆弱的，死了以后就变得干硬枯槁了。所以坚强的东西倾向于死亡，柔弱的东西倾向于生存。因此，兵势强劲就会遭到灭亡，树木繁盛就会遭到砍伐。凡是强大的，总是处于下位，凡是柔弱的，反而居于上位。

原　文

天之道①，其犹张弓与？高者抑下，下者举之，有余者损之，不足者补之。天之道，损有余而补不足。人之道②，则不然，损不足以奉有余。孰能有余以奉天下，唯有道者。是以圣人为而不恃，功成而不处，其不欲见贤。

注　释

①天之道：自然的规律。

②人之道：指人类社会现实中的法则、律例。

译　文

自然的规律，不是很像张弓射箭吗？弦拉高了就把它压低一些，低了就把它举高一些，拉得过满了就把它放松一些，拉得不足了就把它补充一些。自然的规律，是减少有余的补给不足的。现实社会，要减少不足的，来奉献给有余的人。那么，谁能够减少有余的，以补给天下人的不足呢？只有有道的人才可以做到。因此，圣人有所作为而不占有，有所成就而不居功，不愿意显示自己的贤能。

原　文

天下莫柔弱于水，而攻坚强者莫之能胜，以其无以易之①。弱之胜强，柔之胜刚，天下莫不知，莫能行。是以圣人云："受国之垢②，是谓社稷主；受国不祥③，是为天下王。"正言若反④。

注　释

①无以易之：没有什么能够代替它。

②受国之垢：承担全国的屈辱。

③受国不祥：承担全国的祸难。

④正言若反：正面的话好像反话一样。

译　文

　　天下没有什么东西比水更柔弱了，但攻坚克强却没有什么东西可以胜过水。弱胜过强，柔胜过刚，天下没有人不知道，但是没有人能践行。所以圣人说："承担全国的屈辱，才能成为国家的君主；承担全国的祸灾，才能成为天下的君王。"正面的话好像在反说一样。

原　文

　　小国寡民①。使有什伯之器②而不用；使民重死而不远徙③；虽有舟舆④，无所乘之；虽有甲兵⑤，无所陈⑥之。使人复结绳⑦而用之。至治之极。甘其食，美其服，安其居，乐其俗⑧，邻国相望，鸡犬之声相闻，民至老死不相往来。

注　释

　　①小国寡民：使国家变小，使人民稀少。
　　②使：即使。什伯之器：大而贵重的器具。
　　③重死：看重死亡，即不轻易冒着生命危险去做事。徙：迁移、远走。
　　④舆：车子。
　　⑤甲兵：武器装备。
　　⑥陈：陈列。即布阵打仗。
　　⑦结绳：文字产生以前，人们以绳记事。
　　⑧甘其食，美其服，安其居，乐其俗：人民饮食甘甜，服装美好，居所安适，安于纯朴的风俗。

译　文

　　使国家变小，使人民稀少。即使有贵重的器具，也不使用；使人民重视死亡，而不向远方迁徙；有车有船，却没乘坐的需要；有武器装备，却没有用武之地；使人民再回复到远古结绳记事的自然状态之中。国家治理得好极了，人民饮食甘甜，服装美好，居所安适，安于纯朴的风俗。国与国之间互相望得见，鸡犬的叫声都可以听得见，但人民从生到死，也没有必要不互相往来。

诗经篇

周南

关雎

原　文

关关①雎鸠，在河之洲②。窈窕淑女③，君子好逑④。

参差荇菜⑤，左右流之⑥。窈窕淑女，寤寐⑦求之。

求之不得，寤寐思服⑧。悠哉悠哉⑨，辗转反侧。

参差荇菜，左右采之。窈窕淑女，琴瑟友之⑩。

参差荇菜，左右芼⑪之。窈窕淑女，钟鼓乐之⑫。

注　释

①关关：指雌雄二鸟相呼应的叫声，此处为象声词。

②洲：指水中的陆地面。

③窈窕淑女：窈，本义"深邃"，比喻女子美好的心灵；窕，本义为"幽美"，比喻女子美好的仪表。淑，好，善良的意思。窈窕淑女，指内在贤良外表美丽的女子。

④好逑：逑，通"仇"，意为匹配。好逑，喻指好的配偶。

⑤荇菜：一种水草。

⑥左右流之：时而向左、时而向右地择取荇菜。这里指力求去采取荇菜。这里用来隐喻君子努力追求淑女。

⑦寤寐：寤，醒；寐，入睡。寤寐指醒和睡，喻指日夜。

⑧思服：服，想的意思。思服，指思念。

⑨悠哉悠哉：此句为语气助词，这里意为"想念呀，想念啊"。

⑩琴瑟友之：用弹琴鼓瑟来亲近她。友，此处为动词，有"亲近"的意思。

⑪芼：择取，挑选。

⑫钟鼓乐之：用钟奏乐来使她快乐。乐，动词，使……快乐。

译　文

关关鸣叫的雎鸠，相伴在河中小岛上。那贤良美丽的女子，是君子的好配偶。

河中参差不齐的荇菜，时而向左时而向右去捞它。那贤良美丽的女子，日日夜夜都想去追求她。

追求却没法得到，日夜便会思念她。想念啊，想念啊，让人翻来覆去难睡下。

参差不齐的荇菜，时而向左时而向右去采它。那美丽贤良的女子，奏起琴瑟去亲近她。

参差不齐的荇菜，时而向左时而向右去采它。那美丽贤淑的女子，敲起钟鼓来取悦她。

樛木

原　文

南有樛①木，葛藟累之②。乐只③君子，福履④绥之。

南有樛木，葛藟荒⑤之。乐只君子，福履将⑥之。

南有樛木，葛藟萦⑦之。乐只君子，福履成⑧之。

注　释

①樛：下曲而高的树。

②葛藟累之：葛，是一种多年生的草本植物，花紫红色，茎可做绳，纤绳可以织葛布。藟，类似于葛的植物，野葡萄之类。累，攀缘、缠绕的意思。

③只：语气助词，无义。

④福履：福禄，幸福。

⑤荒：覆盖的意思。

⑥将：扶助。

⑦萦：绕、缠绕。

⑧成：就，到来。

译　文

南方有一种长得极为茂盛的树，这些树木有下垂的枝条，葛藟爬上树枝。一位快乐的君子，能够用善心或者善行去安抚人。

南方有一种长得极为茂盛的树，这些树木有下垂的枝条，葛藟爬上这些枝条，覆盖了整个树木。一位快乐的君子，能够用善心或善行去扶持他人。

南方有一种长得极为茂盛的树，这些树木有下垂的枝条，葛藟爬上这根树枝，缠绕在这根树枝上。一位快乐的君子，能够用善心或者善行去成就他人。

桃夭

原　文

桃之夭夭①，灼灼②其华。之子于归③，宜④其室家。

桃之夭夭，有蕡⑤其实。之子于归，宜其家室。

桃之夭夭，其叶蓁⑥蓁。之子于归，宜其家人。

注　释

①夭夭：花朵繁盛而怒放的样子。

②灼灼：花朵色彩鲜艳、明亮的样子。

③之子于归：之子，指这位姑娘。于，去。归：姑娘出嫁。古时把丈夫看作是女子的归宿。

④宜：和顺、亲善。

⑤蕡：草木很多且结实的样子。此处指桃子的果实丰满肥大。

⑥蓁：草木繁盛的样子，这里形容桃叶茂盛。

译　文

繁密茂盛的桃树啊，花儿怒放红似火。这个姑娘嫁过门啊，喜气洋洋归夫家。

　　繁密茂盛的桃树啊，丰腴的鲜桃结满枝。这个姑娘嫁过门啊，早生贵子后嗣旺。

　　繁密茂盛的桃树啊，叶子长得繁盛。这个姑娘要过门啊，齐心协手家和睦。

召南

采蘩

原　文

　　于以采蘩①？于沼于沚②。于以用之？公侯之事③。

　　于以采蘩？于涧④之中。于以用之？公侯之宫⑤。

　　被⑥之僮僮，夙⑦夜在公⑧。被之祁祁⑨，薄⑩言还归。

注　释

　　①于以采蘩：往哪儿采蘩。于，问词，往哪儿。蘩，指白蒿。叶似嫩艾，茎或赤或白，根茎可食，古代常用来祭祀。

　　②沚：这里指水中的小块陆地。在《说文解字》中，其本义为"小渚为沚"。

　　③事：在这里指祭祀活动。

　　④涧：山间有流水的小沟。山夹水称为"涧"。

　　⑤宫：大的房子。在汉代之后，才专指皇室的宫殿。

　　⑥被：通"髲"。首饰，即取他人的头发编织成的发饰，相当于今天的假发。一种将此解释为施加之意，另外，还有人将此解释为"光洁不坏"。另外还有一种说法为未成年的僮仆、奴婢之意。

　　⑦夙：早。

　　⑧公：公庙。

　　⑨祁祁：形容首饰盛，这里解释为众多之意。

　　⑩薄：这里为"减少"的意思。

译　文

　　到哪儿采来的白蘩？沼泽旁边绿洲上。采来白蘩做何用？公侯之家祭祀用。

到哪儿采来的白蘩？山中的小溪边。采来白蘩做何用？公侯之宫祭祀用。

差来专为采白蘩，没日没夜为公侯。差来采蘩人数多，不要轻言回家去。

草虫

原　文

喓喓①草虫②，趯趯③阜螽④。未见君子，忧心忡忡。亦既见止⑤，亦既觏⑥止，我心则降⑦。

陟彼南山，言采其蕨⑧。未见君子，忧心惙惙。亦既见止，亦既觏止，我心则说⑨。

陟彼南山，言采其薇⑩。未见君子，我心伤悲。亦既见止，亦既觏止，我心则夷⑪。

注　释

①喓喓：虫叫声。

②草虫：这里指蝈蝈儿。

③趯趯：昆虫跳跃的状况。

④阜螽：即蚱蜢，一种蝗虫。

⑤止：通"之"，指"他"。

⑥觏：遇见。

⑦降：放下、安定。

⑧蕨：植物名，可食。

⑨说：通"悦"，高兴。

⑩薇：草本植物，又名巢菜，或野豌豆。

⑪夷：平。心平则喜。

译　文

听那蝈蝈蝇蝇叫，看那蚱蜢蹦蹦跳。

没有见到那君子，忧思不断真焦躁。

如果我已见着他，如果我已偎着他，我的心中愁全消。

登上高高南山头，采摘鲜嫩蕨菜叶。

没有见到那君子，忧思不断真凄切。

如果我已见着他，如果我已偎着他，我的心中多喜悦。

登上高高南山顶，采摘鲜嫩巢菜苗。

没有见到那君子，我很悲伤真烦恼。

如果我已见着他，如果我已偎着他，我的心中平静了。

采蘋

原文

于以采蘋①？南涧之滨。于以采藻②？于彼行潦③。

于以盛之？维筐及筥④。于以湘⑤之？维锜⑥及釜⑦。

于以奠⑧之？宗室牖⑨下。谁其尸⑩之？有齐季女⑪。

注释

①蘋：一种生长在浅水中的蕨类植物，又叫四叶菜、四字草，可食。

②藻：一种水生植物。

③行潦：沟中的积水。行，水沟；潦，路上的流水、积水。

④筥：一种筐，圆形的称筥，方形的称筐。

⑤湘：烹煮供祭祀用的牛羊等。

⑥锜：三足的锅。

⑦釜：无足锅。

⑧奠：放置。

⑨宗室牖下：祠堂的窗户边。宗室指祠堂，牖指窗户。

⑩尸：主持，古人祭祀用人充当神，称尸。

⑪有齐季女：恭敬而虔诚的少女。有，助词，无义。齐，通“斋”，美好而恭敬。季，少、小。

译文

到哪儿去采苹？就在南面涧水滨。到哪儿去采藻？就在积水那浅沼。

用什么来盛它？有那圆篓和方筐。用什么来煮它？有那锅儿与那釜。

将祭品安置于何处？祠堂那边窗户下。今天谁要来主持？恭敬虔诚的少女。

甘棠

原　文

蔽芾甘棠①，勿剪勿伐，召伯所茇②。

蔽芾甘棠，勿剪勿败③，召伯所憩。

蔽芾甘棠，勿剪勿拜④，召伯所说⑤。

注　释

①蔽芾甘棠：茂盛的甘棠树。甘棠，一种高大的落叶乔木，春华秋实，花色白，果实圆而小，味涩可食。

②召伯所茇：召伯，姬虎，周宣王的伯爵，封地为召。茇，草舍，此处用为动词，居住。

③败：毁坏。

④拜：扒。

⑤说：通"税"，休憩，止息。

译　文

甘棠枝叶繁又茂，莫要修剪勿砍伐，召伯曾在树下住。

甘棠枝叶繁又茂，莫要修剪勿砍伐，召伯曾在树下歇。

甘棠树叶繁又茂，莫要修剪勿砍伐，召伯曾在树下停。

行露

原　文

厌浥行露①，岂不夙夜，谓②行多露。

谁谓雀无角③？何以穿我屋？谁谓女无家④？何以速我狱⑤？虽速我狱，室家不足⑥！

谁谓鼠无牙？何以穿我墉⑦？谁谓女无家？何以速我讼⑧？虽速我讼，亦不女从！

注 释

①厌浥行露：道路上潮湿的露水。厌浥，潮湿。行，道路。

②谓：通"畏"，意指害怕。此与下文的"谁谓"的"谓"意不同，一说奈何。

③角：鸟喙。

④女无家：你没有成家。女，通"汝"，你。无家，指没有成家。

⑤速我狱：招致我入狱。速，招，致。狱，案件，官司。

⑥室家不足：要求成婚的理由不充足。家，媒聘求为家室之礼也。

⑦墉：墙。

⑧讼：诉讼。

译 文

道路上潮湿的露水，难道不想早离开？只怕露重道难行。

谁说麻雀没有嘴巴？怎么啄我房室？谁说你尚未成家？为何害我获罪入狱？即便让我入狱，也休想将我娶。

谁说老鼠没牙齿？怎么打通我墙壁？谁说你尚未成家？为何害我吃官司？即便让我吃官司，也坚决不嫁你！

邶风

绿衣

原 文

绿兮衣①兮，绿衣黄里。心之忧矣，曷维其已②？

绿兮衣兮，绿衣黄裳。心之忧矣，曷维其亡③？

绿兮丝兮，女所治兮。我思古人④，俾无訧⑤兮。

絺兮绤兮⑥，凄其以⑦风。我思古人，实获⑧我心。

注 释

①衣、里、裳：上为衣，下为裳；外为衣，内为里。

②曷维其已：何时能止。曷，何。维，语气助词，无义。已，停止。

③亡：一说通"忘"，一说停止。

④古人：故人，指已亡故之人。

⑤俾无訧：使我平时少过失。俾，使。訧，同"尤"，过失，罪过。

⑥絺兮绤兮：细葛布啊粗葛布。絺，细葛布。绤，粗葛布。

⑦凄其：凄凄。凄，凉而有寒意。以，因。

⑧获：得。

译　文

绿衣裳啊绿衣裳，外是绿色里子黄。心忧伤啊心忧伤，何时才能止得住！

绿衣裳啊绿衣裳，上是绿色下面黄。心忧伤啊心忧伤，何时才能将它忘！

绿丝线啊绿丝线，是你亲手来缝制。我思亡故的贤妻，使我平时过失少。

细葛布啊粗葛布，穿上冷风钻衣襟。我思亡故的贤妻，实在中我的心意。

凯风

原　文

凯风①自南，吹彼棘心②。棘心夭夭，母氏劬劳③。

凯风自南，吹彼棘薪④。母氏圣善⑤，我无令⑥人。

爰⑦有寒泉？在浚⑧之下。有子七人，母氏劳苦。

睍睆黄鸟⑨，载⑩好其音。有子七人，莫慰母心。

注　释

①凯风：和风，指由南吹来的夏天的风。

②棘心：枣树上的尖刺。棘，指一种落叶灌木，即酸枣。枝上多刺，开黄绿色小花，实小，味酸。心，指纤小的尖刺。

③劬劳：操劳。劬，辛苦。

④棘薪：长到可以当柴烧的酸枣树。

⑤圣善：明理而有美德。

⑥令：善。

⑦爰：何处。

⑧浚：卫国地名。

⑨睍睆：犹"间关"，清和婉转的鸟鸣声。一说美丽，好看。黄鸟：黄雀。

⑩载：传载，载送。

译　文

畅畅和风南方来，轻拂枣树小树心。树心很细太娇嫩，母亲实在太辛苦。

畅畅和风南方来，轻拂枣树粗枝条。母亲明理有美德，我不成器难回报。

寒泉淅淅水清凉，源头就在那浚土。儿子纵然有七个，母亲仍旧很劳苦。

小小黄雀婉转鸣，声音悠长真动听。儿子纵使有七个，无法宽慰母亲心。

式微

原　文

式微①，式微，胡不归？微君②之故，胡为乎中露③！

式微，式微，胡不归？微君之躬④，胡为乎泥中！

注　释

①式微：天黑。式，语气助词。微，指日光衰微，黄昏或者天黑。

②微君：要不是君主。微，非。

③中露：露水中。此处应为"露中"，倒文以协韵。

④躬：身体。

译　文

天黑了，天黑了，为何还不回家？如果不是为君主，何以还在露水中！

天黑了，天黑了，为何还不回家？如果不是为君主，何以还在泥浆中！

简兮

原　文

简①兮简兮，方将万舞②。日之方中，在前上处③。

硕人俣俣④，公庭万舞。有力如虎，执辔⑤如组。

左手执龠⑥，右手秉翟⑦。赫如渥赭⑧，公言锡爵⑨。

山有榛，隰有苓⑩。云谁之思？西方美人。彼美人兮，西方之人兮。

注　释

①简：一说为鼓声，一说大的样子。

②万舞：舞名。

③在前上处：在前列的上头。

④俣俣：魁梧健美的样子。

⑤辔：马缰。

⑥龠：古乐器，三孔笛。

⑦翟：野鸡的尾羽。

⑧赫如渥赭：赫，红色，渥，厚。赭，指赤褐色，赭石。本句意为，脸色红润如赭石。

⑨锡爵：指赐酒。锡，赐。爵，青铜制酒器，用以温酒和盛酒。

⑩山有榛，隰有苓：山中树上有榛子，低湿地处有苦苓。榛，指一种灌木，开黄褐色的花，结的果为榛子。隰，指湿地。苓，一说甘草，一说苍耳，一说黄药，一说地黄。

译　文

敲起鼓来咚咚响，大幕拉开演万舞。太阳头顶正当午，舞师排在最前头。

身材高大又魁梧，公庭当众跳万舞。威武有力猛如虎，手执马缰如丝带。

左手拿着三孔笛，右手持着鸡尾羽。面色通红如褐石，国君赐他一杯酒。

山中生长有榛树，湿低地里有苦苓。心思正在思念谁？正是西方那美人。西方美人真俊美，她是西方来的人。

静女

原　文

静女其姝①，俟我于城隅②。爱③而不见，搔首踟蹰④。

静女其娈⑤，贻我彤管⑥。彤管有炜⑦，说怿女美⑧。

自牧归荑⑨，洵美且异⑩。匪⑪女之为美，美人之贻。

注　释

①姝：美好。

②俟我于城隅：等待我在城角边。俟，指等待，此处指约好地方等待。

③爱：隐蔽，躲藏。"薆"的假借字。

④踟蹰：犹豫不决，徘徊不定。

⑤娈：指美丽的面貌。

⑥贻我彤管：赠给我红毛管。贻，指赠予。彤管，具体不知何物，应指红管的笔。一说和荑应是一物，一说为红色的管状乐器等。

⑦有炜：盛明的样子。有，形容词词头，无义。炜，指盛明的样子。

⑧说怿女美：喜欢你的美貌。说怿，指喜悦。女，通"汝"，你。

⑨自牧归荑：自野外赠柔荑。牧，野外。归，通"馈"，赠。荑：白茅，茅之始生也。象征婚媾。

⑩洵美且异：确实美得特别。洵：实在，诚然。异：特殊。

⑪匪：非。

译　文

娴静女子真美丽，约会就在城角边。视线遮蔽看不见，搔头徘徊真紧张。

娴静女子真美丽，送我新笔红笔管。鲜红笔管亮光彩，爱她女子好容颜。

远自郊野赠柔荑，确实美好又珍异。不是荑草长得美，美人相赠厚情意。

鄘风

君子偕老

原　文

君子偕老①，副笄六珈②。委委佗佗，如山如河③，象服是宜。子之不淑④，云如之何？

玼⑤兮玼兮，其之翟⑥也。鬒发⑦如云，不屑髢⑧也；玉之瑱⑨也，象之挮⑩也，扬且之皙也。胡然而天也？胡然而帝也？

瑳⑪兮瑳兮，其之展也。蒙彼绉絺⑫，是绁袢⑬也。子之清扬，扬且之颜⑭也。展⑮如之人兮，邦之媛也！

注　释

①君子偕老：君子指卫宣公。偕老，指夫妻恩爱，白头到老。

②副笄六珈：首饰玉簪插满头的意思。副，指妇人的一种首饰。笄，簪。六珈，指笄饰，用玉石做成，垂珠有六颗。

③委委佗佗，如山如河：佗通"蛇"。本句意思是说，举止婀娜，体态轻盈、如山一般蜿蜒，同河一般曲折。

④子之不淑：子，指宣姜。淑，善。

⑤玼：指花纹异常绚烂。

⑥翟：绣着山鸡彩羽的象服。

⑦鬒发：指黑发。

⑧髢：指假发。

⑨瑱：冠冕上垂在两耳旁的玉。

⑩象之揥：象，指象牙。揥，指剃发针，发钗一类的首饰；一说可用于搔头的首饰。

⑪瑳：指玉石洁白透亮。

⑫絺：指细葛布。

⑬绁袢：指夏天穿的白色的内衣。

⑭扬且之颜：扬，指眉宇宽广。颜，额头，引申为容颜，脸色。

⑮展：诚，的确。

译　文

誓与君子到白首，玉簪首饰插满头。举止婀娜又自得，如山如河不可侵。华服艳丽正合身。女子德行太秽恶，你又拿她奈之何？

锦衣彩纹绚如花，山鸡图案似云霞。黑亮头发长又密，不屑用那假头发。又耳坠子尽珠玉，象牙发钗头上戴，前额白洁溢光彩。宛如尘世降天仙！恍如帝女到人间！

艳丽服饰美如花，洁白外衣多耀眼。细葛绉纱内里衣，添上夏日白内衫。一双眼睛多秀丽，光洁额头真美丽。美女竟然如此媚，倾国倾城实美丽。

相鼠

原　文

相鼠①有皮，人而无仪②！人而无仪，不死何为？

相鼠有齿，人而无止③！人而无止，不死何俟④？

相鼠有体，人而无礼，人而无礼！胡不遄⑤死？

注　释

①相鼠：老鼠中的一类，指黄鼠。

②仪：礼仪。

③止：假借为"耻"，指廉耻。

④俟：等待。

⑤遄：赶快，快速。

译 文

黄鼠尚且有毛皮，人却不懂守礼仪。人若是不知守礼，为何还不快去死？

黄鼠尚且有牙齿，人却不知有廉耻。人若是不知廉耻，不死还等什么呢？

黄鼠尚且有肢体，人却不懂遵礼教。人若不懂遵礼教，为何不赶快去死？

卫风

硕人

原 文

硕人其颀①，衣锦褧衣②。齐侯③之子，卫侯④之妻。东宫⑤之妹，邢侯之姨，谭公维私⑥。

手如柔荑⑦，肤如凝脂，领如蝤蛴⑧，齿如瓠犀⑨，螓首蛾眉⑩，巧笑倩兮，美目盼兮。

硕人敖敖⑪，说于⑫农郊。四牡有骄⑬，朱幩镳镳⑭。翟茀⑮以朝。大夫夙退，无使君劳。

河水洋洋，北流活活⑯。施罛濊濊⑰，鳣鲔发发⑱。葭菼⑲揭揭，庶姜孽孽⑳，庶士有朅㉑。

注 释

①硕人其颀：指美人修美的样子。硕人，原为高而壮的人，这里释为美人，指卫庄公夫人庄姜。

②衣锦褧衣：穿着华丽的嫁衣。衣，为动词，指穿。褧，指妇女出嫁时御风尘用的麻布罩衣，即披风。

③齐侯：指齐庄公。

④卫侯：指卫庄公。

⑤东宫：太子居处，这里指齐太子得臣。

⑥谭公维私：谭公是庄姜的姐夫。谭，春秋国名，在今山东历城。

维,其。私,女子称其姊妹之夫。

⑦荑:白茅之芽。

⑧领如蝤蛴:脖子就像天牛的幼虫般洁白、修长。领,指颈部。蝤蛴,指天牛的幼虫。

⑨瓠犀:指瓠瓜子儿,此处用来形容美人的牙齿洁白,排列整齐。

⑩螓首蛾眉:螓首,形容前额丰满开阔。蛾眉:蚕蛾触角,细长而曲。这里形容眉毛细长弯曲。

⑪敖敖:修长高大的样子。

⑫说:通"税",停车。

⑬四牡有骄:形容拉车的四只马雄壮的样子。"有"是虚字,无义。

⑭朱幩镳镳:朱幩,用红绸布缠饰的马嚼子。镳镳,指盛美的样子。

⑮翟茀:以雉羽为饰的车围子。翟,山鸡。茀,车篷。

⑯活活:水流声。

⑰施罛濊濊:施,指张,设。罛,大的渔网。濊濊,撒网入水声。

⑱鳣鲔发发:鳣,指鳇鱼。鲔,指鲟鱼。发发,指鱼尾击水之声。

⑲葭:初生的芦苇。菼:初生的荻。

⑳庶姜:指随嫁的姜姓众女。孽孽:高大的样子,或曰盛饰貌。

㉑庶士有朅:随众媵臣勇武堂堂。庶士,指从嫁的媵臣。有朅,指勇武的样子。

译 文

美人柔美又苗条,锦绣嫁衣真美丽。她是齐侯娇女儿,也是卫侯的新娘。齐国太子亲阿妹,还是刑侯的小姨,谭公又是她妹夫。

手指纤柔像春荑,皮肤白皙如凝脂。颈似蝤蛴长又白,齿若瓠子真齐整。丰润额头弯媚毛,浅笑盈盈酒靥俏,秋波一转真是妙。

女子高挑又美貌,车马停歇在城郊。驱车马儿多雄壮,红绸系在马嚼上,华车徐驶往朝堂。今天大夫早退朝,莫使君王太操劳。

黄河之水浪滔滔,一路北流浩荡荡。撒下渔网哗哗动,鱼儿游来似钻网,葭葭芦草高又壮。陪嫁姑娘着盛装,随行武士真强壮。

氓

原　文

氓之蚩蚩①，抱布贸丝②。匪来贸丝，来即我谋③。送子涉淇，至于顿丘。匪我愆④期，子无良媒。将子无怒⑤，秋以为期。

乘彼垝垣⑥，以望复关⑦。不见复关，泣涕涟涟。既见复关，载笑载言。尔卜尔筮⑧，体无咎言⑨。以尔车来，以我贿迁⑩。

桑之未落，其叶沃若⑪。于嗟鸠兮！无食桑葚。于嗟女兮！无与士耽。士之耽兮，犹可说⑫也。女之耽兮，不可说也。

桑之落矣，其黄而陨。自我徂尔⑬，三岁食贫。淇水汤汤，渐车帷裳⑭。女也不爽⑮，士贰其行。士也罔极⑯，二三其德⑰。

三岁为妇，靡室劳矣。夙兴夜寐，靡有朝矣。言既遂矣，至于暴矣。兄弟不知，咥其笑矣。静言思之，躬自悼矣。

及尔偕老，老使我怨。淇则有岸，隰则有泮。总角之宴⑱，言笑晏晏⑲，信誓旦旦，不思其反。反是不思，亦已焉哉！

注　释

①氓之蚩蚩：氓，古代对男子的称呼。蚩蚩，通"嗤嗤"，笑嘻嘻的样子。一说憨厚、老实的样子。

②贸：交易。抱布贸丝是以物易物。

③谋：商量。

④愆：本义为过失或过错，这里引申为延误。

⑤将子无怒：请你不要恼怒。将，愿，请。无，通"毋"，不要。

⑥乘彼垝垣：登上倒塌的废墙壁上。乘，指登。垝垣，指倒塌的墙壁。垝，倒塌。垣，墙壁。

⑦复关：复，返回。关，路上的关卡。复关，指一地名。

⑧尔卜尔筮：尔，指你。卜，古人以烧灼龟甲的裂纹以判其吉凶，而用"蓍草占卦"叫作"筮"。

⑨无咎言：指无凶卦。咎，指灾祸。

⑩贿迁：把嫁妆搬过去。贿，指财物，这里专指嫁妆。

⑪沃若：指被水浇过一般肥沃的样子。以上二句以桑的茂盛期比

自己恋爱满足，生活美好的时期。

⑫说：通"脱"，解脱。

⑬徂尔：指嫁到你家。徂，去，往。

⑭渐车帷裳：水溅在车上的布幔上。渐，通"溅"。帷裳：车旁的布幔。

⑮爽：差错。

⑯罔：无，没有；极：标准，准则。

⑰二三其德：在品德上三心二意，言行为前后不一致。

⑱总角之宴：总角：古代男女未成年时把头发扎成丫髻，称总角。这里指代少年时代。宴：快乐。

⑲晏晏：欢乐，和悦的样子。

译　文

老实憨厚的男子，抱着布匹来换丝。这哪是来真换丝，是来跟我议婚事。那天送你到淇水，到了顿丘才转回。不是我愿误佳期，你无媒人先失仪。郎呀切莫要生气，秋天即可来迎娶。

爬到城垛破土墙，遥望复关凝视望。左顾右盼不见你，眼泪汪汪真失望。终于等到你出现，又说又笑喜洋洋。问过神灵卜过卦，卦中全是吉利话。你把马车赶过来，搬走我的好嫁妆。

桑树叶子未曾落，又绿又嫩真新鲜。傻傻那些斑鸠儿，别将桑葚嗑嘴中。哎呀年轻女子们，莫恋男子太用心。男人沉浸在爱河，若想甩手很方便。女人一旦陷进去，想要挣脱真是难。

桑树叶子随风落，枯黄憔悴真可怜。自我嫁到你家去，三年穷苦受煎熬。淇水茫茫浪滔滔，水溅车帷湿又潮。媳妇没有半点错，身为丈夫不守道。反复无常没原则，三心二意要花招。

嫁你三年守妇道，繁重家务不辞劳。起早贪黑真辛苦，朝朝日日都如此。你的愿望渐达成，开始对我施凶暴。我的兄弟不知情，个个都来取笑我。静下心来细细想，黯然落泪独自伤。

曾说一起到白头，这样到老真是冤。淇水滔滔终有岸，沼泽虽阔终有边。想想少时真欢乐，说说笑笑俱欢颜。海誓山盟犹在耳，哪里料想会违反。违背誓言不反思，还有什么可交谈！

伯兮

原　文

伯兮朅①兮，邦之桀②兮。伯也执殳③，为王前驱。

自伯之东，首如飞蓬。岂无膏沐④？谁适⑤为容！

其雨其雨，杲⑥杲出日。愿言思伯，甘心首疾。

焉得谖草⑦？言树之背。愿言思伯。使我心痗⑧。

注　释

①伯：指兄弟姐妹中对年长者的称谓，此处指丈夫。朅：英武高大。

②桀：同"杰"。

③殳：古代的一种仗类兵器。

④膏沐：指妇女润发用的脂膏。

⑤适：悦。

⑥杲：明亮的样子。

⑦谖草：萱草，忘忧草，俗称黄花菜。

⑧痗：忧思成病。

译　文

我的丈夫真英武，保家卫国真英雄。手上执着长殳仗，做了君王的前锋。

自从丈夫去东征，我的毛发乱蓬蓬。膏脂哪样还缺少？为谁妆扮我容颜！

总是盼望天下雨，却出太阳像火炭。总是想着我丈夫，想得头痛也心甘。

哪里去找忘忧草？为我移到北堂栽。总是想着我丈夫，病在心头化不开。

木瓜

原　文

投我以木瓜①，报之以琼琚②。匪报也，永以为好也！

投我以木桃③，报之以琼瑶。匪报也，永以为好也！

投我以木李④，报之以琼玖。匪报也，永以为好也！

注　释

①木瓜：这里应指木瓜的果实，其色黄而香，可食用。

②琼琚：指精美的玉食，与下面的"琼玖""琼瑶"意思相同。

③木桃：果名，即楂子，比木瓜小。

④木李：果名，即榠楂，又名木梨。

译　文

你把木瓜赠送我，我拿美玉来报答。不是来报答，表示永远与他要相好。

你把木桃赠送我，我拿美玉来报答。不是来报答，表示永远与他要相好。

你把木李赠送我，我拿美玉来报答。不是来报答，表示永远与他要相好。

王风

黍离

原　文

彼黍①离离，彼稷之苗。行迈靡靡②，中心摇摇。知我者，谓我心忧；不知我者，谓我何求。悠悠苍天，此何人哉③？

彼黍离离，彼稷之穗。行迈靡靡，中心如醉。知我者，谓我心忧；不知我者，谓我何求。悠悠苍天，此何人哉？

彼黍离离，彼稷之实。行迈靡靡，中心如噎。知我者，谓我心忧；不知我者，谓我何求。悠悠苍天，此何人哉？

注　释

①黍：一种农作物，就是今天所说的"黄米"。后面的"黍"也是一种粮食作用，指高粱。

②行迈靡靡：指行动迟缓的样子。

③此何人哉：这究竟是什么样的人啊？

译　文

那里的黍子整又齐，那儿的高粱苗茂又盛。行走步履迟缓缓，心中忧伤真难消。理解我的人，知道我内心的煎熬。不理解我的人问我为何烦恼。悠远的苍天神灵啊，这究竟是什么样的人啊？

那里的黍子整又齐，那儿的高粱苗茂又盛。行走步履迟缓缓，心中沉沉昏如醉。理解我的人，知道我内心的煎熬。不理解我的人问我为何烦恼。悠远的苍天神灵啊，这究竟是什么样的人啊？

那里的黍子整又齐，那儿的高粱苗茂又盛。行走步履迟缓缓，心中郁结塞如梗。理解我的人，知道我内心的煎熬。不理解我的人问我为何烦恼。悠远的苍天神灵啊，这究竟是什么样的人啊？

君子于役

原　文

君子于役①，不知其期。曷②其至哉？鸡栖于埘③。日之夕矣，羊牛下来。君子于役，如之何勿思！

君子于役，不日不月④。曷其有佸⑤？鸡栖于桀⑥。日之夕矣，羊牛下括⑦。君子于役，苟无饥渴？

注　释

①役：服劳役。

②曷：何时。

③埘：凿墙做成的鸡舍。

④不日不月：无法用日月来计算时间。

⑤有佸：相会，这里指夫妻团聚。

⑥桀：鸡栖木。

⑦括：来到。

译　文

君子服役到远方，不知何时是期限。何时才能归来？鸡儿栖息在窝里，太阳垂挂西山上，羊儿牛儿下了岗。君子服役去远方，叫我如何不思念？

君子服役到远方，不知如何去计算。何时才能再团聚？鸡儿栖息在横木上，太阳落在西山上，羊儿牛儿进了栏。君子服役去远方，该是不会有饥渴？

郑风

缁衣

原　文

缁衣①之宜兮，敝②，予又改为③兮。适子之馆④兮。还予授子之粲⑤兮。

缁衣之好兮，敝，予又改造兮。适子之馆兮，还予授子之粲兮。

缁衣之席兮，敝，予又改作兮。适子之馆兮，还予授子之粲兮。

注　释

①缁衣：黑色衣服，古时卿大夫到官署所穿的衣服。

②敝：破、坏。

③改为：另做新衣服。与下文的"改造、改作"同义。

④馆：官舍。

⑤粲：形容新衣鲜明的样子。

译　文

黑色朝服真合适，破了我再为你做一件。你到官府去公办，回来我送你新衣穿。

黑色朝服真美好，破了我再为你做一件。你到官府去公办，回来我送你新衣穿。

黑色朝服真宽大，破了我再为你做一件。你到官府去公办，回来我送你新衣穿。

将仲子

原　文

将仲子①兮，无逾我里②，无③折我树杞。岂敢爱④之？畏我父母。仲可怀也，父母之言亦可畏也。

将仲子兮，无逾我墙，无折我树桑。岂敢爱之？畏我诸兄。仲可怀也，诸兄之言亦可畏也。

将仲子兮，无逾我园，无折我树檀⑤。岂敢爱之？畏人之多言。仲可怀也，人之多言亦可畏也。

注　释

①将：请，但愿。仲子：相当于"二哥"的称呼。

②无逾我里：不要翻越我家的墙头。逾，翻越。里，邻里。

③无：通"勿"，不要，切勿。

④爱：吝惜。

⑤树檀：应为"檀树"，此处为倒文以协韵，上文的"树杞"、"树桑"同，应为"杞树""桑树"。

译　文

求求我的仲子哥，别翻我家的庭院，莫折院中杞树枝。折了杞枝尚不足惜，就怕惊动我父母。非常想念仲子哥，只是爹妈埋怨多，令人害怕心不安。

求求我的仲子哥，别翻我家的院墙，莫折院中桑树枝。折了桑枝尚不足惜，就怕惊动我兄长。非常想念仲子哥，只是哥哥说的话，想想就让人害怕。

求求我的仲子哥，别翻我家的园子，莫折园中檀树枝。折了檀枝尚不足惜，就怕旁人多闲言。非常想念仲子哥，只是邻里闲话多，令人害怕心发颤。

羔裘

原　文

羔裘如濡①，洵直且侯②。彼其之子，舍命不渝③。

羔裘豹饰，孔武有力。彼其之子，邦之司直④。

羔裘晏⑤兮，三英粲⑥兮。彼其之子，邦之彦⑦兮。

注　释

①羔裘如濡：羔羊皮裘柔而有光泽。羔裘，古代士大夫的朝服。濡，指柔亮有光泽。

②洵：确实。侯：美。

③渝：改变。

④司直：负责正人过失的官吏。

⑤晏：鲜艳茂盛的样子。

⑥粲：色彩明艳。

⑦彦：才得出众之人。

译　文

身穿羔裘真润滑，确实挺拔又俊美。他是这样一个人，舍身忘命守节操。

羔裘袖口绣豹皮，显得孔武有力量。他是这样一个人，国家司直能持正。

羔裘袍子真鲜亮，三行缨饰多艳丽。他是这样一个人，国家贤能的人才。

女曰鸡鸣

原　文

女曰鸡鸣，士曰昧旦①。子兴视夜②，明星有烂。将翱将翔，弋凫与雁。

弋言加之③，与子宜之。宜言饮酒，与子偕老。琴瑟在御，莫不静好。

知子之来之，杂佩^④以赠之。知子之顺之，杂佩以问^⑤之。知子之好^⑥之，杂佩以报之。

注　释

①昧旦：天色将明但未明的时候。

②兴：起。视夜：观察夜色。

③弋射：用生丝做绳，系在箭上射鸟。加：射中。

④杂佩：古人的一种佩饰，上系珠、玉等，质料和形状不同，故称杂佩。

⑤问：赠送。

⑥好：爱恋。

译　文

女说打鸣的鸡已叫，男说天刚微微亮。男且起身观夜色，启明星儿亮闪闪。水鸭将要起飞了，生丝做成绳射大雁。

快将大雁射下来，为你烹调做好菜。有了美肴好下酒，从此和我到白头。你弹琴来我鼓瑟，真是娴静美好啊。

知道你很体贴我，我把杂佩送给你。知道你总顺着我，送你杂佩表感谢。知道你有多爱我，送你杂佩表同心。

萚兮

原　文

萚^①兮萚兮，风其吹女^②。叔兮伯兮，倡^③予和女。

萚兮萚兮，风其漂^④女。叔兮伯兮，倡予要^⑤女。

注　释

①萚：落叶。

②女：通"汝"。

③倡：通"唱"。一说带头唱歌。

④漂：通"飘"，吹动。

⑤要：会和。

译　文

落叶飘下满地黄，风儿吹起飘飘荡。我的哥哥好情郎，你来领歌我来唱。

落叶飘下满地黄，风儿吹动飘四方。我的哥哥好情郎，你来领歌我来唱。

东门之墠

原　文

东门之墠①，茹藘在阪②。其室则迩③，其人甚远。

东门之栗，有践④家室。岂不尔思？子不我即！

注　释

①墠：平整的土地。

②茹藘：一年多生的蔓草，可做染料用。阪：小山坡。

③迩：近。

④有践：同"践践"，排列整齐的样子。

译　文

东门附近有平地，茜草长在山坡上。我与他家离得近，家里人却隔得远。

东门附近有栗树，房屋栋栋排得齐。难道我不想念你，不想找我只是你。

子衿

原　文

青青子衿①，悠悠我心②。纵我不往，子宁不嗣音③？

青青子佩④，悠悠我思。纵我不往，子宁不来？

挑兮达兮⑤，在城阙⑥兮。一日不见，如三月兮。

注　释

①子衿：周代读书人的衣领。子，对美男子的美称，这里指

"你"。衿，即襟，衣领。

　②悠悠我心：忧思怀念。

　③嗣音：传音讯。嗣，通"贻"，给、寄的意思。

　④佩：这里指系佩玉的绶带。

　⑤挑兮达兮：独自走来走去的样子。

　⑥城阙：城门两边的观楼。

译　文

　　青青的是你的衣领，悠悠的是我的心境。纵然我不曾去找你，难道你就不捎个口信？

　　青青的是你的佩带，悠悠的是我的情怀。纵然我不曾去会你，难道你就不能来一趟？

　　来来往往张眼望啊，在这高高城楼上啊。一天不见你的面啊，好像已有三月长啊！

野有蔓草

原　文

　　野有蔓①草，零露漙②兮。有美一人，清扬婉③兮。邂逅相遇，适我愿兮。

　　野有蔓草，零露瀼④瀼。有美一人，婉如清扬。邂逅相遇，与子偕臧⑤。

注　释

　①蔓：茂盛的样子。

　②零：降落。漙：形容露水之多。

　③清扬：目以清明为美，扬即明也，此处用来形容眉目漂亮传神。婉：美好。

　④瀼：形容露水浓。

　⑤臧：善也。

译　文

　　野地蔓草繁且茂，团团露珠落叶上。有个美丽的姑娘，眉清目秀好模样。不期路上巧相遇，真是称心又如意。

野地蔓草绿成片，草上露珠亮闪闪。有个漂亮的姑娘，眉清目秀多娇艳。不期路上巧相遇，与你牵手藏起来。

齐风

东方未明

原　文

东方未明，颠倒衣裳。颠之倒之，自公召之。

东方未晞①，颠倒裳衣。倒之颠之，自公令之。

折柳樊圃②，狂夫瞿瞿③。不能辰夜，不夙则莫④。

注　释

①晞：通"昕"，破晓，天刚蒙蒙亮。

②樊：即通"藩"，篱笆。圃：指菜园。

③瞿瞿：瞪视的样子。

④莫：通"暮"字，晚。

译　文

东方还未放光亮，朦胧中穿反衣裳。衣作裤来裤作衣，公家召唤我忧急。

东方不见半点光，朦胧中穿反衣裳。黑暗中手忙脚乱，公家号令让人慌。

折下柳条围篱笆，狂汉瞪眼真强霸。哪能好好睡一宵？早起晚睡不公道。

南山

原　文

南山崔崔①，雄狐绥绥。鲁道有荡②，齐子由归③。既曰归止④，曷又怀⑤止？

葛屦五两⑥，冠緌⑦双止。鲁道有荡，齐子庸⑧止。既曰庸止，曷

134

又从止？

蓺⑨麻如之何？衡从其亩。取妻如之何？必告父母。既曰告止，曷又鞠⑩止？

析薪如之何？匪斧不克。取妻如之何？匪媒不得。既曰得止，曷又极止？

注　释

①南山：当时齐国的山名。崔崔：山势高俊的样子。

②有荡：即荡荡，平坦状。

③齐子：指齐国的女儿或儿子，此处指齐襄公同父异母的妹妹文姜。由归：从这儿出嫁。

④止：语气词，无义。

⑤怀：指怀念。

⑥屦：指用麻、葛等制成的单底鞋子。五两：五，通"伍"，并列；两，指一双鞋。

⑦绥：帽带下垂的部分。

⑧庸：用，指文姜嫁给鲁桓公。

⑨蓺：即"艺"，种植。

⑩鞠：穷，放任无束。

译　文

南山高大又险峻，雄狐徘徊步行缓。鲁国道路多宽阔，文姜嫁人经此间。既然已经出嫁了，为何还要将她念？

葛鞋成双并排放，帽上带子结成双。鲁国道路真宽阔，齐女出嫁经此往。既然已经出嫁了，为何又暗中幽会？

种大麻有啥诀窍？成横或直开成垄。想要娶我怎么办？一定要去告父母。既然已经告父母，为啥任由他放纵？

砍柴薪有何高招？没有斧头做不到。想要娶妻怎么办？没有媒人不成功。既然已经娶到了，为啥还任由她胡闹？

载驱

原　文

载驱薄薄①，簟茀朱鞹②。鲁道有荡③，齐子发夕④。
四骊济济⑤，垂辔濔濔。鲁道有荡，齐子岂弟⑥。
汶水汤汤，行人彭彭⑦。鲁道有荡，齐子翱翔。
汶水滔滔，行人儦儦⑧。鲁道有荡，齐子游遨。

注　释

①载：发语词，无义。驱：车马疾走。薄薄：指马蹄及车轮转动的声音，象声词。

②簟：方纹的竹席。茀：车帘。鞹：动物的皮。

③有荡：即"荡荡"，平坦的样子。

④齐子：指文姜。发夕：傍晚出发。

⑤骊：黑马。济济：美好的样子。

⑥岂弟：天刚蒙蒙亮。

⑦彭彭：众多的样子。

⑧儦儦：行人来往的样子。

译　文

马车奔跑响不断，红革饰车真鲜艳。鲁国大道真平坦，齐女启程天明前。

四匹黑马真壮美，缰绳垂下软又光。鲁国大道真平坦，齐女动身天刚亮。

浩浩汶水哗哗响，行人熙熙往来忙。鲁国道路真平坦，齐女一路好游逛。

汶水奔流浪滔滔，行人熙熙多如潮。鲁国道路真平坦，齐女一路真逍遥。

魏风

葛屦

原　文

纠纠葛屦①，可以履霜？掺掺②女手，可以缝裳？要之襋③之，好人服之。

好人提提④，宛然左辟⑤，佩其象揥⑥。维是褊心⑦，是以为刺⑧。

注　释

①葛屦：用葛绳编的鞋子，一般在夏天穿。

②掺掺：通"纤纤"，指女子柔弱纤细的手指。

③要：衣服的腰身。襋：指衣领，这里为"缝制好衣领"。

④提提：通"媞媞"，安舒的样子。

⑤宛然：回转的样子。辟：同"避"。

⑥揥：古代的一种头饰。

⑦维：因。褊心：心地狭窄。

⑧刺：讽刺。

译　文

葛绳凉鞋脚上穿，何能在寒霜上行走？可怜纤纤十指细，怎能缝制好衣裳？提腰捏脚撑起来，请那美人穿身上。

美人身材很纤细，腰肢一转不搭理，象牙簪子插头上。心胸真是太狭隘，所以我来讽刺她。

汾沮洳

原　文

彼汾沮洳①，言采其莫②。彼其之子，美无度③。美无度，殊异乎公路④。

彼汾一方，言采其桑。彼其之子，美如英。美如英，殊异乎公行。

彼汾一曲⑤，言采其藚⑥。彼其之子，美如玉。美如玉，殊异乎公族。

注　释

①汾：汾水，在今山西境内。沮洳：水边低湿的地方。

②莫：草名。即酸模，又名羊蹄菜。

③度：极度。美无度，指华美无比。

④殊异：优异出众。公路：指掌管诸侯的路车。

⑤曲：河道弯曲的地方。

⑥藚：药用植物，即泽泻草。

译　文

在那汾河低湿地，采来酸模装筐中。瞧我那位意中人，俊美潇洒无人比。俊美潇洒无人比，公路哪能和他比。

在那汾河另一边，采来桑叶装筐里。瞧我那位意中人，俊美得如花儿一般。俊美得如花儿一般，公行哪能和他比。

在那汾河水湾边，采来泽泻多新鲜。瞧我那位意中人，俊雅得如玉一般。俊雅得如玉一般，公族哪能和他比。

硕鼠

原　文

硕鼠硕鼠①，无食我黍②！三岁贯女③，莫我肯顾。逝将去女④，适彼乐土。乐土乐土，爰⑤得我所。

硕鼠硕鼠，无食我麦！三岁贯女，莫我肯德⑥。逝将去女，适彼乐国。乐国乐国，爰得我直。

硕鼠硕鼠，无食我苗！三岁贯女，莫我肯劳。逝将去女，适彼乐郊。乐郊乐郊，谁之永号？

注　释

①硕鼠：大老鼠。一说田鼠。

②无：通"勿"，不要。黍：黍子，黄米。

③三岁：多年。女：通"汝"。

④逝：通"誓"，发誓。去：离开。女：同"汝"。

⑤爰：于是，在此。

⑥德：恩惠。

译　文

大老鼠呀大老鼠，切勿吃我家的黍！多年小心伺候你，你却不肯顾念我。发誓定要离开你，去那遥远的乐土。新乐土啊新乐土，那儿是我好住处！

大老鼠呀大老鼠，切勿吃我家的麦！多年小心伺候你，你却不肯优待我。发誓定要摆脱你，去那乐国有仁爱。那乐国呀那乐国，才是我的好所在！

大老鼠呀大老鼠，切勿吃我的禾苗！多年辛勤伺候你，你却对我不慰劳！发誓定要摆脱你，去那乐郊有欢笑。那乐郊呀那乐郊，谁还悲叹长呼号！

唐风

蟋蟀

原　文

蟋蟀在堂，岁聿其莫①。今我不乐，日月其除②。无已大康③，职思其居。好乐无荒，良士瞿瞿④。

蟋蟀在堂，岁聿其逝。今我不乐，日月其迈。无已大康，职思其外。好乐无荒，良士蹶蹶⑤。

蟋蟀在堂，役车其休。今我不乐，日月其慆⑥。无以大康。职思其忧。好乐无荒，良士休休。

注　释

①聿：语气助词。莫：通"暮"字。

②除：过去。

③无：通"勿"。已：甚。大康：过于享乐。

④瞿瞿：警惕的样子。

⑤蹶蹶：勤奋的样子。

⑥悼：逝去。

译　文

蟋蟀在屋鸣叫，一年快要结束了。如果不及时行乐，时光悄然而去了。切勿高兴过了头，本分职责不能忘！寻乐不能荒正业，良士应时刻警惕。

蟋蟀在屋鸣叫，一年即将要过去。如果不及时行乐，光阴匆匆就过去。但切勿过分安逸，别忘了其他的责任！寻乐不能荒正业，良士要保持勤奋。

蟋蟀在屋鸣叫，往来牛车快要休。如果不及时行乐，日月更换如飞逝。也不要太过安逸，忧患意识要牢记！寻乐不能荒正业，良士就该要勤勉。

杕杜

原　文

有杕之杜①，其叶湑湑②。独行踽踽③。岂无他人？不如我同父。嗟行之人，胡不比④焉？人无兄弟，胡不佽⑤焉？

有杕之杜，其叶菁菁⑥。独行睘睘⑦。岂无他人？不如我同姓。嗟行之人，胡不比焉？人无兄弟，胡不佽焉？

注　释

①有杕：即"杕杕"，孤立生长的样子。杜：木名，赤棠。

②湑：形容树叶茂盛的样子。

③踽踽：单身独行、孤独无依的样子。

④比：亲近。

⑤佽：帮助。

⑥菁菁：树叶茂盛的样子。

⑦睘睘：同"茕茕"，孤独无依的样子。

译　文

路旁赤棠孤零零，树上枝叶真茂盛。只身行走真孤苦，难道路上没别人？不如同胞亲手足。可叹路上来往客，为啥不肯顾念我？我是无兄又无弟,为何不能得帮助?

路旁赤棠孤零零,树上枝叶真茂盛。只身行走真凄凉,难道路上没别人?不如骨肉亲兄长。可叹路上来往客,为啥不肯顾念我?我是无兄又无弟,为何不能得帮助?

鸨羽

原　文

肃肃鸨①羽,集于苞栩②。王事靡盬③,不能蓺稷黍④。父母何怙⑤?悠悠苍天,曷其有所?

肃肃鸨翼,集于苞棘。王事靡盬,不能蓺黍稷。父母何食?悠悠苍天,曷其有极?

肃肃鸨行,集于苞桑,王事靡盬,不能蓺稻粱。父母何尝?悠悠苍天,曷其有常?

注　释

①肃肃:鸟的翅膀呼扇的声音。鸨:一种鸟名,似雁般大。

②苞:指草木丛生。栩:指柞树。

③靡:无,没有。盬:休止。

④蓺:种植。稷:高粱。黍:黄米。

⑤怙:依靠,凭恃。

译　文

大鸟簌簌拍翅膀,成群落在柞树上。王室差事做不完,不能种植黍子和高粱。养活爹娘依靠谁?苍天在上请开眼!何时才能回家乡?

大鸟簌簌展翅飞,成群落在枣树上。王室差事做不完,无法种植黍子和高粱。赡养父母哪有食?苍天在上请开眼,做到何时才收场?

大鸟簌簌飞成行,成群落在桑树上。王室差事做不完,无法种植稻子和高粱。用啥去给父母尝?苍天在上请开眼,生活何时能正常?

有杕之杜

原　文

有杕之杜①,生于道左②。彼君子兮,噬肯适我③?中心好之,曷饮食④之？

有杕之杜，生于道周。彼君子兮，噬肯来游⑤？中心好之，曷饮食之？

注　释

①杕：树木孤生独特的样子。杜：杜梨。

②道左：左边的道路，古人都以东为左。

③噬：发语词，无义。一说相当于疑问词"何"。适：到，往。

④曷：同"盍"，何不。饮食：喝酒吃饭。一说男女缠绵。

⑤游：来看。

译　文

那棵杜梨真孤单，独自长在路左边。那位翩翩的少年，可肯来与我相伴？心里实在爱恋他，何不与我来缠绵？

那棵杜梨真孤单，独自长在路右边。那位翩翩的少年，可肯与我去游览？心中实在爱恋他，何不与我来缠绵？

采苓

原　文

采苓①采苓，首阳②之巅。人之为言③，苟亦无信④。舍旃舍旃⑤，苟亦无然⑥。人之为言，胡⑦得焉？

采苦采苦⑧，首阳之下。人之为言，苟亦无与⑨。舍旃舍旃，苟亦无然。人之为言，胡得焉？

采葑⑩采葑，首阳之东。人之为言，苟亦无从。舍旃舍旃，苟亦无然。人之为言，胡得焉？

注　释

①苓：通"蘦"，一种药草，即大苦。

②首阳：山名，在今山西省境内，即雷首山。

③为言：为，通"伪"，为言即"伪言"，谎话。

④苟亦无信：不要轻信。

⑤舍旃：舍弃它吧。舍，舍弃；旃，乃"之焉"的合声。

⑥无然：不要以为然。

⑦胡：为何。

⑧苦：苦菜，野生可食。

⑨无与：指切勿理会。

⑩葑：芜菁，大头菜之类的蔬菜。

译　文

采黄药啊采黄药，在那首阳山顶上。有人凭空造谣言，切勿轻信那一套。别信它呀别信它，流言蜚语不可靠。有人专爱说假话，到头什么能捞到？

采苦草啊采苦草，在那首阳山脚下。有人凭空造谣言，切勿听信那一套。别信它啊别信它，流言蜚语不可靠。有人专爱说假话，到头什么能捞到？

采蔓菁啊采蔓菁，一直采到首阳东。有人凭空造谣言，切勿不要乱听从。别信它呀别信它，流言蜚语不可靠。有人专爱说假话，到头什么能捞到？

秦风

蒹葭

原　文

蒹葭苍苍①，白露为霜。所谓伊人，在水一方，溯洄②从之，道阻且长。溯游从之，宛在水中央。

蒹葭萋萋，白露未晞③。所谓伊人，在水之湄④。溯洄从之，道阻且跻。溯游从之，宛在水中坻。

蒹葭采采，白露未已。所谓伊人，在水之涘。溯洄从之，道阻且右。溯游从之，宛在水中沚⑤。

注　释

①蒹葭：即芦苇。苍苍：鲜明、茂盛的样子。

②溯洄：逆流而上。

③晞：干。

④湄：水和草交接的地方，也就是岸边。

⑤沚：水中的小块陆地。

译　文

　　岸边芦苇苍茫茫，深秋露水变成霜。意中之人在何处？就在河水那一方。逆着流水去找她，绕来绕去路好长。顺着流水去找她，仿佛就在水中央。

　　岸边芦苇密又繁，清晨露水未曾干。意中之人在何处？就在河水那一边。逆着流水去找她，越走越高不好走。顺着流水去找她，仿佛就在绿洲上。

　　岸边芦苇亮又白，太阳不出露水新。意中之人在何处？就在水的另一边。逆着流水去找她，曲曲弯弯路真险。顺着流水去找她，仿佛就在沙洲上。

黄鸟

原　文

　　交交黄鸟①，止于棘。谁从穆公②？子车奄息③。维此奄息，百夫之特。临其穴④，惴惴其栗。彼苍者天⑤，歼我良人！如可赎兮，人百其身⑥！

　　交交黄鸟，止于桑⑦。谁从穆公？子车仲行。维此仲行，百夫之防⑧。临其穴，惴惴其栗。彼苍者天，歼我良人！如可赎兮，人百其身！

　　交交黄鸟，止于楚。谁从穆公？子车针虎。维此针虎，百夫之御。临其穴，惴惴其栗。彼苍者天，歼我良人！如可赎兮，人百其身！

注　释

①交交：象声词，指鸟叫声。黄鸟：即黄雀。

②穆公：春秋时期的秦国国君，嬴姓，名任好。

③子车：复姓。奄息：人名。下文子车仲行、子车针虎皆指人名。

④穴：指坟墓。

⑤彼苍者天：悲哀至极的呼号之语，犹如叹声词"我的老天爷呀"。

⑥人百其身：指用一百人赎其一命。

⑦桑：桑树，这里之言"丧"一语双关。

⑧防：抵得上。

译 文

黄雀啾啾叫得急，枣树上面停下来。谁为穆公来殉葬？是子车家的奄息。说起这位奄息啊，一百个人也难敌。众人悼殉临墓穴，胆战心惊痛活埋。苍天在上请开眼！坑杀好人该不该！若能赎回他的命，百人甘愿来抵偿。

黄雀啾啾叫得急，桑树上面停下来。谁为穆公来殉葬？是子车家的仲行。说起这位仲行啊，一百个人也难挡。众人悼殉临墓穴，胆战心惊痛活埋。苍天在上请开眼，坑杀好人该不该？若能赎回他的命，百人甘愿来抵偿。

黄雀啾啾叫得急，荆树枝上停下来。谁为穆公来殉葬？是子车家的针虎。说起这位针虎啊，一个当百没问题。众人悼殉临墓穴，胆战心惊痛活埋。苍天在上请开眼，坑杀好人该不该？若能赎回他的命，百人甘愿来抵偿。

陈风

月出

原 文

月出皎兮。佼人僚兮①。舒窈纠兮②。劳心悄兮。

月出皓兮。佼人懰③兮。舒懮受兮。劳心慅④兮。

月出照兮。佼人燎⑤兮。舒夭绍兮。劳心惨⑥兮。

注 释

①佼人：佼，通"姣"，"佼人"指美人。僚：通"嫽"，娇美。

②舒：舒徐。窈纠：与第二、三章的"懮受""夭绍"，皆形容女

子行走时体态的曲线美。

③懰：妩媚。

④慅：忧虑，指心神不安。

⑤燎：明也。

⑥惨：当为"懆"，焦躁的样子。

译　文

月光月光真皎洁，我的美人真娇俊，体态优美又苗条，让我欢喜又惆怅！

月亮出来白如昼，我的美人真妩媚。体态优美又娴雅，让我忧虑又不安！

月亮出来当空照，我的美人真俊俏。体态柔软又秀美，让我焦虑愁断肠！

桧风

素冠

原　文

庶①见素冠兮？棘人栾栾②兮，劳心慱慱③兮。

庶见素衣兮？我心伤悲兮，聊与子同归兮。

庶见素韠④兮？我心蕴结⑤兮，聊与子如一兮。

注　释

①庶：有幸。

②棘人：负罪的人。棘，执囚之处。栾栾：瘦弱的样子。

③慱慱：忧苦不安。

④韠：即蔽膝，古代官服装饰，革制，缝在腹下膝上。

⑤蕴结：郁结，忧思不解。

译　文

有幸见你戴白冠，受尽苦楚瘦如柴，心中忧伤不得安。

有幸见你穿白衫，心中忧伤难自遣，真想与你同甘苦。

有幸见你围蔽膝，愁肠百结心抑郁，但愿与你死一起。

匪风

原　文

匪风发^①兮，匪车偈^②兮。顾瞻周道^③，中心怛^④兮。

匪风飘兮，匪车嘌^⑤兮。顾瞻周道，中心吊^⑥兮。

谁能亨^⑦鱼？溉之釜鬵^⑧。谁将西归？怀之好音。

注　释

①匪：通"彼"。发：象声词，犹如"发发"，吹风声音。

②偈：疾驰的样子。

③周道：指大道。

④怛：忧伤。

⑤嘌：轻快的样子。

⑥吊：犹"怛"，指悲伤。

⑦亨：通"烹"。

⑧鬵：大锅。

译　文

大风吹得呼呼响，大车疾驰尘飞扬。看着眼前大马路，令人心中真忧伤。

大风刮得真打旋，大车赶得真轻快。看着这条大马路，心中感觉真凄惨。

请问谁能烹煮鱼，我为他准备锅具。哪位将要回西方？带个口信到家乡。

曹风

蜉蝣

原　文

蜉蝣之羽^①，衣裳楚楚^②。心之忧矣，于我归处。

蜉蝣之翼，采采^③衣服。心之忧矣，于我归息。

蜉蝣掘阅^④，麻衣如雪。心之忧矣，于我归说^⑤。

注　释

①蜉蝣之羽：以蜉蝣的翅膀来形容衣服薄而且有光泽。蜉蝣：一种小昆虫，生命周期很短，一般只有几个小时到一周左右。

②楚楚：鲜明整洁的样子。

③采采：美丽多彩。

④掘阅：这里指挖穴而出。阅，通"穴"。

⑤说：住，居住。

译　文

蜉蝣翅膀薄又轻，衣裳华丽又鲜明。我的心里真忧愁，不如何处是归程！

蜉蝣展翅翩翩舞，美丽多彩好衣服。我的心里很忧愁，不知何处是归宿。

蜉蝣出洞向外飞，身穿麻衣白如雪。心里真是很忧伤，不如归宿在何处？

豳风

鸱鸮

原　文

鸱鸮^①鸱鸮，既取我子，无毁我室。恩斯勤斯^②，鬻子之闵斯^③。迨^④天之未阴雨，彻彼桑土，绸缪牖户^⑤。今女下民，或敢侮予？予手拮据，予所捋荼。予所蓄租，予口卒瘏^⑥，曰予未有室家^⑦。予羽谯谯^⑧，予尾翛翛^⑨，予室翘翘。风雨所漂摇，予维音哓哓^⑩！

注　释

①鸱鸮：猫头鹰。

②恩：爱。斯：语气助词。

③鬻：育。闵：病。

④迫：及。

⑤绸缪：缠绕。牖：窗。户：门。

⑥卒瘏：指患病。

⑦室家：指鸟窝。

⑧谯谯：羽毛疏落的样子。

⑨翛翛：羽毛枯敝无泽的样子。

⑩哓哓：惊恐的叫声。

译 文

猫头鹰呀猫头鹰，你已抓走我的娃，请别再毁我的家。含辛茹苦不容易，为养孩子已病倒。

趁着天阴雨未下，桑树根上剥些皮，门儿窗儿都修好。现在你们树下人，还有谁敢欺凌我。

我的两手早发麻，还得去捡茅草花，又蓄积干草垫底，喙角也累得病啦，还没筑好我的家。

我的翅羽渐稀落，我的尾羽渐枯槁；我的巢儿已垂危，正在风雨中飘摇。我只能惊恐地哀号！

东山

原 文

我徂东山①，慆慆②不归。我来自东，零雨其濛。我东曰归，我心西悲。制彼裳衣，勿士行枚。蜎蜎者蠋③，烝在桑野。敦彼独宿，亦在车下。

我徂东山，慆慆不归。我来自东，零雨其濛。果臝④之实，亦施于宇。伊威在室，蠨蛸⑤在户。町畽⑥鹿场，熠耀宵行⑦。不可畏也，伊可怀也。

我徂东山，慆慆不归。我来自东，零雨其濛。鹳鸣于垤，妇叹于室。洒扫穹窒，我征聿⑧至。有敦瓜苦，烝在栗薪⑨。自我不见，于今三年。

我徂东山，慆慆不归。我来自东，零雨其濛。仓庚于飞，熠耀其羽。之子于归，皇驳其马。亲结其缡⑩，九十其仪。其新孔嘉，其旧如之何？

注　释

①东山：在今山东境内，周公伐奄驻军之地。

②慆慆：久。

③蜎蜎：幼虫蜷曲的样子。蠋：一种野蚕。

④果臝：葫芦科植物。臝，"裸"的异体字。

⑤蠨蛸：一种蜘蛛。

⑥町畽：兽迹。

⑦熠耀：光明的样子。宵行：磷火。

⑧聿：语气助词，有将要的意思。

⑨栗薪：犹言蓼薪，束薪。

⑩缡：指女子的佩巾。

译　文

自我远征东山东，回家愿望久成空。如今我从东山回，满天小雨雾蒙蒙。刚听说要离东方，心儿西飞奔家乡。家常衣服做一件，从此不再把兵当。山蚕屈曲树上爬，桑树地里久住家。露宿将身缩一团，睡在哪儿车底下。

自我远征东山东，回家愿望久成空。如今我从东山回，满天小雨雾蒙蒙。栝楼藤上结了子，子儿挂在屋檐下。室内地虱来回跑，蜘蛛结网当门挂。场上鹿迹深又浅，磷火闪闪夜间流。家园荒凉不可怕，越是如此越想家。

自我远征东山东，回家愿望久成空。如今我从东山回，满天小雨雾蒙蒙。墩上白鹳叫不停，我妻在房唉声叹。快把屋子收拾好，行人离家可不远。有个葫芦圆又圆，撂在柴堆没人管。旧物置闲我不见，算来到今已三年。

自我远征东山东，回家愿望久成空。如今我从东山回，满天小雨雾蒙蒙。记得那天黄莺忙，翅儿闪闪映太阳。那人过门做新娘，马儿有赤也有黄。娘为儿女结佩巾，又把礼节细叮咛。新婚甫提有多美，久别重逢可称心？

破斧

原　文

既破我斧，又缺我斨①。周公东征，四国是皇②。哀我人斯，亦孔之将③。

既破我斧，又缺我锜④。周公东征，四国是吪⑤。哀我人斯，亦孔之嘉。

既破我斧，又缺我銶⑥。周公东征，四国是遒⑦。哀我人斯，亦孔之休。

注　释

①斨：斧子的一种。斧孔椭圆，斨方形斧。

②皇：同"惶"，恐惧。

③孔：很。将：大。

④锜：凿子。

⑤吪：教化。

⑥銶：凿子。

⑦遒：稳固。

译　文

我的大斧已砍破，大斨亦是有残缺。周公率军要东征，四国君主心恐慌。周公体恤老百姓，他是多么的仁德。

我的大斧已砍破，战锜亦是有缺残。周公率军要东征，四国君主被征服。周公体恤老百姓，他是多么的善良。

我的大斧已砍破，我的铁銶有缺残。周公率军要东征，平定四国天下安。周公体恤老百姓，这是莫大的恩典。

小雅

鹿鸣

原文

呦呦①鹿鸣，食野之苹。我有嘉宾，鼓瑟吹笙。吹笙鼓簧②，承筐是将③。人之好我，示我周行④。

呦呦鹿鸣，食野之蒿。我有嘉宾，德音孔⑤昭。视民不恌⑥，君子是则是效。我有旨酒，嘉宾式燕以敖。

呦呦鹿鸣，食野之芩⑦。我有嘉宾，鼓瑟鼓琴。鼓瑟鼓琴，和乐且湛⑧。我有旨酒，以燕乐嘉宾之心。

注释

①呦呦：象声词，指鹿的叫声。

②簧：古代的一种乐器。

③承筐：指奉上礼品。将：送。

④周行：指"大道"，此处引申为大道理。

⑤德音：美好的品德和声誉。孔：很。

⑥视：同"示"。恌：同"佻"。

⑦芩：草名，蒿类植物。

⑧湛：指深厚。

译文

一群鹿儿呦呦叫，在那原野吃艾蒿。我家坐满好宾客，弹琴吹笙奏乐器。一吹笙管振簧片，捧筐献礼礼周到。人人待我都真诚，为我指明了正道。

一群鹿儿呦呦叫，在那原野吃蒿草。我家坐满好宾客，品德优良名声高，教民宽厚别轻薄，君子学习又仿效。我有美酒香而醇，宴请贵客乐逍遥。

一群鹿儿呦呦叫，在那原野吃芩草。我家坐满好宾客，弹瑟弹琴奏乐调。弹瑟弹琴奏乐调，快活尽兴同欢笑。我有美酒和佳酿，宴请贵客乐陶陶。

常棣

原　文

常棣①之华，鄂不韡韡②。凡今之人，莫如兄弟。

死丧之威，兄弟孔怀③。原隰裒④矣，兄弟求矣。

脊令⑤在原，兄弟急难。每有良朋，况也永叹。

兄弟阋⑥于墙，外御其务。每有良朋，烝也无戎⑦。

丧乱既平，既安且宁。虽有兄弟，不如友生？

傧尔笾豆⑧，饮酒之饫⑨。兄弟既具，和乐且孺。

妻子好合，如鼓瑟琴。兄弟既翕，和乐且湛⑩。

宜尔室家，乐尔妻帑⑪。是究是图，亶其然⑫乎？

注　释

①常棣：亦作棠棣，粉红或白色的花，果实比梨要小，可食。

②鄂：茂盛的样子。不：语助词，无义。韡韡：鲜明的样子。

③孔怀：很思念、关怀。孔，很，最。

④原隰：原野。裒：聚。

⑤脊令：通"鹡鸰"，指一种水鸟。

⑥阋：争吵。

⑦烝：终久。戎：帮助。

⑧傧：陈列。笾豆：祭祀时用来盛放食物的器具。笾用竹制，豆用木制。

⑨饫：满足。

⑩湛：深厚。

⑪帑：通"孥"，指儿女。

⑫亶：信、确实。然：如此。

译　文

常棣花儿朵朵开，繁盛光灿又鲜明。但凡当下一般人，谁能如兄弟般亲。

遭遇死亡的威胁，兄弟最该互关心。即便命丧大荒野，兄弟自会去相寻。

鹡鸰被困在原野，兄弟会赴来救助。固然有良朋好友，慰问仅只有长叹。

兄弟墙内互争斗，但可同心御外侮。固然有良朋好友，人多也难来帮忙。

乱事平定后安息，生活过得真安宁。这时虽有亲兄弟，却不如亲朋良友。

摆上竹碗和木筷，宴饮心足且意满。兄弟今日来齐聚，互相亲热乐祥和。

夫妻情投又意合，恰如琴瑟相协奏。兄弟今日来相会，永远欢乐永和好。

使你全家互相安，妻子快乐又欢喜。好好深思再熟虑，此话真是太在理。

伐木

原　文

伐木丁丁①，鸟鸣嘤嘤。出自幽谷，迁于乔木。嘤其鸣矣，求其友声。相彼鸟矣，犹求友声。矧伊②人矣，不求友生？神之听之，终和且平。

伐木许许，酾酒有藇③！既有肥羜④，以速诸父。宁适不来，微我弗顾。於粲洒扫，陈馈八簋。既有肥牡，以速诸舅。宁适不来，微我有咎。

伐木于阪，酾酒有衍。笾豆有践⑤，兄弟无远。民之失德，乾餱以愆⑥。有酒湑⑦我，无酒酤⑧我。坎坎鼓我，蹲蹲⑨舞我。迨我暇矣，饮此湑矣。

注　释

①丁丁：象声词，指砍树的声音。

②矧：况且。伊：你。

③酾：过滤。有藇：即"藇藇"，酒清澈透明的样子。

④羜：小羊羔。

⑤笾豆：盛放食物用的两种器皿。践：陈列。

⑥乾餱：干粮。愆：过错。

⑦湑：滤酒。

⑧酤：买酒。

⑨蹲蹲：舞姿。

译 文

咚咚伐木声震天，嘤嘤群鸟相和鸣。鸟儿出自深山谷，飞往高高大树顶。鸟儿为何叫嘤嘤，只是为了求知音。仔细端详那小鸟，尚且求友欲相亲。人比鸟儿更有情，岂能不知重友情？天上神灵请聆听，赐我和乐与宁静。

伐木呼呼斧声急，滤酒清纯无杂质。既有肥美羊羔在，请来叔伯叙情谊。哪儿去了还不来，可别不肯来赏光。打扫房屋示隆重，佳肴八盘桌上齐。既有肥美公羊肉，请来舅亲聚一起。即便他们没能来，不能说我有过失。

伐木就在山坡边，滤酒清清快斟满。盘儿碗儿排齐整，老哥老弟别疏远。有些人们伤和气，饮食小事成祸源。咱们有酒把酒筛，没酒也得把酒买。咱们咚咚打起鼓，蹦蹦跳跳齐欢舞。趁着今儿有工夫，来把清酒喝个足。

采薇

原 文

采薇①采薇，薇亦作止。曰归曰归，岁亦莫止。靡室靡家，猃狁②之故。不遑启居③，猃狁之故。

采薇采薇，薇亦柔④止。曰归曰归，心亦忧止。忧心烈烈，载饥载渴。我戍未定，靡使归聘⑤。

采薇采薇，薇亦刚止。曰归曰归，岁亦阳止⑥。王事靡盬⑦，不遑启处。忧心孔疚，我行不来！

彼尔维何？维常之华。彼路斯何？君子之车。戎车既驾，四牡业业。岂敢定居？一月三捷。

驾彼四牡，四牡骙骙⑧。君子所依，小人所腓⑨。四牡翼翼⑩，象弭鱼服。岂不日戒？猃狁孔棘！

昔我往矣，杨柳依依。今我来思，雨雪霏霏。行道迟迟，载渴载饥。我心伤悲，莫知我哀！

注 释

①薇：指野豌豆。

②靡室靡家：没有正常的家庭生活。靡，无。室，与"家"义同。猃狁：中国古代少数民族名。

③不遑：不暇。遑，闲暇。启居：跪、坐，指休息、休整。启，跪、跪坐。居，安坐、安居。古人席地而坐，两膝着席，危坐时腰部伸直，臀部与足离开；安坐时臀部贴在足跟上。

④柔：柔嫩。

⑤聘：问候的音信。

⑥阳止：指农历十月。

⑦盬：止息，了结。

⑧骙骙：雄强，威武。这里的骙骙是指马强壮的意思。

⑨腓：庇护，掩护。

⑩翼翼：整齐的样子。

译 文

豌豆一把一把采，豌豆新芽已长大。说回家了回家了，转眼间却到残年。谁害我无室无家，还不为与猃狁打。谁害我腚不着凳，还不为与猃狁打。

豌豆一把一把采，豌豆新芽初发芽。说回家了回家了，心里头真是郁闷。心忧闷似火焚，忍受饥饿又忍渴。驻防地点不固定，哪有人能捎家信。

豌豆一把一把采，豌豆已老发权芽。说回家了回家了，小阳春十月又到。当王差无穷无尽头，哪能有片刻安身。我的心里真痛苦，如今谁人来安慰。

什么花开得茂盛？那都是常棣的花。什么车高高大大？还不是贵人的车。兵车啊已经驾起，高昂昂的公马四匹。边地怎敢图安居？一月要争几回胜!

驾起了公马四匹,四匹马儿真雄壮。将帅昂昂坐车上,士兵们靠它来隐蔽。四匹马儿真雄壮,象牙弭鱼皮箭囊。哪有一天不戒备,军情紧急不卸甲!

想起当初出征时,杨柳儿轻轻飘荡。如今我走向家乡,大雪纷飞乱飞扬。慢腾腾一路走来,饥和渴煎肚熬肠。满心伤感满腔悲,我的哀痛谁体会!

鸿雁

原 文

鸿雁于飞,肃肃其羽。之子于征,劬劳①于野。爰及矜人②,哀此鳏寡③。

鸿雁于飞,集于中泽。之子于垣,百堵皆作④。虽则劬劳,其究安宅?

鸿雁于飞,哀鸣嗷嗷。维此哲人⑤,谓我劬劳。维彼愚人,谓我宣骄⑥。

注 释

①劬劳:勤劳辛苦。

②爰:语助词。矜人:穷苦的人。

③鳏:老而无妻者。寡:老而无夫者。

④堵:长、高各一丈的墙叫一堵。作:筑起。

⑤哲人:通情达理的人。

⑥宣骄:骄奢。

译 文

鸿雁翩翩空中飞,扇动翅膀沙沙响。那人离家去远方,野外奔波吃尽苦。可怜都是穷苦人,鳏寡孤独好悲伤。

鸿雁翩翩空中飞,聚在沼泽地中央。那人服役筑高墙,那墙筑得百丈高。虽然辛苦又劳累,不知安身在何方。

鸿雁翩翩空中飞,阵阵哀鸣真可怜。唯有那些明白人,知我心中苦与难。唯有那些糊涂虫，说我闲暇发牢骚。

节南山

原 文

节彼南山，维石岩岩。赫赫师尹，民具尔瞻。忧心如惔①，不敢戏谈。国既卒斩，何用不监！

节彼南山，有实其猗。赫赫师尹，不平谓何。天方荐瘥②，丧乱弘多。民言无嘉，憯莫惩嗟③。

尹氏大师，维周之氐④；秉国之钧，四方是维。天子是毗⑤，俾民不迷。不吊昊天，不宜空我师。

弗躬弗亲，庶民弗信。弗问弗仕，勿罔君子。式夷式已，无小人殆。琐琐姻亚，则无膴仕⑥。

昊天不佣，降此鞠讻⑦。昊天不惠，降此大戾。君子如届，俾民心阕。君子如夷，恶怒是违。

不吊昊天，乱靡有定。式月斯生，俾民不宁。忧心如酲⑧，谁秉国成？不自为政，卒劳百姓。

驾彼四牡，四牡项领。我瞻四方，蹙蹙靡所骋。

方茂尔恶，相尔矛矣。既夷既怿⑨，如相酬矣。

昊天不平，我王不宁。不惩其心，覆怨其正。

家父作诵，以究王讻。式讹⑩尔心，以畜万邦。

注 释

①惔："炎"的借字，指火烧。

②瘥：疫病。

③憯：曾，乃。

④氐：借为"楮"，屋柱的石礩。

⑤毗：犹"裨"，辅助。

⑥膴仕：厚任，高官厚禄，今世所谓"肥缺"。

⑦鞠讻：极乱。讻，祸乱，昏乱。

⑧酲：醉酒。

⑨怿：喜悦。

⑩讹：变化，改变。

译 文

终南山高高耸立，上有垒垒的岩石。尹太师地位显赫，人民大众都看着。忧国之心如火焚，谁也不敢胡乱谈。国运眼看就斩断，天公为何不开眼？

终南山高高耸立，山上草木真茂盛。尹太师地位显赫，为政不公是为何？老天反复降灾祸，丧乱实在有点多！人民没一句好话，你还不惩戒自我。

尹太师手掌大权，是周王室的根柢。掌握国家的大权，四方都仗他维系。君王要靠他辅助，百姓要靠他带路。不体恤人的老天，可不能断人活路！

王自己不问国政，对人民不肯信任。不咨询也不任用，不要再欺骗君子；坏事一定要制止，不要和小人靠拢；那些庸碌的亲戚，也不要再给恩宠。

老天真是不公平，降下这样的灾难。老天真的不仁慈，降下这般大祸患。君王执政要用心，才能够消除民愤。君王若公平处事，怨愤就会被平息。

老天实在不善良，祸乱何时能平定。月月有灾难发生，百姓哪里有安宁。忧国之心如醉酒，是谁在掌管朝政？如不能躬亲施政，苦的都是老百姓。

驾起了四匹公马，四匹马伸长颈项。我放眼四下观望，没有地方可以驰骋。

当你的恶意盛旺，眼光就向前刀枪。当你的怒气消除，就像对饮着酒浆。

上天这样不公平，君王不能得安枕。他的心偏不清醒，反怨恨人家纠正。

我家父亲做此诗，揭露祸害的元凶。只指望王心感化，好好安抚平四方。

何人斯

原　文

彼何人斯？其心孔艰①。胡逝我梁，不入我门？伊谁云从？维暴之云。

二人从行，谁为此祸？胡逝我梁，不入唁②我？始者不如今，云不我可。

彼何人斯？胡逝我陈？我闻其声，不见其身。不愧于人？不畏于天？

彼何人斯？其为飘风。胡不自北？胡不自南？胡逝我梁？祗搅我心。

尔之安行，亦不遑舍。尔之亟行，遑脂③尔车。壹者之来，云何其盱④。

尔还而入，我心易也。还而不入，否难知也。壹者之来，俾我祗也⑤。

伯氏吹埙，仲氏吹篪⑥。及尔如贯，谅不我知。出此三物，以诅尔斯。

为鬼为蜮，则不可得。有靦⑦面目，视人罔极。作此好歌，以极反侧。

注　释

①孔：很。艰：本义为难，此处指用心险恶。

②唁：慰问。

③遑：空闲。脂：以油脂涂车。

④盱：病。

⑤俾：使。祗：病。

⑥仲：弟。篪：古竹制的乐器，如笛，有八孔。

⑦靦：露面见人。

译　文

究竟那是什么人？他的心难测浅深。为何去看我鱼梁，却不进入我家门？现在谁敢跟着他，只有那颗暴虐心！

二人同行妻随夫，酿成祸患谁是根？为啥经过我鱼梁，却不进门来慰问。当初态度还算好，如今见我不顺心。

究竟那是什么人，为何走过我的门？我只听见他声音，却总不见他踪迹。你在人前不惭愧？竟连上天不敬畏。

究竟那是什么人，好比飘风形无定。为啥不从北边走？为啥不从南边行？为啥经过我鱼梁，扰乱我心不安宁。

慢条斯理你出行，竟然没空住一晚。急急忙忙你要走，油车却还有空闲。为了你这来一次，多少天我眼望穿。

归家你入我房来，我的心儿就欢跳。回时你家我不进，是何居心难猜测。前次你从我家过，使我生气病一场。

大哥把埙吹起来，二哥相和就吹篪。你我好比一线穿，真的对我不深知？我愿神前供三牲，诅咒你竟背盟誓。

你是鬼蜮害人精，无影无踪看不清。俨然有副人面相，行为表现没准则。我只能作这首歌，挨过不眠长反侧。

巷伯

原　文

萋兮斐兮①，成是贝锦②。彼谮人③者，亦已大甚！

哆兮侈兮④，成是南箕⑤。彼谮人者，谁适与谋。

缉缉翩翩，谋欲谮人。慎尔言也，谓尔不信。

捷捷幡幡⑥，谋欲谮言。岂不尔受？既其女迁。

骄人⑦好好，劳人草草。苍天苍天，视彼骄人，矜此劳人。

彼谮人者，谁适与谋？取彼谮人，投畀豺虎。豺虎不食，投畀有北⑧。有北不受，投畀有昊！

杨园之道，猗于亩丘。寺人孟子，作为此诗。凡百君子，敬而听之。

注　释

①萋、斐：都是文采相错的样子。

②贝锦：织有贝纹图案的锦缎。

③谮人：指谗害别人的人。

④哆：张口。侈：大。

⑤南箕：星宿名，共四颗星，拼接成簸箕状。

⑥捷捷：信口雌黄的样子。幡幡：反复进言的样子。

⑦骄人：指进谗者。

⑧畀：与。有北：北方苦寒之地。

译 文

彩丝亮啊花线明，织成贝纹锦。那些造谣的害人精，坏事做尽太过分！

臭嘴一张何其大，好比夜空簸箕星。那些造谣的害人精，是谁教你昧良心？

喊喊喳喳鬼话灵，一心要来把人坑。劝你说话要小心，有天没人再相信。

花言巧语舌头长，一心造谣又扯谎。并非没人上你当，总有一天要现相。

捣鬼的人竟得逞，受害的人却蒙腾。苍天你把眼睛睁！惩罚那些害人精，可怜这些劳苦人！

那个造谣的害人精，谁把主意为你出？捉住那个造谣的，扔给虎狼去充饥。如果虎狼不肯咽，把他撵到北极圈。如果北极不肯要，送给老天去发落。

一条大路通扬园，路在亩丘丘上边。我是宦官叫孟子，这支歌儿是我编。过往君子慢慢行，请君为我倾耳听！

菀柳

原 文

有菀①者柳，不尚息焉。上帝甚蹈，无自瘵②焉。俾予靖之，后予极焉。

有菀者柳，不尚愒③焉。上帝甚蹈，无自瘵④焉。俾予靖之，后予迈⑤焉。

有鸟高飞，亦傅于天。彼人之心，于何其臻。曷予靖之，居以凶矜⑥。

注　释

①菀：树木茂盛的样子。

②暱：亲近。

③愒：休息。

④瘵：病。

⑤迈：行，指放逐。

⑥矜：危。

译　文

有株柳树很茂盛，树下不可去依傍。上帝变化真无常，切莫接近讨晦气。先前使我理国事，后来贬我到远地。

有棵柳树很茂盛，树下不可去歇凉。上帝变化太无常，切莫接近招祸殃。先前使我理国事，后来却把我流放。

空中鸟儿高处飞，展翅直上九霄云。那人心事太难测，走到何处是极限？为何让我理国事？却叫无端遭凶险？

大雅

思齐

原　文

思齐大任①，文王之母，思媚周姜，京室之妇。大姒嗣徽音，则百斯男。

惠②于宗公，神罔时怨，神罔时恫③。刑于寡妻，至于兄弟，以御于家邦。

雍雍④在宫，肃肃在庙。不显亦临，无射⑤亦保。

肆戎疾不殄，烈假⑥不瑕。不闻亦式，不谏亦入。

肆成人有德，小子有造。古之人无斁⑦，誉髦斯士。

注　释

①思：发语词，无义。齐：通"斋"，端庄貌。大任：即太任，王

季之妻，文王之母。

②惠：恭顺，孝敬。

③恫：哀痛。

④雍雍：和睦、融洽的样子。

⑤射：厌倦。

⑥烈假：害人的疾病。

⑦无斁：无厌，无倦。

译　文

太任端庄又谨慎，她是文王老母亲。贤淑美好是太姜，王室之妇居周京。太姒美誉能继承，多生男儿家门兴。

文王孝顺敬先公，神灵满意无怨恨，祖宗神灵无所痛。示范嫡妻作典型，示范兄弟也相同，治理家国都亨通。

家庭和睦在宫廷，宗庙祭礼更恭敬。临朝理事最清明，不知厌倦保百姓。

如今西戎不为患，病魔亦不害人民。未闻之事亦合度，虽无谏者亦兼听。

如今成人品行好，后世小孩能深造。文王育人勤不倦，士子载誉皆俊秀。

行苇

原　文

敦彼行①苇，牛羊勿践履。方苞方体，维叶泥泥。戚戚②兄弟，莫远具尔。或肆之筵③，或授之几。

肆筵设席，授几有缉御。或献或酢，洗爵奠斝④。醓醢以荐⑤，或燔或炙。嘉肴脾臄，或歌或咢⑥。

敦弓既坚，四鍭既钧⑦，舍矢既均，序宾以贤。敦弓既句，既挟四鍭。四鍭如树，序宾以不侮。

曾孙维主，酒醴维醹⑧，酌以大斗，以祈黄耇。黄耇⑨台背，以引以翼。寿考维祺，以介景福。

164

注　释

①敦彼：草丛生之的样子。行：道路。

②戚戚：亲热。

③肆：陈设。筵：竹席。

④洗爵：依周礼，主人敬酒时，取杯先洗一下，再斟酒献客，客人回敬主人，也是如此操作。爵，古酒器。奠斝：依周礼，主人敬的酒客人饮完，则置杯于几上；客人回敬主人，主人饮毕也须这样做。奠，置。斝，古酒器。

⑤醓：多汁的肉酱。醢：肉酱。荐：进献。

⑥咢：打鼓。

⑦鍭：一种箭，金属箭头，鸟羽箭尾。钧：合乎标准。

⑧醴：甜酒。醹：酒味醇厚。

⑨黄耇：年高长寿。

译　文

芦苇成堆聚一旁，牛羊千万别踩伤。苇草发芽初成长，叶儿柔嫩生机旺。同胞兄弟最亲密，不要疏远要友爱。铺设竹席来请客，端上茶几面前摆。

铺席开宴上菜肴，轮流上桌一道道。主人敬酒客还礼，洗杯捧盏兴致高。送上肉酱请客尝，烧肉烤肉滋味好。牛胃牛舌也煮食，唱歌击鼓人欢笑。

雕弓已经很坚韧，四支箭头也调整。放手射出中靶心，宾位排列看本领。雕弓张开弦紧绷。四箭竖立靶子上，排列客位不慢轻。

曾孙是个好主人，米酒味厚香又清。斟来美酒一大杯，祈求黄发老寿星。黄发驼背老年人，前头牵引两旁扶。长命吉祥是人瑞，请神赐送大福分。

周颂

维天之命

原　文

维天之命，于穆不已。于乎不显，文王之德之纯。假^①以溢我，我其收之。骏惠^②我文王，曾孙笃之。

注　释

①假：通"嘉"，美好。

②骏惠：顺从。骏：顺从。惠：顺。

译　文

真是天命所归，庄严肃穆无止息。真是庄严又光明，文王德行真纯洁。美好品德使人宁，我会好好地继承。遵循文王德行走，子孙后代要坚持。

丝衣

原　文

丝衣其纾^①，载弁俅俅。自堂徂基^②，自羊徂牛，鼐鼎及鼒^③，兕觥其觩^④。旨酒思柔。不吴不敖，胡考之休。

注　释

①丝衣：祭服。纾：洁白的样子。

②基：通"畿"，门内、门限。

③鼐：大鼎。鼒：小鼎。

④兕觥：盛酒器。觩：形容兕觥弯曲的样子。

译　文

丝衣洁白又鲜明，戴冠样式第一流。从庙堂里到门内，察看牛羊诸祭牲。大鼎中鼎与小鼎，兕觥酒杯弯一头，美酒香醇味和柔。不喧哗也不傲慢，降福大家都吉庆。

孙子兵法篇

始计篇

原　文

孙子曰：兵者①，国之大事，死生之地②，存亡之道，不可不察③也。

注　释

①兵者：战争，也泛指其他军事上的内容。

②死生之地：关乎生死。

③察：明察、审视。

译　文

孙子说：战争是国家的大事，它关系到个人的生死，国家的存亡，不能不认真地明察审视。

原　文

凡此五者，将莫不闻，知之者胜，不知者不胜。故校①之以计而索其情，曰：主孰有道？将孰有能？天地孰得？法令孰行？兵众孰强？士卒孰练？赏罚孰明？吾以此知胜负矣。

将听吾计，用之必胜，留之；将不听吾计，用之必败，去②之。

注　释

①校：比较。

②去：罢免、撤职。

译 文

凡属这五个方面的情况，将领都不能不知，充分了解这些情况的就能取胜，不了解这些情况作战就会失败。所以，通过比较双方的具体条件来探究战争胜负的情形，即：双方君主哪一方符合道义？双方将领哪一方更有才能？作战双方哪一方得到了天时地利？哪一方法令更加严明？哪一方兵力更加强大？哪一方士卒训练精良？哪一方赏罚分明？通过这些分析比较，我就能够判断谁胜谁负了。

若将领听从我的意见，任用他作战就会取胜，留下他；若将领不听我的意见，任用他作战就会失败，应该罢免他。

原 文

兵者，诡道①也。故能而示之不能，用而示之不用，近而示之远，远而示之近；利而诱之，乱而取之，实而备之，强而避之，怒而挠之②，卑而骄之，佚而劳之，亲而离之。攻其无备，出其不意。此兵家之胜，不可先传也。

注 释

①诡道：欺诈、多变的方式。
②怒而挠之：挠，干扰。即敌人愤怒了，就设法使其屈挠。

译 文

战争，是一种诡诈之术，所以能战时，要示敌以不能战；能用时，要示敌以不能用；拟取近道，反而示敌以走远路；拟走远路，反而示敌要取近道；敌人好利，就诱惑他们；敌人混乱就趁机攻击他们；敌人力量充实，就要谨慎防备；敌人力量强大，就要暂避锋芒；敌人愤怒了，就设法使其屈挠；敌人谦卑时，就要使他们骄傲；敌人安逸，就要使之疲劳；敌人团结一致，就要想法离间他们。攻打敌人没有防备之处，出击要在他们意料不到之时。这就是兵家制胜的秘诀，不可预先讲明。

原 文

夫未战而庙算①胜者，得算多②也；未战而庙算不胜者，得算少也。多算胜，少算不胜，而况于无算乎！吾以此观之，胜负见矣。

注　释

①庙算：兴师作战之前，通常要在庙堂里商议谋划，分析战争的利害得失，制定作战方略。

②得算多：意为取得胜利的条件充分、众多。算，计数用的筹码，此处引申为取得胜利的条件。

译　文

未战之前就能预料取胜的，是因为筹划周密，得到的胜利条件众多；未开战而估计取胜把握小，是因为筹划不周，得到的取胜的条件少。得到取胜条件多的就会胜利，得到取胜条件少的就会失败。何况一点条件也不具备的呢！我根据这些来观察战争，胜败也就清楚了。

作战篇

原　文

孙子曰：凡用兵之法，驰车千驷①，革车千乘②，带甲③十万，千里馈粮④，则内外之费，宾客之用⑤，胶漆之材⑥，车甲之奉⑦，日费千金，然后十万之师举⑧矣。

注　释

①驰车千驷：战车千辆。驰，奔驰，驱驰，驰车，指快速轻便的战车；驷，古代四马拉一车称为一驷。

②革车千乘：用于运载粮草和军需物资的辎重车千辆。革车，用皮革缝制的篷车，多用于运载粮秣、军械等物资。

③带甲：穿戴盔甲的士兵，指军队。

④馈粮：运送粮食。

⑤宾客之用：与各诸侯国使节往来的费用。

⑥胶漆之材：张预注曰："胶漆者，修饰器械之物也。"此言制造与维修弓矢等作战器械的物资。

⑦车甲之奉：张预注："车甲者，膏辖金革之类也。"此句意为千里行军车甲修缮的花费。

⑧举：出动。

译 文

孙子说：要兴兵作战，需做的物资准备有，轻车千辆，重车千辆，全副武装的士兵十万，并向千里之外运送粮食。那么前后方的军内外开支，招待使节、策士的用度，用于武器维修的胶漆等材料费用，保养战车、甲胄的支出等，每天要消耗千金。按照这样的标准准备之后，十万大军才可出发上战场。

原 文

故杀敌者，怒也①；取敌之利者，货也②。车战得车十乘以上，赏其先得者而更其旌旗。车杂而乘之，卒善而养之，是谓胜敌而益强。

故兵贵胜，不贵久。

故知兵之将，民之司命③，国家安危之主也。

注 释

①杀敌者，怒也：曹操注："威怒以致敌。"即激怒士兵，以杀敌制胜。

②取敌之利者，货也：梅尧臣曰："取敌则利吾人以货。"对夺取敌人资财的士兵要予以奖励。

③司命：主宰、掌控者。

译 文

所以，要使士兵拼死杀敌，就必须怒之，激励之。要使士兵勇于夺取敌方的军需物资，就必须以缴获的财物作奖赏。所以，在车战中，抢夺十辆车以上的，就奖赏最先抢得战车的。而夺得的战车，要立即换上我方的旗帜，把抢得的战车编入我方车队。要善待俘虏，使他们有归顺之心。这就是战胜敌人而使自己越发强大的方法。所以，作战最重要、最有利的是速胜，最不宜的是旷日持久。真正懂得用兵之道、深知用兵利害的将帅，掌握着民众的生死，主宰着国家的安危。

谋攻篇

原 文

孙子曰：凡用兵之法，全国为上，破国次之①；全军为上，破军次之；

全旅②为上，破旅次之；全卒③为上，破卒次之；全伍④为上，破伍次之。是故百战百胜，非善之善者也；不战而屈人之兵，善之善者也。

注　释

①全国为上，破国次之：曹操注："兴师深入长驱，距其城郭，绝其内外，敌举国来服为上；以兵击破，败而得之，其次也。"即使敌人举国屈服，不战而降是上策，以兵击破敌国就次一等。

②旅：《说文》："五百人为旅。"

③卒：军制单位，百人为卒。

④伍：五人为伍。

译　文

孙子说：大凡用兵的原则，使敌人举国屈服，不战而降是上策，用兵击破敌国就次一等；使敌人全军降服是上策，打败敌人的军队就次一等；使敌人一个"旅"的队伍降服是上策，击破敌人一个"旅"就次一等；使敌人全"卒"降服是上策，打败敌人一个"卒"的队伍就次一等；使敌人全"伍"投降是上策，击破敌人的"伍"就次一等。因此，百战百胜，不算是最好的用兵策略，不进行战斗就令敌人屈服，才算是高明中的最高明。

原　文

故上兵伐谋①，其次伐交②，其次伐兵，其下攻城。攻城之法，为不得已。修橹轒辒③，具器械，三月而后成，距闉④，又三月而后已。将不胜其忿而蚁附⑤之，杀士卒三分之一而城不拔者，此攻之灾也。

注　释

①伐谋：用智谋使敌人屈服。

②伐交：利用外交途径战胜敌人。

③修橹轒辒：修，准备，曹操注："治也。"橹，曹操注："大楯也。"轒辒，古代攻城用的四轮车，用排木制作，外蒙生牛皮，下可藏十数人。杜牧注："轒辒，四轮车，排大木为之，上蒙以生牛皮，下可容十人，往来运土填堑，木石所不能伤，今俗所谓木驴是也。"

④距闉：闉，通"堙"，积土成丘。杜佑注："距闉者，踊土积高而前，以附于城也。积土为山曰堙，以距敌城，以观虚实。"

⑤蚁附：曹操注云："使士卒缘城而上，如蚁缘墙。"蚁，名词用如状语，意为"如蚁一样……"

译　文

所以上等的用兵策略是以谋略使敌人屈服，其次是以外交手段令敌人屈服，再次是出动军队攻敌取胜，最下策才是攻城。攻城只有在万不得已时才使用。准备攻城的蔽橹、轒辒、各种攻城器械，需要花费三个月的时间。构筑攻城的土山又要三个月。将帅控制不住愤怒的情绪，驱使士卒像蚂蚁一样去爬梯攻城，使士卒伤亡三分之一而城池不能攻克，这便是攻城所带来的危害。

原　文

夫将者，国之辅也，辅周①则国必强，辅隙②则国必弱。

故君之所以患于军③者三：不知军之不可以进而谓之进，不知军之不可以退而谓之退，是谓縻④军。不知三军之事而同⑤三军之政者，则军士惑矣。不知三军之权⑥而同三军之任，则军士疑矣。三军既惑且疑，则诸侯之难⑦至矣。是谓乱军引胜⑧。

注　释

①周：周密。

②隙：疏漏不周。

③患于军：患，为患、贻害。即危害军队。

④縻：原义为牛辔，可引申为羁绊、束缚。杜牧注："縻军，犹驾御羁绊，使不自由也。"

⑤同：参与，干涉。

⑥权：权变、权谋。

⑦诸侯之难：诸侯国的发难，指诸侯国乘其军士疑惑之机，起而攻之的灾难。

⑧乱军引胜：乱军，自乱其军；引胜，导致敌人的胜利。自乱其军，给敌人带来胜利。

译　文

将领，是国家的辅佐，辅佐周密国家就会强大；辅佐疏漏，国家必然衰弱。

国君对军队造成的危害有三种情况：不知道军队在什么条件下可战而使其出击，不了解军队在什么情况下可退而使其撤退，这就束缚了军队的手脚。不通详三军内务，而插手三军的政事，就会使部队将士不知所从。不了解军中的权变之谋而参与军队的指挥，就会使将士们疑虑重重。军队既迷惑又疑虑，诸侯国军队乘机而进攻，灾难就降临到头上，这就是自乱其军而丧失了胜利。

原　文

故知胜有五：知可以战与不可以战者胜；识众寡之用者胜；上下同欲者胜；以虞①待不虞者胜；将能而君不御②者胜。此五者，知胜之道也。

故曰：知彼知己，百战不殆；不知彼而知己，一胜一负；不知彼，不知己，每战必殆。

注　释

①虞：备。

②御：统御，制约。

译　文

预知取胜的因素有五点：懂得什么条件下可战、什么条件下不可战，能取胜；懂得兵多兵少不同用法的，能取胜；全军上下一心的，能取胜；以有备之师待无备之师的，能取胜；将帅有才干而君主不从中制约的，能取胜。这五条，是预知胜利的道理。

所以说：了解对方也了解自己的，百战不败；不了解敌方而熟悉自己的，胜负各半；既不了解敌方，又不了解自己，每战必然失败。

军形篇

原　文

孙子曰：昔之善战者，先为不可胜①，以待敌之可胜。不可胜在己，可胜在敌。故善战者，能为不可胜，不能使敌之必可胜。故曰：胜可知，而不可为②。不可胜者，守也③；可胜者，攻也。守则不足④，攻则有余。善守者，藏于九地之下，善攻者，动于九天之上，故能自保而全胜也。

注　释

①先为不可胜：王晳曰："不可胜者，修道保法也。"即先做到自己不被别人战胜。

②胜可知，而不可为：言胜利可以预见，但却不能强求。张预注："己有备则胜可知，敌有备则不可为。"

③不可胜者，守也：要想不被战胜，就要做好防守。

④守则不足：则，因为。防守是因为条件不充分。

译　文

孙子说：从前善于用兵打仗的人，总是先创造条件使自己立于不败之地，然后再等待寻求敌人的可乘之机。使自己立于不败之地，不被敌人战胜，主动权操在自己手中；有没有可乘之机战胜敌人，却取决于敌人是否出现失误，暴露弱点。因此，善于用兵打仗的人能够创造不被敌人战胜的条件，却无法保证敌人一定会被我战胜。所以说：胜利可以预测，但不可强求。若要不被敌人战胜，必须先要做好防守工作；能战胜敌人，就要进攻。采取防守，是因为条件不充分；进攻敌人，是因为时机成熟。所以善于防御的人，隐蔽自己的军队如同深藏在地下；善于进攻的人，如同神兵自九天而降，攻敌措手不及。这样，既保全了自己，又能获得全面的胜利。

原　文

兵法：一曰度①，二曰量②，三曰数③，四曰称④，五曰胜⑤。地生度，度生量，量生数，数生称，称生胜。故胜兵若以镒称铢⑥，败兵若以铢称镒。胜者之战民也，若决积水于千仞之溪者，形也。

注　释

①度：贾林曰："度，土地也。"指土地幅员。

②量：指物资多寡。

③数：贾林注曰："算数也。以数推之，则众寡可知，虚实可见。"

王皙曰："百千也。"指部队兵员的多寡。

④称：杜牧注："称，校也。"指衡量双方实力之对比的状况。

⑤胜：胜负优劣的实情。

⑥以镒称铢：铢，古代计量单位，二十四铢为一两。镒，二十四两为一镒，合五百七十六铢。以镒称铢，比喻兵力轻重众寡之悬殊。

译　文

兵法上有五项原则：一是度，二是量，三是数，四是称，五是胜。度产生于土地的广狭，土地幅员广阔与否决定物资的多少，军赋的多寡决定兵员的数量，兵员的数量决定部队的战斗力，部队的战斗力决定胜负的优劣。所以胜利之师如同以镒对铢，是以强大的军事实力攻击弱小的敌人；而败军之师如同以铢对镒，是以弱小的军事实力对抗强大的敌方。高明的指挥员领兵作战，就像在万丈悬崖决开山涧的积水一样，这就是军事实力中的"形"。

兵势篇

原　文

凡战者，以正合①，以奇胜②。故善出奇者，无穷如天地，不竭如江海。终而复始，日月是也。死而更生，四时是也。声不过五，五声③之变，不可胜听也；色不过五，五色④之变，不可胜观也；味不过五，五味⑤之变，不可胜尝也；战势不过奇正，奇正之变，不可胜穷也。奇正相生，如循环之无端，孰能穷之哉！

注　释

①以正合：曹操注："正者当敌。"即以正兵与敌正面交战。

②以奇胜：曹操注："奇兵从傍击不备也。"指出奇制胜。

③五声：宫、商、角、徵、羽，合称五声。

④五色：青、黄、赤、白、黑五种原色。

⑤五味：酸、甜、苦、辣、咸五种原味。

译　文

大凡作战，都是以正兵作正面交战，而用奇兵去出奇制胜。善于运用奇兵的人，其战法的变化就像天地运行一样无穷无尽，像江海一样永不枯竭。像日月运行一样，终而复始；与四季更迭一样，去而复来。宫、商、角、徵、羽不过五音，然而五音的组合变化，永远也听不完；红、黄、蓝、白、黑不过五色，但五种色调的组合变化，永远看不完；酸、甜、苦、辣、咸不过五味，而五种味道的组合变化，永远也尝不完。战争中军事实力的运用不过"奇""正"两种，而"奇""正"的组合变化，永远无穷无尽。奇正相生、相互转化，就好比圆环旋绕，无始无终，谁能穷尽呢。

虚实篇

原　文

故形人而我无形①，则我专而敌分②。我专为一，敌分为十，是以十攻其一也，则我众而敌寡；能以众击寡者，则吾之所与战者，约矣。吾所与战之地不可知③，不可知，则敌所备者多；敌所备者多，则吾所与战者，寡矣。故备前则后寡，备后则前寡，备左则右寡，备右则左寡，无所不备，则无所不寡。寡者，备人者也；众者，使人备己者也。

故知战之地，知战之日，则可千里而会战。不知战地，不知战日，则左不能救右，右不能救左，前不能救后，后不能救前，而况远者数十里，近者数里乎？以吾度之，越人之兵虽多，亦奚益于胜败哉？故曰：胜可为也。敌虽众，可使无斗。

注　释

①形人而我无形：形人，令敌人现形。即使敌军显露实情，而我军却能不露真迹。

②我专而敌分：我军能集中兵力，而敌人却不得不分散。

③吾所与战之地不可知：我准备与敌人开战的战场，敌人不能知道。

译　文

所以，让敌人行迹显露，而我军却不露形迹，使敌人捉摸不定，这样我军就能兵力集中而敌人则兵力分散；我军兵力集中于一处，敌人兵力分散于十处，我军就能以十倍于敌的兵力打击敌人，造成我众而敌寡的有利态势；能做到以众击寡，则与我军直接交战的敌人就少了。我们所要进攻的地方使敌人不知道，不知道，它就要处处防备；

敌人防备的地方越多，兵力越分散，这样，我所直接攻击的敌人就不多了。所以，防备前面，后面的兵力就薄弱；防备后面，前面的兵力就薄弱；防备左翼，右翼的兵力就薄弱；防备右翼，左翼的兵力就薄弱；处处防备，就处处兵力薄弱。兵力之所以薄弱，是由于处处防备的结果；兵力之所以众多，是由于迫使敌人分兵防备的结果。

能预料同敌人交战的地点，能预料同敌人交战的时间，就是跋涉千里也可同敌人交战。不能预料交战的地点，不能预料交战的日期，就会左不能救右，右不能救左，前不能救后，后不能救前，何况作战之时同军相距远的几十里，近的也有好几里呢！依我的分析，越国虽然兵多，但这对于胜败又有什么帮助呢？所以说：胜利是可以创造的。敌人虽然众多，也能令其无法与我军全力交战。

原　文

故策①之而知得失之计，作②之而知动静之理，形③之而知死生之地，角④之而知有余不足之处。故形兵之极，至于无形。无形，则深间⑤不能窥，智者不能谋。因形而错⑥胜于众，众不能知；人皆知我所以胜之形，而莫知吾所以制胜之形。故其战胜不复⑦，而应形于无穷。

注　释

①策：分析、策度。

②作：兴起、挑动。

③形：伪形示敌。

④角：较量，与敌人试探性接触。

⑤深间：隐藏得很深的间谍。

⑥错：通"措"，放置。

⑦战胜不复：赖以取胜的谋略方法不重复使用。

译　文

所以认真分析判断，可以明了敌人作战计划的优劣长短；挑动敌人，可以了解其行动的规律；示形诱敌，可以摸清其所处地形的有利与不利；进行试探性战斗，可以探明敌人兵力部署的虚实强弱。所以，示形诱敌的方法运用到极致，就看不出一点形迹，看不出一点形迹，即使有深藏的间谍，也无法探明我方的虚实，即使具有智慧的对手，也想不出对付我军的办法来。根据敌情而取胜，把胜利摆在众人面前，众人还是看不出来。人们都知道我克敌制胜的情形，却不知道我是如何达成这种情形的。所以每次战胜，赖以取胜的策略不能重复使用，要适应不同的情况，变化无穷。

原　文

　　夫兵形象水，水之形，避高而趋下，兵之形，避实而击虚。水因地而制流，兵因敌而制胜。故兵无常势，水无常形，能因敌变化而取胜者，谓之神。故五行无常胜①，四时无常位②，日有短长，月有死生③。

注　释

　　①五行无常胜：金、木、水、火、土五行相生相克，变化无定。
　　②四时无常位：四季推移代谢，永无休止。
　　③死生：盈亏。

译　文

　　用兵的规律像水，水流动时避开高处而奔向低处，用兵之时，也要避开敌人坚实之处而攻击其虚弱的地方。水因地势的高下而制约其流向，军队则根据敌情而决定取胜的方针。所以，作战没有固定不变的方式方法，就像水流没有固定的形态一样；能依据敌情变化而取胜的，就称得上用兵如神了。用兵的规律就像自然现象一样，"五行"相生相克，四季依次交替，白天有短有长，月亮有盈有亏，永远都处于变化之中。

军争篇

原　文

　　《军政》①曰："言不相闻，故为之金鼓②；视不相见，故为之旌旗。"夫金鼓旌旗者，所以一人之耳目也。人既专一，则勇者不得独进，怯者不得独退，此用众之法也。故夜战多火鼓，昼战多旌旗，所以变人之耳目也。

　　三军可夺气，将军可夺心。是故朝气锐，昼气惰，暮气归。善用兵者，避其锐气，击其惰归，此治气者也。以治待乱，以静待哗，此治心者也。以近待远，以佚待劳，以饱待饥，此治力者也。无邀正正③之旗，无击堂堂④之阵，此治变者也。

故用兵之法，高陵勿向⑤，背丘勿逆⑥，佯北勿从，锐卒勿攻，饵兵勿食，归师勿遏，围师遗阙，穷寇勿迫，此用兵之法也。

注　释

①《军政》：军之旧典，古兵书。

②金鼓：古代用于指挥部队进退的号令器具，鸣金收兵，击鼓进军。

③正正：整齐、严格。

④堂堂：壮大、整肃。

⑤高陵勿向：向，仰攻。即敌人如果占据了高处地势，我军就不要进攻。

⑥背丘勿逆：逆，迎面攻击。指敌人如果背负丘陵险阻，我军就不要正面攻击。

译　文

《军政》上说："战场之上，言语不能相互闻见，所以设立金鼓；手体动作不能相互看到，所以设立旌旗。"金鼓、旌旗，是用来统一士兵的视听，统一作战行动的。士兵都服从统一指挥，则勇敢的将士不能独自冒进，胆怯的将士也不能独自撤退，这样才是指挥大军的方法。所以，夜间作战多点火照明，多用金鼓指挥战斗；白天作战要多设旌旗，这些都是根据人们视听需要而变换的。

对于敌方三军，可以挫伤其锐气，对于敌方将帅，可以动摇他的决心。军队初来之气强盛、锐利；陈兵渐久则气势削弱、怠惰；最后只剩衰竭之气，将士思归。善于用兵的人，躲避敌人的锐气，攻击敌人怠惰、衰竭之气，这就是正确运用士气的原则。以治理严整的军队来对付军政混乱的敌人，以平稳镇定的军队来对付喧哗焦躁的敌人，这就是正确运用军心的方法。以靠近战场的有利条件来对付长途奔袭的敌人，以从容安逸的军队来对付劳累衰弱的敌人，以饱食力足的军队来对付饥饿疲乏的敌人，这就是正确运用军队气力的方法。不要去迎击旗帜整齐、部伍统一的军队，不要去攻击阵容整肃、士气饱满的军队，这是懂得战场之上机动变化的正确方法。

所以，用兵的正确方法是：对占据高地、背倚丘陵之敌，不作正面强攻；对假装败逃之敌，不要盲目追击；敌人的精锐部队不要强攻；敌人的诱饵之兵，不要贪食；对正在向本土撤退的部队不要去阻截；对被包围的敌军，要预留缺口；对于陷入绝境的敌人，不要过分逼迫，这些都是用兵的基本原则。

九变篇

原　文

是故智者之虑，必杂于利害①。杂于利，而务可信②也；杂于害，而患可解也。是故屈诸侯者以害，役诸侯者以业③，趋诸侯者以利。故用兵之法，无恃其不来，恃吾有以待也；无恃其不攻，恃吾有所不可攻也。

故将有五危：必死④，可杀也；必生⑤，可虏也；忿速⑥，可侮也；廉洁，可辱也；爱民，可烦也。凡此五者，将之过也，用兵之灾也。覆军杀将必以五危，不可不察也。

注　释

①杂于利害：杂，掺杂、混合。既考虑有利的一面，也考虑有害的一面。

②务可信：务，任务。信，通"申"，完成、成功。务可信，指任务可以成功。

③业：事务。曹操注：业，事也。使其烦劳，若彼入我出、彼出我入也。李筌注：烦其农也。

④必死：有勇无谋，只知道死拼。

⑤必生：临阵畏惧，贪生怕死。

⑥忿速：性情急爆，容易愤怒、偏激。

译　文

所以智者思考问题，必须同时兼顾利、害两个方面。充分考虑到有利的一面，所从事的事业才能顺利完成；充分考虑到有害的一面，潜在的祸患才能预先排除。所以要用对敌人不利的事去伤害它，使其困屈；用一些事务去驱使调动它，使其频于应付；用利益去引诱它，而使其疲于奔走。所以用兵打仗的一般法则是：不要凭恃敌人不来袭击我，而要依靠自己随时可以应付敌人的功绩；不要凭恃敌人不来攻打我，而要依靠自己拥有敌人不能攻打的实力。

将帅有五个致命的弱点：有勇无谋、只知死拼，就有被杀的危险；贪生怕死、临阵畏惧，就有被掳的危险；刚愤急躁、容易激怒，就有被轻侮的危险；清廉自好、爱惜名声，就有被污辱的危险；宽厚爱民、迂腐少断，就有被烦扰的危险。以上五点，是将帅的过失，也是用兵的灾害。军队败没和将帅被杀，都是由上述"五危"引起的，不可不予充分重视。

行军篇

原　文

敌近而静者，恃其险也；远而挑战者，欲人之进也；其所居易者，利也。众树动者，来也；众草多障者，疑也；鸟起者，伏也；兽骇者，覆①也；尘高而锐者，车来也；卑而广者②，徒来也；散而条达者，樵采也③；少而往来者，营军也。辞卑而益备者，进也；辞强而进驱者，退也；轻车先出居其侧者，陈也；无约而请和者，谋也④；奔走而陈兵车者，期也⑤；半进半退者，诱也。杖而立者，饥也；汲而先饮者，渴也；见利而不进者，劳也；鸟集者，虚也；夜呼者，恐也；军扰者⑥，将不重也；旌旗动者，乱也；吏怒者，倦也；粟马肉食，军无悬瓿，不返其舍者，穷寇也⑦；谆谆翕翕⑧，徐与人言者，失众也；数赏者，窘也；数罚者，困也；先暴而后畏其众者，不精之至也；来委谢者，欲休息也。兵怒而相迎，久而不合，又不相去，必谨察之。

兵非益多也⑨，惟无武进⑩，足以并力、料敌、取人⑪而已。夫惟无虑而易敌者，必擒于人。卒未亲附而罚之，则不服，不服则难用也。卒已亲附而罚不行，则不可用也。

故令之以文，齐之以武⑫，是谓必取。令素行以教其民，则民服；

令不素行以教其民，则民不服。令素行者，与众相得也。

注　释

①覆：倾覆、覆没，指敌人暗中掩袭。

②卑而广者：扬起的尘埃低，而面积广。

③散而条达者，樵采也：古人作战，常用车马拖曳着树枝扬起尘埃来迷惑敌人。此句意为，尘土疏散而成条缕状，是敌人在曳柴而走。

④无约而请和者，谋也：约，困顿、受制。指敌人尚未受挫就主动来求和的，是在策划阴谋。

⑤期也：期待与我决战。

⑥军扰者：将领无威严，军士不持重。

⑦粟马肉食，军无悬甀，不返其舍者，穷寇也：用粮食喂马，杀牲口吃肉，收起炊具，士兵们不返回营舍，这是敌军穷途末路，准备拼命突围。

⑧谆谆翕翕：士卒们私下小声议论。

⑨兵非益多也：兵不以多为贵。

⑩武进：刚武轻进。

⑪取人：争取人心。

⑫令之以文，齐之以武：文，恩、仁；武，威、罚。以恩仁来教化士兵，以威罚来整饬部队。

译　文

已经离得很近了敌人却不动，是因为他们有险可恃；离得很远，敌人就挑战我们，是企图诱惑我们前进；敌人不占据险地而处平地，是以利而诱惑我军；林木摇动，是敌人伐木开道隐蔽来袭；草丛中设有许多障碍，是敌人搞的疑兵之计；鸟雀惊飞，说明下面有伏兵；野兽骇逃，显示敌人正大举来袭。尘埃高起而锐直，是战车奔驰而来；尘埃低矮而广阔，是步卒正在开来；尘埃疏散而呈条缕状，是敌人在曳柴而走，欺诈我军；尘埃稀少而往来移动，是敌人正在安营扎寨。使者措辞谦卑但却在加强战备的，是敌人在准备进攻；使者措辞强硬而又做出进攻架势的，实则要准备撤退。轻车先出，部署在两翼的，是敌人在布列阵势；尚未受挫却来请求讲和的，是敌人在策划阴谋；

敌人急速奔走而布列战车的，是在期待同我决战；欲进不进，欲退不退的，是在诱我上钩。敌兵斜倚兵杖而站立，显示他们饥饿、困顿；役卒汲水而先饮，显示敌人正干渴；见利而不去夺取，说明敌人已经疲劳。乌鹊群集，下面必空虚无人；夜间惊呼，是恐惧不安的表现；军士自相扰乱，是将帅威令不重的表现；旌旗摇动不整，是军纪不严且队伍混乱的表现；军吏烦怒，是军队疲惫的表现；用粮食喂马，杀牲口吃肉，军中炊具都收起来，士兵们不返回营舍，这是敌军穷途末路，准备拼命突围。絮絮叨叨、慢声细语地讲话，是敌将不得人心。频繁赏赐，说明敌将处境困迫。动辄处罚，说明敌将一筹莫展。先行刻暴而后又害怕其部众，那就显示敌将是最不精明的了。敌遣使者前来致礼言好，是想休兵息战。敌若逞怒而来，久不与我交战，又不退去，就一定要谨慎观察它的举止动向了。

兵众不在越多越好，只要不刚武轻进，并能集中兵力、判明敌情和取得人心就行；那种没有头脑而又轻敌的人，就一定要做敌人的俘虏了。士卒尚未亲附就使用严刑峻法，那么他们就不会心悦诚服，不诚服就难以用来作战。士卒已经亲近归附，但军法军纪却不能行使，则还是不可用来作战。

所以应以恩仁来教化士兵，以威罚来整饬部队，这样就必能取得人心。法令若于平素就能得到贯彻执行，部众就会服从指挥；法令若平素得不到贯彻执行，部众就不会服从指挥。只有得到部众的支持和拥戴，法令才能在平素就顺利贯彻执行。

地形篇

原　文

　　夫地形者，兵之助也①。料敌制胜，计险厄远近，上将之道也。知此而用战者必胜，不知此而用战者必败。故战道必胜②，主曰无战，必战可也；战道不胜，主曰必战，无战可也。故进不求名，退不避罪，唯人是保③，而利合于主，国之宝也。

　　视卒如婴儿，故可与之赴深溪；视卒如爱子，故可与之俱死。厚而不能使，爱而不能令，乱而不能治，譬若骄子，不可用也。知吾卒之可以击，而不知敌之不可击，胜之半也；知敌之可击，而不知吾卒之不可以击，胜之半也；知敌之可击，知吾卒之可以击，而不知地形之不可以战，胜之半也。故知兵者，动而不迷，举而不穷①。

故曰：知彼知己，胜乃不殆；知天知地，胜乃不穷。

注　释

①兵之助也：用兵作战的辅助条件。
②战道必胜：依据战争规律，就必然能取得胜利。
③唯人是保：只求能够保全百姓。
④举而不穷：指善于用兵，应变无穷。

译　文

地形是用兵打仗的辅助条件。正确判断敌情，考察地形险易、远近，这是优秀将领必须掌握的方法，懂得这些道理去指挥作战的，必定能够胜利；不了解这些道理去指挥作战的，必定失败。所以，依据战争规律，有把握必胜的战争，即使国君主张不打，坚持打也是可以的；根据战争规律，没有必胜把握的战争，即使国君主张打，不打也是可以的。所以，战不谋求胜利的名声，退不回避失利的罪责，只求保全百姓，符合君主的利益，这样的将帅，才是国家的宝贵财富。

对待士卒如同对待婴儿，就可以同他们共患难；对待士卒如同对待爱子，就可以跟他们同生共死。但如果对士卒厚待却不能使用，溺爱却不能指挥，混乱而不能惩治，那他们就如同骄惯了的子女，是不能用于作战的。了解自己的士卒可以用，而不了解敌人不可打，取胜的可能只有一半；了解敌人可以打，而不了解自己的士卒不可以用，取胜的可能也只有一半。知道敌人可以打，也知道自己的士卒能用，但是不了解地形不利于作战，取胜的可能性仍然只有一半。所以，懂得用兵的人，行动起来不会迷惑，战术计谋变化无穷。

所以说：知彼知己，胜乃不殆；知天知地，胜乃可全。

九地篇

原　文

孙子曰：用兵之法，有散地①，有轻地②，有争地③，有交地，有衢地，有重地，有圮地，有围地，有死地。诸侯自战其地，为散地①。入人之地不深者，为轻地②。我得则利，彼得亦利者，为争地③。我可以往，彼可以来者，为交地。诸侯之地三属④，先至而得天下之众者，为衢地。入人之地深，背城邑多者，为重地⑤。行山林、险阻、沮泽，凡难行之道者，为圮地。所由入者隘，所从归者迂，彼寡可以击吾之众者，为围地。疾战则存，不疾战则亡者，为死地。是故散地则无战，轻地则无止，争地则无攻，交地则无绝，衢地则合交⑥，重地则掠，圮地则行，围地则谋，死地则战。

所谓古之善用兵者，能使敌人前后不相及，众寡不相恃，贵贱不相救，上下不相收⑦，卒离而不集，兵合而不齐。合于利而动，不合于利而止。敢问："敌众整而将来，待之若何？"曰："先夺其所爱⑧，则听⑨矣。"

兵之情主速，乘人之不及，由不虞⑩之道，攻其所不戒也。

注　释

①散地：诸侯在自己的土地上作战，士卒离家近，无死战之心，容易逃散，所以称之为散地。

②轻地：军队进入敌境未深，可以轻易撤回。

③争地：谁先占领谁就有利的地势。

④诸侯之地三属：指多国相交之处。

⑤重地：深入敌国，所过城邑众多的地方。

⑥合交：结交其他诸侯。

⑦收：统属。

⑧夺其所爱：去除敌人最有利的条件。

⑨听：听我，由我摆布。

⑩虞：预料。

译　文

孙子说：按照用兵的原则，战地可分为散地、轻地、争地、交地、衢地、重地、圮地、围地、死地九种。诸侯在自己领土上作战的，叫作散地。进入敌境不深的，叫作轻地。我方得到有利，敌人得到也有利的地区，叫作争地。我军可以前往，敌军也可以前来的地区，叫作交地。多国相毗邻，先到就可以获得援助的地区，叫作衢地。深入敌国腹地，越过许多敌人城邑的地区，叫作重地。山林、险阻、沼泽等难以通行的地区，叫作圮地。行军道路狭窄，退兵的道路迂远，敌人可以用少量兵力击败我方众多兵力的地区，叫作围地。迅速奋战就能生存，不迅速奋战就会全军覆灭的地区，叫作死地。因此，处于散地就不宜作战，处于轻地就不宜停留，遇上争地就不要勉强强攻，遇上交地就不要断绝联络，进入衢地就应该结交诸侯，深入重地就要掠取粮草，碰到圮地就必须迅速通过，遇到围地就要巧设奇谋，处于死地就要迅猛作战。

古时善于指挥打仗的人，能使敌人前后部队不能相互策应，主力和小部队无法相互依靠，将领士卒之间不能相互救援，上下级之间不能互相联络，士兵分散不能集中，合兵布阵也不整齐。对我有利就打，对我无利就停止行动。试问：敌人兵员众多且又阵势严整向我发起进攻，那该用什么办法对付它呢？答：先夺取敌人最有利的条件，这样他们就只能听从我们的摆布了。

用兵之理贵在神速，要乘敌人措手不及的时机，走敌人意想不到的道路，攻击敌人没有戒备的地方。

火攻篇

原　文

孙子曰：凡火攻有五：一曰火人①，二曰火积②，三曰火辎③，四曰火库④，五曰火队⑤。行火必有因，烟火必素具。发火有时，起火有日。时者，天之燥也；日者，月在箕、壁、翼、轸⑥也。凡此四宿者，风起之日也。

凡火攻，必因五火之变而应之。火发于内，则早应之于外。火发兵静者，待而勿攻，极其火力，可从而从之，不可从而止。火可发于外，无待于内，以时发之。火发上风，无攻下风。昼风久，夜风止。凡军必知有五火之变，以数守之。

故以火佐攻者明，以水佐攻者强。水可以绝，不可以夺⑦。夫战胜攻取，而不修其功者凶⑧，命曰费留⑨。故曰：明主虑之，良将修之。非利不动，非得不用，非危不战。主不可以怒而兴师，将不可以愠而致战；合于利而动，不合于利而止。怒可以复喜，愠可以复悦；亡国不可以复存，死者不可以复生。故明君慎之，良将警之，此安国全军之道也。

注　释

①火人：焚烧敌营，杀其士卒。

②火积：焚烧敌人积聚。

③火辎：焚烧敌人辎重。

④火库：焚烧敌人府库。

⑤火队：焚烧敌人队仗兵器。

⑥箕、壁、翼、轸：都为二十八宿之一，古人观察认为月亮达到它们的位置之时，天气多风。

⑦水可以绝，不可以夺：指水只能隔绝敌军，取一时之胜，而不能像火一样，焚尽敌人积蓄。

⑧战胜攻取，而不修其功者凶：战胜敌人、攻取土地以后，不修举有功将士进行封赏是不吉的。

⑨费留：吝惜费用。

译　文

孙子说：火攻形式共有五种，一是焚烧敌军人马，二是焚烧敌军粮草，三是焚烧敌军辎重，四是焚烧敌军仓库，五是火烧敌军运输设施。实施火攻必须具备条件，火攻器材必须随时准备。放火要看准天时，起火要选好日子。天时是指气候干燥，日子是指月亮行经"箕""壁""翼""轸"四个星宿位置的时候。月亮经过这四个星宿的时候，就是起风的日子。

凡用火攻，必须根据上述五种火攻所造成的情况变化，适时地运用兵力加以策应。从敌人内部放火，就要及早派兵从外面策应。火已烧起，而敌军仍能保持镇静的，要观察等待，不要马上进攻，等火势烧到最旺的时候，视情况可以进攻就进攻，不可以进攻就停止。火也可以从外面放，那就不必等待内应，只要时机和条件成熟就可以放火。火发于上风，不可从下风进攻。白天风刮久了，夜晚风就会停止。军

国学精粹
>>>

队必须懂得五种火攻方法的变化运用，等候具备条件，然后实施火攻。

用火来辅助进攻的，容易取胜；用水来辅助进攻的，攻势可以加强。水只能隔绝敌军，取一时之胜，而不能像火一样，焚尽敌人积蓄。凡打了胜仗，攻取了土地城邑，而不能巩固战果的，会很危险，这种情况叫作"费留"。所以说，明智的君主要慎重地考虑这个问题，贤能的将帅要严肃地对待这个问题。没有好处不要行动，没有取胜的把握不能用兵，不到危急关头不要开战。国君不可因一时愤怒而发动战争，将帅不可因一时的气愤而出阵求战。符合国家利益才用兵，不符合国家利益就停止。愤怒还可以重新变为欢喜，气愤也可以重新转为高兴，但是国家灭亡了就不能复存，人死了也不能再生。所以，对待战争，明智的国君应该慎重，贤良的将帅应该警惕，这是安定国家和保全军队的基本道理。

用间篇

原　文

孙子曰：凡兴帅十万，出征千里，百姓之费，公家之奉①，日费千金；内外骚动，怠于道路，不得操事者，七十万家。相守②数年，以争一日之胜，而爱爵禄百金，不知敌之情者，不仁之至也，非人之将也，非主之佐也，非胜之主也。故明君贤将，所以动而胜人，成功出于众者，先知也。先知者，不可取于鬼神，不可象于事③，不可验于度④，必取于人，知敌之情者也。

故用间有五：有因间，有内间，有反间，有死间，有生间。五间俱起，莫知其道，是谓神纪⑤，人君之宝也。因间者，因其乡人而用之。内间者，因其官人而用之。反间者，因其敌间而用之。死间者，为诳事⑥于外，令吾间知之，而传于敌间也。生间者，反报也。

故三军之事，莫亲于间，赏莫厚于间，事莫密于间。非圣智不能用间，非仁义不能使间，非微妙不能得间之实。微哉！微哉！无所不用间也。间事未发，而先闻者，间与所告者皆死。

注　释

①奉：通"俸"，军需花费。

188

②相守：两军对峙、相持。

③象于事：象，类比，比附。用其他事情类比而揣度敌情。

④验于度：验，应验，验证；度，度数，长短、狭阔、远近、小大等自然条件。指不能依靠度数推验事情，人情的真伪度数不能准确显现。

⑤神纪：神妙莫测的方法。

⑥诳事：诱惑、欺骗。

译　文

孙子说：凡兴兵十万，征战千里，百姓的耗费、国家的开支，每天都要花费千金，内外动乱不安，戍卒疲惫于道路，不能从事正常生产的有七十万家。与敌相持数年，就是为了决胜于一旦，如果吝惜爵禄和金钱，以致不能掌握敌情而失败，那就是不仁到了极点。这种人不是合格的将领，算不上国家的辅佐，也不能取得胜利。明君和贤将之所以一出兵就能战胜敌人，比众人更容易成功，就在于能预先掌握敌情。要事先了解敌情，不可求神问鬼，也不可用相似的现象作类比推测，不可依靠度数推验事情，一定要取之于人，从那些熟悉敌情的人的口中去获取。

间谍的运用有五种，即乡间、内间、反间、死间、生间。同时任用这五种间谍，敌人就无从捉摸我用间的规律，这是神妙莫测的方法，也正是国君克敌制胜的法宝。所谓乡间，是指利用敌国乡人作为间谍；所谓内间，就是利用敌方官吏做间谍；所谓反间，就是使敌方间谍为我所用；所谓死间，是指制造散布假情报，通过我方间谍将假情报传给敌间，诱使敌人上当；所谓生间，就是侦察后能活着回来报告敌情的人。

所以在军队中，没有比间谍更值得亲抚的人，没有比间谍更值得优厚奖赏的人，没有比间谍更为秘密的事情了。不是睿智超群的人不能使用间谍，不是仁慈慷慨的人不能指使间谍，不是谋虑精细的人不能得到间谍提供的真实情报。微妙啊，微妙！无时无处不可以使用间谍。间谍的工作还未开展，而已泄露出去的，那么间谍和了解内情的人都要处死。

原 文

凡军之所欲击，城之所欲攻，人之所欲杀，必先知其守将，左右，谒者①，门者，舍人②之姓名，令吾间必索知③之。必索敌人之间来间我者，因而利之，导而舍之④，故反间可得而用也。因是而知之，故乡间、内间可得而使也；因是而知之，故死间为诳事，可使告敌。因是而知之，故生间可使如期。五间之事，主必知之，知之必在于反间，故反间不可不厚也。

昔殷之兴也，伊挚⑤在夏；周之兴也，吕牙⑥在殷。故惟明君贤将，能以上智为间者，必成大功。此兵之要，三军之所恃而动也。

注 释

①谒者：负责传达情报的官员。

②舍人：将领的门客、幕僚。

③索知：侦察、了解。

④因而利之，导而舍之：用重利引诱、迷惑他，引导他住下来，不使其窥探到我真的虚实。

⑤伊挚：伊尹，曾为夏臣。

⑥吕牙：吕尚，曾为殷臣。

译 文

凡是要攻打的敌方军队，要攻占的敌方城市，要斩杀的敌方人员，都须预先了解其守城将领、左右亲信、负责传达的官员、守门官吏和门客幕僚的姓名，命令我方间谍一定要侦察清楚。必须搜索出敌方派来侦察我方的间谍，以便依据情况进行重金收买、优礼款待，要经过诱导交给任务，然后放他回去，这样，反间就可以为我所用了。通过反间了解敌情，乡间、内间也就可以利用起来了。通过反间了解敌情，就能使死间传播假情报给敌人了。通过反间了解敌情，就能使生间按预定时间报告敌情了。五种间谍的使用，国君都必须了解掌握。了解情况的关键在于使用反间，所以对反间不可不给予优厚的待遇。

从前殷商的兴起，是由于重用了在夏为臣的伊尹；周朝的兴起，是由于重用了在殷为官的吕尚。所以，明智的国君，贤能的将帅，能用极有智谋的人做间谍，一定能成就大的功业。这是用兵的关键，整个军队都要依靠间谍提供的敌情来决定军事行动。

鬼谷子篇

捭阖

原 文

奥若稽古，圣人之在天地间也，为众生①之先，观阴阳之开阖②以命物；知存亡之门户，筹策③万类之终始，达人心之理，见④变化之朕焉，而守司其门户⑤。故圣人之在天下也，自古至今，其道一也。变化无穷，各有所归，或阴或阳，或柔或刚，或开或闭，或弛或张⑥。是故圣人一守司其门户，审察其所先后，度权量能⑦，校其伎巧短长。夫贤、不肖、智、愚、勇、怯有差⑧。乃可捭，乃可阖；乃可进，乃可退；乃可贱，乃可贵；无为以牧之。

注 释

①众生：使有生命者生存，也就是人民大众。

②阖：闭的意思。

③筹策：原为古代计算工具。这里指谋划。

④见：发现。

⑤门户：即上文所说的"存亡之门户"。

⑥阴、阳、柔、刚、开、闭、弛、张：分别指事物所处的不同状态以及表现，因此，应采用相应行动。

⑦度权量能：推测权变、能力之大小优劣。

⑧差：差别。

译 文

纵观古今历史，可知圣人生活在天地间，就是做大众的先导者。

191

通过观察阴阳变化可对事物做出判断，并进一步把握事物的存亡之理。测算万物的发展变化过程，通晓人类思维的规律，揭示事物变化的征兆，从而控制事物发展变化的关键。所以，圣人在世界上始终是奉守大自然阴阳道的变化规律，并以此驾驭万物的。

因为事物的变化虽然无穷无尽，然而都各有自己的归宿：或者属阴，或者归阳，或者柔弱，或者刚强；或者开放，或者封闭；或者松弛，或者紧张。所以，圣人要始终把握万物发展变化的关键。审察它的变化顺序，揣度它的权谋，测量它的能力，再比较技巧方面的优劣。至于贤良和不肖，智慧和愚蠢，勇敢和怯懦，都是有区别的。针对这些不同的情况，圣人在采取策略时可以开放，也可以封闭；可以进升，也可以辞退；可以轻视，也可以敬重。这一切应对手段都是根据它们自身的属性而决定的，所以说圣人的工作就是让事物都处在自己应该在的位置上，然后自己就可以无为而治了。

原　文

审定有无，与其虚实①，随其嗜欲以见其志意。微排其言而捭反之，以求其实，实得其指。阖而捭之，以求其利。或开而示之，或阖而闭之②。开而示之者，同其情也。阖而闭之者，异其诚也。可与不可，明审其计谋，以原其同异。离合有守，先从其志③。即欲捭之，贵周；即欲阖之，贵密。周密之贵微，而与道相追④。捭之者，料其情也。阖之者，结其诚也，皆见其权衡轻重，乃为之度数，圣人因而为之虑。其不中权衡度数，圣人因而自为之虑。

注　释

①虚实：实情与表面现象。

②阖而闭之：闭合并表示不同意见，以观察其诚意。

③先从其志：先顺从对方的意思。

④与道相追：与道相近的道理。

译　文

审察对方的有无与虚实，通过对对方嗜好和欲望的分析来揭开对方的意愿。适当贬抑对方所说的话，当对方开放以后，再反复考察，以便探察实情，切实把握对方言行的实质，让对方先封闭而后开放，以便寻求有利时机。开放时使之显现；封闭时使之隐藏。开放使其显现，是因为与对方情感一致；封闭使之隐藏，是因为与对方诚意不同。至于什么可行，什么不可行，就要把那些计谋研究清楚，要明白对方计谋有与自己不相同的，有与自己相同的，必须有主见，同时要注意按照对方的思想志向，区别对待。

如果要开放，最重要的是考虑周详；如果要封闭，最重要的是处事缜密。周详和缜密最重要的是要注意细节，同时要合乎规律和道理。让对方放开，是为了侦察他的真情；让对方封闭，是为了坚定他的诚心。所有这些都是为了让对方的实力和计谋全部暴露出来，以便探测出对方的各方面实力表现。圣人要为此而用心思索，假如不能探测出对方现有实力的程度和数量，圣人会为此而焦虑。

原　文

故捭者，或捭而出之，或捭而内之。阖者，或阖而取之，或阖而去之。捭阖者，天地之道。捭阖者，以变动阴阳，四时开闭，以化万物；纵横、反出、反覆、反忤，必由此矣。捭阖者，道之大化，说之变也。必豫审①其变化。吉凶大命系焉。口者，心之门户也；心者，神②之主也。志意、喜欲、思虑、智谋，此皆由门户出入③。故关之矣捭阖，制之以出入。捭之者，开也，言也，阳也。阖之者，闭也，默也，阴也。阴阳其和，终始其义④。故言长生、安乐、富贵、尊荣、显名、爱好、财利、得意、喜欲为阳，曰"始"。故言死亡、忧患、贫贱、苦辱、弃损、亡利、失意、有害、刑戮、诛罚，为阴，曰"终⑤"。诸言法阳之类者，皆曰"始"，言善以始其事；诸言法阴之类者，皆曰"终"，言恶以终其谋。

注　释

①豫审：预先考察。

②神：指精神。

③志意、喜欲、思虑、智谋，此皆由门户出入：志意、喜欲、思虑、智谋都要由口这个门户表达出来。

④终始其义：是指开闭有节，阴阳处理适当。

⑤终：死亡、忧患、贫贱。

译　文

因此，所谓开放，或者是为了让自己首先出去；或是为了让别人主动进来。所谓封闭，或者是通过封闭来进行自我约束；或者是通过封闭来促使他人离开。开放与封闭是世界上各种事物发展变化的规律。开放和封闭都是为了使事物阴阳对立的各方面发生变化，一年四季始行、终结促使万物发生变化。由此可知万物纵横变化，无论是离开、归复、反抗，都必须通过开放或封闭来实现。

开放和封闭是万物运行的现象，是游说活动的一种形态。人们必须首先慎重地考察万事万物的变化，以及各种事情的吉凶，因为人们的命运都系于此。而嘴巴则是人们心灵的门窗，心灵则是一个人精神的主宰。一个人的意志情欲、思想和智谋都要通过他的嘴巴出入。因此，用开放和封闭法来把守这个关口，以控制出入。所谓"捭之"，就是使之开放、发言、公开；所谓"阖之"，就是使之封闭、缄默、隐匿。正如宇宙中阴阳两方要取得互相协调一样，开放与封闭也要有所节度，如此才能善始善终。所以当需要开放的时候就会说长生、安乐、富贵、尊荣、显名、嗜好、财货、得意、情欲等，这些是属于"阳"的一类事物，这样可以促使一个人去"开始"。而需要关闭的时候则会提到死亡、忧患、贫贱、羞辱、毁弃、损伤、失意、灾害、刑戮、诛罚等，这些是属于"阴"的一类事物，这样可以促使一个人去"结束"。凡是那些遵循"阳"的言论，我们都可以把它们称为"始"，因为它们是通过谈论"善"的东西来开始游说；凡是那些遵循"阴"的言论，我们都可以把它们称为"终"，因为它们是通过谈论"恶"的东西来终止施展计谋。

原　文

捭阖之道，以阴阳试之。故与阳言者依崇高①，与阴言者依卑小。以下求小，以高求大②。由此言之，无所不出，无所不入，无所不可。可以说人，可以说家，可以说国，可以说天下③。为小无内，为大无外；益损、去就、倍反④，皆以阴阳御其事。阳动而行，阴止而藏；阳动而出，阴随而入；阳还终始，阴极反阳。以阳动者，德相生也。以阴静者，形相成也。以阳求阴，苞以德也；以阴结阳，施以力也。阴阳相求，由捭阖也。此天地阴阳之道，而说人之法也。为万事之先，是谓圆方之门户。

注　释

①与阳言者依崇高：和情之阳者交涉时，就谈论崇高并对此加以试行。

②以下求小，以高求大：辩论时掌握与情阳者言崇高，与情阴者言卑下，就是下与小相应、高与大相应的原则。

③可以说人，可以说家，可以说国，可以说天下：可以游说任何事、任何人，万事万物均把握于胸中。

④倍反：倍即通"背"，背叛，反即复归。

译　文

关于开放和封闭的规律都要从阴阳两方面来试验。因此，给从阳的方面来游说的人按崇高的原则引导对方，而给从阴的方面来游说的人按卑下的原则引导对方。用卑下来求索微小，以崇高来求索博大。由此看来，没有什么不能出去，没有什么不能进来，没有什么办不成的。用这个道理可以游说人，可以游说家，可以游说国，可以游说天下。要做小事，要进入无限微妙境界——阴；要做大事，要进入无限广大境界——阳。所有的损害和补益，离去和接近，背叛和归附等行为，都是在阴、阳的变化中运行的。阳的方面，运动前进；阴的方面，静止、隐藏。阳的方面，活动显示；阴的方面，随行潜入。阳的方面，环行于终点，开端是阴；阴的方面，到了极点就反归为阳。凭"阳道"运动者，在活跃中道德就会与之相生；以"阴道"而运动者，在安静中，有力相助，自有形势。所以，用"阳"来求得"阴"，就要用道德来包容；用"阴"来求得"阳"，就要施用力量。"阳君"与"阴臣"相互追求，就是遵循"捭阖"之理。这是天下大道理——阴阳之道。也是向他人游说的基本方法。捭阖阴阳之道，是万事万物的根本道理，是天地间解决万事万物的钥匙。

反应

原　文

　　古之大化者，乃与无形①俱生。反以观往，复以验来；反以知古，复以知今；反以知彼，复以知己。动静②虚实之理不合于今，反古而求之。事有反而得复者，圣人之意③也，不可不察。

　　人言者，动也。己默者，静也。因其言，听其辞。言有不合者，反而求之，其应必出。言有象，事有比④；其有象比，以观其次。象者象其事，比者比其辞也。以无形求有声。其钓语合事，得人实也。其犹张置网而取兽也。多张其会⑤而司之，道合其事，彼自出之，此钓人之网也。常持其网驱之，其言无比，乃为之变，以象动之，以报其心，见其情，随而牧之。

注　释

　　①无形：没有形迹。
　　②动静：是指动和不动。
　　③圣人之意：这是圣人的主张。
　　④比：比较，和原则比较确定正否。
　　⑤会：聚集。

译　文

　　古代以大道教化众生的圣人，能够了解并掌握自然物化的规律，所以能与无形共生共存。他们通过反顾而回溯以往，再回首察验未来，既可以知古，也可以知今。既可以了解对方，又可以明白自己。如果在未来及现在的实践中，动、静、虚、实的运动原理和自己认知的自然规律有所不同，那么就要去反思历史，努力研求前人的经验。有些事要经过反复的考察探索才能把握，这是圣人的见解，不可不认真研究。

　　别人说话的时候就是动；自己缄默的时候就是静。要根据别人说的语言去体察他们内心的真实想法和辞意内涵。如果对方的言辞和他们内心的想法之间存在矛盾，就要追溯过去的历史情形，这样对方的真正想法就会表现出来。

在游说时，为了增加语言的形象性，可以用比喻的修辞方法；为了让事情易于理解，可以用类比的方法来做说明。也可以通过对方的比喻和类比，来领会对方隐藏在言辞下面的含义。一般地说，形象可以模拟事件，比喻可以比附言辞，然后以"无形"的规律来求得有声的言辞，引诱对方说出我方所想要知道的事情真相，从而得到与人、事相吻合的真相。这就像张开网逮野兽一样。多张一些网，同时让这些网密集地排列，那么捕到的野兽就会多些。如果把捕野兽的方法用在人事上，只要方法合宜，对方就会自己主动进入网中，这就是钓人的"网"。要经常拿着这个"网"，追逐对方。如果用比喻的言辞无法打动对方，那么就要改变方法。通过类比的手段，使之感动，以体会对方的思想、情感，进而控制对方。

内楗

原　文

君臣上下之事①，有远而亲，近而疏；就②之不用，去③之反求；日进前而不御④，遥闻声而相思。事皆有内楗⑤，素结本始⑥。或结以道德，或结以党友，或结以财货，或结以采色。用其意⑦，欲入则入，欲出则出；欲亲则亲，欲疏则疏；欲就则就；欲去则去；欲求则求，欲思则思。若蚨母⑧之从子也；出无间，入无朕。独往独来，莫之能止。

注　释

①君臣上下之事：君与臣上下之间的关系。

②就：接近、靠近。

③去：离开。本句意为顺合心意，离去反而求取。

④御：使用。

⑤内楗：内，指内心、内情。也就是叙述自己的观点。

⑥素结本始：在君臣和对方与自己之间，一天始就相联系、交结。

⑦用其意：指君主采用大臣的意见。

⑧蚨母：土蜘蛛，这种蜘蛛的母爱极强，因此每当出入巢穴时，都要一一把穴口加盖以防外敌入侵。

译 文

君臣上下之间的事情，有的臣子与皇帝的距离很远，却跟皇帝的感情很亲密；有的臣子与皇帝的距离很近，却跟皇帝的感情很疏远。有的臣子虽然留任在皇帝的身边，却一直得不到重用；有的臣子只是名声被皇帝听到过一次，反而受到了聘请。有的臣子天天都能见到君主却不被信任；有的臣子离君主十分遥远却被思念。凡此种种都与臣子是否与君主的心意相通有关系，就好像世界上任何平常的东西都与宇宙的本源相结合才能发挥作用一样。人与人的心意相通，或者用道德来互相结合，或者用朋党来互相结合，或者靠钱物来互相结合，或者靠封土来互相结合。如果能够找到一个人的切入点，那么就可以投其所好，随心所欲。这样在游说时就可以做到想进来就进来，想出去就出去；想亲近就亲近，想疏远就疏远；想接近就接近，想离去就离去，想聘用就聘用，想思念就思念。就好像青蚨母子的相互吸引一样，出来时不留痕迹，进去时不留痕迹，独自前往，独自返回，谁也没法制止你的游说。

原 文

内者，进说辞也。楗者，楗所谋也①。欲说者务隐度，计事者务循顺。阴虑可否，明言得失，以御其志。方来应时，以和其谋。详思来楗，往应时当也。夫内有不合者，不可施行也。乃揣切时宜，从便所为，以求其变。以变求内者，若管取楗。言往者，先顺辞也；说来者，以变言也。善变者审知地势，乃通于天，以化四时，使鬼神，合于阴阳，而牧人民。见其谋事，知其志意。事有不合者，有所未知也。合而不结者，阳亲而阴疏。事有不合者，圣人不为谋也。故远而亲者，有阴德也。近而疏者，志不合也。就而不用者，策不得也②。去而反求者，事中来也。日进前而不御者，施不合也③。遥闻声而相思者，合于谋待决事也。

198

注　释

①楗者，楗所谋也：这里指鬼谷子内楗术"楗"的方法之一。

②策不得也：计谋得不到赞同。

③施不合也：措施不合适。

译　文

所谓"内"就是让君主接受采纳意见；所谓"楗"就是向君主进献谋策。为达到这个目的，在进行游说之前就必须先暗中揣度对方的真实想法和意图，在为君主出谋划策之前先要弄清楚事情的利害关系。同时暗中考虑自己的游说策略是否合适，公开讲说君主采取自己意见和不采取自己意见的得失，以此来迎合君主的内心，获得游说的成功。

也就是说，在游说时必须选择适当的时机，同时要保证自己的游说策略针对对方的内心想法。要想做到这一点，就要让君主觉得自己所进献的策略既符合当时的实际情况，又符合君主的内心想法。如果自己的游说策略有不符合事实或者君主心理的地方，那么就不可以进行游说活动。那么，就要重新揣度事情的形式和对方的心理，根据当时的具体情况，随机应变。如果能够随机应变，那么就像用不同的钥匙去打开与之对应的锁头一样，一切难题都可以应声而解。

另外还需要注意的是，与君主谈论历史事件的时候，一定要用肯定对方的"顺辞"；而与君主谈论未来的事情时，则要用符合事物可能性的"变言"。善于随机应变的人要上知天文下知地理，他们通晓万事万物的运动规律，并能符合阴阳的无穷变化，从而去揣度君主的心意，用自己的变化规律去引导教化人民。游说者应该通过君主的处事态度去揣度对方的心意和志向。如果君主的心意志向与自己不相符合，那么说明我们还有没有了解到的情况。如果君主表面上同意我们的策略，但是实际上却不去执行，那么说明我们还没有真正赢得对方的信任。如果一个人的游说策略不符合君主的心意志向，那么即使是圣人也无法说服对方。

所以说，与君主相距很远却被亲近的人，是因为能与君主心意暗合；距离君主很近却被疏远的人，是因为与君主志趣不一；在职上任而不被重用的人，是因为他的计策没有实际效果；革职离去再被返聘的人，是因为他的主张被变化着的现实证明可行；每天都出入君主面前，却不被信任的人，是因为他行为与实情相悖；离君主很遥远却被思念的人，是因为其主张正与决策者相合，君主正在等着他来帮助自己决断大事。

原　文

故曰：不见其类①而为之者，见逆。不得其情②而说之者，见非。得其情乃制其术③，此用可出可入，可楗可开。故圣人立事，以此先知而楗万物④。由夫道德、仁义、礼乐⑤、忠信、计谋，先取诗书，混说损益，议论去就。欲合者用内，欲去者用外。外内者，必明道数。揣策来事⑥，见疑决之。策无失计，立功建德，治名入产业，曰楗而内合。上暗不治⑦，下乱不寤，楗而反之。内自得而外不留，说而飞⑧之；若命自来己，迎而御之。若欲去之，因危与之。环转因化，莫知所为，退为大仪⑨。

注　释

①类：类似，共同点。

②情：指对方的情况。

③得其情乃制其术：与对方情况相合，就掌握了内楗之术，运用自如。

④以此先知而楗万物：此句意思为以得其情而预先认识把握万事万物。

⑤礼乐：礼，指规定社会行为的法则、规范、仪式；乐，指音乐。

⑥揣策来事：推测判断未来的事情。

⑦上暗不治：是说君主昏庸不能推行善政。

⑧飞：飞扬，激昂之词。

⑨大仪：大法、大原则、秘诀。

译　文

所以说，在没有看清对方的真实意图之前就去游说的人，结果肯定会事与愿违；在不掌握事情的真实情况之前就去游说的人，结果定然会遭到别人的非议。只有了解情况，依据实际确定方法，去推行自己的主张，如此才能够做到随心所欲：可以出去，可以进来；可以进谏君主，坚持己见；又可以放弃自己的主张，随机应变。

圣人立身处世，就是依据此理而有先见之明，议论万事万物。其理论出发点分别来源于道德、仁义、礼乐、忠信和计谋。在具体论述时，首先会引用《诗经》和《尚书》中的道理来阐发自己的思想，然后再综合分析利弊得失对事情进行褒贬，最后得出结论，判断这件事情是应该继续做还是应该选择放弃。要想与人合作，就要在内部努力，要想离开现职，就要把力量用在外面。处理内外大事，必须先明确理论和方法，会预测未来，并善于在各种疑难处，当机立断。在运用策略时没有失误，从而建立功业和积累德政。管理百姓，要使他们从事生产事业，这叫作内部安定，团结一致。

如果国君昏庸不理国家政务，或者他手下的大臣纷乱不明，为臣理事，各执己见，事事抵触，还自鸣得意；不接受外面的正确思想，还自以为是。在这种情况下，如果朝廷诏命自己，虽然也要奉命行事，但必须提前有所防备。如果要拒绝诏命时，也要设法给人一种身不由己的错觉。最高的境界就像圆环旋转往复一样，没有人能够知道自己的真实意图。如果自己搞不清外部的情况，那么不如急流勇退，如此乃是最好的选择。

抵巇

原　文

物有自然①，事有合离。有近而不可见②，有远而可知。近而不可见者，不察其辞也；远而可知者，反往以验来也。

巇者③，罅也。罅者，涧也④。涧者，成大隙也。巇始有朕，可抵而塞，可抵而却，可抵而息⑤，可抵而匿，可抵而得⑥，此谓抵巇之理也。事之危也，圣人知⑦之，独保其身；因化⑧说事，通达计谋，以识细微。经⑨起秋毫之末，挥⑩之于太山之本。其施外⑪兆萌牙蘖之谋，皆由抵巇。抵巇之隙，为道术用。

注　释

①自然：天然。这里指有规律之意。

②见：发现、觉察。

③巇：同"隙"，裂缝。

④涧：山沟。

⑤息：止息。

⑥得：获得。

⑦知：觉察。

⑧因化：顺应变化。

⑨经：始。

⑩挥：挥动。

⑪施外：施教于人。

译　文

　　万物都有它们自然存在的规律，事情都有它们自然离合的道理。人们对于这个世界上的事情，有的距离很近却看不见，有的距离很远却能知其然；距离近的却看不见，那是因为没有弄清楚对方言辞的虚实；距离远的却能知道，那是因为经常根据过去的经验来体察未来的情况。

　　所谓"巇"就是"瑕罅"，而罅就是裂痕，小裂痕会变成大瑕罅。当裂痕刚出现时，常有预兆，就应该设法加以对付堵塞，使其变小，使其不再扩展，使其消失，并从而有所获，这就是抵巇的原理。

　　当事情发生危机时，圣人是知道的，而且能独自维护其功用。利用事物变化的原理说明事情的原委，并且能通过各种谋略，以观察敌手的一举一动。万物都是从秋毫之末开始的，但是成功之后根基却能如泰山，宏伟壮观。当这种圣人的德政推行外方后，那么奸邪小人一切阴谋诡计，都被排斥，乃至消灭。可见抵巇的具体应用，就是合乎天地规律的一种道术。

原　文

　　天下纷错，上无明主，公侯无道德①，则小人谗贼，贤人不用，圣人窜匿，贪利②诈伪者作，君臣相惑，土崩瓦解而相伐射，父子离散③，乖乱反目，是谓萌牙巇罅。圣人见萌牙巇罅，则抵之以法。世可以治，则抵而塞之；不可治，则抵而得之；或抵如此，或抵如彼^④；或抵反之，或抵覆之。五帝之政，抵而塞之；三王之事，抵而得之。诸侯相抵^⑤，不可胜数，当此之时，能抵为右。

注　释

①道德：指通物得理。

②贪利：贪图利益。

③父子离散："父不父，子不子"，指父子关系失去礼仪。

④抵如彼：指上文中的"抵而得之"。

⑤相抵：相互抵制、抵抗。

译　文

天下纷乱所导致的情形往往是：朝廷无明君，公侯无道德，小人嚣张狂妄，贤能之人不被任用，圣人逃匿，贪赃枉法者兴风作浪，君臣互相猜疑，国家纲纪土崩瓦解，以致各国的统治者互相攻战杀伐，民不聊生，流离失所，骨肉分离，夫妻反目。而这一切都是"裂痕出现"所导致的。

当圣人看见这种裂痕之后，就要采取相应的手段去对付这种局面。圣人如果认为国家的情况还能够通过治理来扭转，那么就会采取相应的手段，把已经发生的问题解决掉，把尚未发生的问题扼杀在萌芽状态；如果圣人认为这个国家已经到了无药可救的地步，那么他就会想办法把固有的缝隙加大，让事情彻底毁灭，然后破旧立新，使这个国家获得新生。在具体操作时，或这样对付，或那样对付，或者通过抵巇使反叛者归正，或者通过抵巇使反叛者消亡。

五帝时代的政治，是对敌手进行抵抗进而消除以维护、巩固政权；三王时代的政治，是对敌手进行抵制、消灭而取得政权。至于诸侯之间的互相征伐，其次数之多已无法统计。当天下处于混乱的局面时，能抵抗对手的人就会被这个世界尊为了不起的人。

原　文

自天地之合离终始，必有巇隙^①，不可不察也^②。察之以捭阖，能用此道，圣人也。圣人者，天地之使^③也。世无可抵，则深隐而待时；

时有可抵，则为之谋；可以上合④，可以检下⑤。能因⑥能循⑦，为天地守神⑧。

注　释

①巇隙：可以理解为逆乱事件。

②本句意谓：与天地有离合终始一样，裂隙逆乱总相伴随，不能不明察秋毫。

③天地之使：天地的代行者。

④上合：打击之后加以堵塞。

⑤检下：打击之后得到它。

⑥因：根据。

⑦循：遵循。

⑧天地守神：为天地守其神祀，意思为国家的统治者。

译　文

自从天地有离合变化以来，就有逆乱纷争的事情出现，这是为政者不可不慎察的。要想观察这些问题，就要用"捭阖之术"，能用此道的就是圣人。所谓圣人，乃是帮助天地来管理天下的使者。

假如世间很太平，没有什么可"抵"之事时，就应该将自己的内心想法隐藏起来，等待时机；假如世间出现了纷乱的局面，有可"抵"之事，那么就应该挺身而出，为国家出谋划策。对上可以跟君主合作，助君主拨乱反正，让天下回归于原来的状态。对下可以治理百姓，通过破旧立新的方法来让世界重新回到原来的状态。在拨乱反正的过程中既有所根据，又有所遵循，就是天地的守护神啊。

飞箝

原　文

凡度权量①能，所以征远来近。立势而制事②，必先察同异，别是非之语，见内外之辞，知有无之数③，决安危之计，定亲疏之事，然后乃权量之，其有隐括，乃可征，乃可求④，乃可用。引钩箝之辞，飞而箝之。钩箝之语，其说辞也，乍同乍异。其不可善者，或先征⑤

之，而后重累；或先重累，而后毁之；或以重累为毁；或以毁为重累。其用或称财货⑥、琦玮、珠玉、璧帛、采色以事之。或量能立势以钩之，或伺候⑦见涧而箝之，其事用抵巇。

注　释

①量：测量。

②制事：管理事务。

③有无之数：指是否具有某种能力。

④求：求取、招求。

⑤征：征召、征用。

⑥财货：财物货币。

⑦伺候：伺机、等待。

译　文

一个人只有善于揣度人的智谋，考量人的才干，就能吸引远近人才。要想通过造成一种声势，来控制事情的发展或者使事情获得成功，就必须要先观察人们相同和不同之处，区别议论的是与非，了解对内对外的各种进言，掌握其真假，决定事关安危的计谋，确定与谁亲近和与谁疏远。然后再看看这样做的利弊得失。

衡量这些关系时，如果还有不清楚的地方，就要进行研究，进行探索，使之为我所用。借用引诱使对方说出真情，然后通过恭维来钳住对手。钩钳之语是一种游说辞令，其特点是忽同忽异。对于那些没法控制的对手，或者先对他们威胁利诱，然后再对他们反复试探；或者先对他们反复试探，然后再摧毁他们；或者在反复考验中，毁灭对方，或者把摧毁对方作为反复考验。想要重用某些人时，可先赏赐财物、珠宝、玉石、白璧和封地，以便对他们试探；或者通过衡量其才能创造气氛，来吸引他们；或者通过寻找机会来控制对方，在这个过程中要运用上一篇提到的"抵巇之术"。

原　文

将欲用之于天下①，必度权量能，见②天时之盛衰，制地形之广狭③、阻险之难易，人民货财之多少，诸侯之交孰亲孰疏④，孰爱孰憎，心意之虑怀⑤。审其意，知其所好恶，乃就说其所重，以飞箝之辞钩其所好，以箝求之⑥。用之于人，则量智能、权财力、料气势，为之枢机，以迎之随之，以箝和之，以意宣之，此飞箝之缀⑦也。用之于人，则空往⑧而实来，缀而不失⑨，以究其辞，可箝而纵⑩，可箝而横；可引而东，可引而西，可引而南，可引而北；可引而反，可引而覆⑪，虽覆，能复⑫不失其度。

注　释

①用之于天下：把飞箝之术推广运用到全天下。

②见：意为识别、鉴别。

③地形之广狭：地理形势的广阔与狭窄。

④孰亲孰疏：谁跟谁亲密、谁跟谁疏远。

⑤虑怀：思虑和希望。

⑥以箝求之：意为以引诱手法挟制住而求取对方说出心中所好。

⑦飞箝之缀：这是飞箝术的运用与发挥。

⑧空往：仅仅用语言赞美歌颂。

⑨缀而不失：连结而不失去。意即把握好"实来"的好时机不要失去。

⑩纵：与"横"相对，南北为纵。

⑪覆：回去、回来。

⑫复：恢复。

译　文

要想把"飞箝"之术向天下推行，那么必须首先考量君主的权谋和才干，观察天地的盛衰，掌握地形的宽窄和山川险阻的难易，以及国家财富的多少，诸侯间交往中谁与谁亲密，谁与谁疏远，谁与谁友好，谁与谁相恶。要详细考察对方内心深处的愿望和想法，了解他们的好恶，然后针对对方所重视的问题游说他，先用"飞"的方法诱出对方爱好之所在。最后再用"箝"的方法控制住对方。

如果把"飞箝"之术用于他人，就要揣摩对方的智慧和才能，度量对方的实力，估计对方的势气，然后以此为突破口与对方周旋，进而争取以"飞箝"之术达到自己的目的，有意识地适应对方。这就是

"飞箝"的秘诀。

如果把"飞箝"之术用于外交，可用华美的辞藻套出对方的实情，保持联系，勿使失误，以便考究游说的辞令。这样就可以把握关键实现合纵，也可以实现连横；也可以引而向东，也可以引而向西；可以引而向南，也可以引而向北；可以引而返还，也可以引而复去。虽然如此，还是要小心谨慎，不可丧失其节度。

忤合

原　文

凡趋合倍反①，计有适合。化转环属②，各有形势。反覆相求，因事为制。是以圣人居③天地之间，立身御世、施教扬声④明名也；必因事物之会，观天时之宜，国之所多所少⑤，以此先知之，与之转化。世无常贵⑥，事无常师。圣人常为无不为⑦，所听无不听。成于事而合于计谋，与之为主。合于彼而离⑧于此，计谋不两忠，必有反忤；反于是，忤于彼；忤于此，反于彼。其术也，用⑨之于天下，必量天下而与之；用之于国，必量国而与之；用之于家，必量家而与之；用之于身，必量身材气势而与之；大小进退，其用一也⑩。必先谋虑计定，而后行之以飞箝之术。

注　释

①倍反：背逆。倍，同"背"。"趋合倍反"指事物的"合"与"忤"。

②环属：像环一样连接无缝隙。环，指环状东西；属，连接。

③居：处于。

④扬声：扩大声望。

⑤国之所多所少：此句意思为国家教化宜多或宜少的地方。

⑥贵：高贵。

⑦无不为：无所不为。

⑧离：背离。

⑨用：使用。

⑩其用一也：它的功用是一致的。

译　文

大凡与人联合或者是与人对抗的行动，都要有相应合宜的计策才行。要想采取相应合宜的计策，自己的变化和转移就得像铁环一样连锁而无中断。虽然变幻莫测，但是每个事物又各有自己的具体情况，彼此间要有互相依赖的关系，这一切都要根据实际情况进行处理。圣人生活在世界上，立身处世是为了教化众人，那么他首先就要扩大自己的影响，宣扬自己的名声。所以圣人必须根据事物之间的联系来观察天时，抓住有利时机。同时掌握国家哪些方面有余，哪些方面不足。这样就可以把握住问题的实质，在事情还没有变化之前就采取行动，并设法促进事物向有利的方面转化。在这个世界上没有永远显贵的事物，也没有永恒的师长和榜样。所以圣人就要留心生活中的方方面面，他们常常是无所不做，无所不听。

一个人如果要办成自己心中的事情，那么最重要的就是不能违背自己预定的计谋。所以一定要找到一个与自己相合的君主，为了自己的君主，合乎这一方的利益，就要背叛那一方的利益。凡是计谋不可能同时忠于两个对立的君主，必然违背某一方的意愿。合乎这一方的意愿，就要违背另一方的意愿；违背另一方的意愿，才可能合乎这一方的意愿。纵横家在决定自己的策略时一定要有所取舍才行。

如果把这种"忤合之术"推而广之运用到全天下，那么就要把全天下都放在"忤合"之中进行权衡；如果把这种"忤合"之术用到整个国家，就必然把整个国家放在"忤合"之中进行权衡；如果把这种"忤合"之术运用到整个家族，就必然要把整个家族都放在"忤合"之中权衡之；如果把这种"忤合"之术用到一个人，就必然要把这个人的才能气势都放在"忤合"之中权衡之。总之运用"忤合"术的范围或大或小，其功用是相同的。所做之事都要预先谋划、分析、计算，然后就可以采用前面所讲过的"飞箝之术"进行游说了。

原　文

古之善背向者，乃协四海，包①诸侯，忤合之地而化转之，然后以之求合。故伊尹五就汤②，五就桀，而不能所明，然后合于汤。吕尚三就文王，三入殷③，而不能有所明，然后合于文王。此知天命之箝，故归之不疑也。非至圣达奥，不能御世；非劳心④苦思，不能原事；不悉心见情，不能成名；材质⑤不惠，不能用兵；忠实无真，不能知人⑥；故忤合之道，己必自度材能知睿，量长短远近孰不如，乃可以进，乃可以退，乃可以纵，乃可以横。

注　释

①包：包容。

②汤：商汤王。商朝第一个君主，消灭夏王朝，重用伊尹，推行善政。

③殷：指商王朝。

④劳心：费心思。

⑤材质：才能素质。材，才。

⑥知人：识别人。

译　文

古代那些善于以背离一方、趋向一方而横行天下的人，常常驾驭着四海之内的各家势力，控制各个诸侯，在"忤合"中促成转化，然后达到"合"于圣贤君主的目的。过去伊尹五次臣服商汤，又五次臣服夏桀，然后才决定一心臣服商汤王。吕尚曾经三次臣服周文王，又三次臣服殷纣王，最终弄明白了天命所归，最后归服了周文王。他们都是因为懂得了天命的安排，所以才能归顺得天命的明主而毫不犹豫。

如果一个人不具备高尚的品德，超人的智慧，那么他是不能驾驭天下的；如果一个人不能做到用心冥思，那么他是不可能揭示事物的规律的；如果一个人不全神贯注地考察事物的实情，那么他是不可能功成名就的；如果一个人的才能、胆量都不足，那么他就不能统兵作战；如果一个人只是愚忠而缺乏真知灼见，那么他就不可能有察人之明。所以，"忤合"的规律是：首先估量自我聪明才智，度量自身的优劣长短，分析在远近范围内还比不上谁。这样就可以前进，可以后退；可以合纵，可以连横了。

揣篇

原　文

古之善用天下者，必量天下之权，而揣诸侯之情。量权不审①，不知强弱轻重之称；揣情不审，不知隐匿变化之动静②。何谓量权？曰：度于大小，谋于众寡；称货财有无之数，料人民多少、饶乏，有余不足几何③？辨地形之险易，孰利孰害？谋虑孰长孰短？揆君臣之亲疏，孰贤孰不肖？与宾客之知睿④，孰多孰少？观天时之祸福，孰吉孰凶？诸侯之交，孰用孰不用？百姓之心，孰安孰危？孰好孰憎？反侧孰辨？能知此者，是谓量权。

揣情者，必以其甚喜之时，往而极其欲也；其有欲也，不能隐其情。必以其甚惧之时，往而极其恶也⑤；其有恶者，不能隐其情。情欲必出其变。感动而不知其变者，乃且错⑥其人勿与语，而更问其所亲，知其所安。夫情变于内者，形见于外，故常必以其者而知其隐者，此所以谓测深揣情。

注　释

①审：详细、周密。
②动静：指隐匿变化的情况。
③几何：若干，多少。
④知睿：智慧。知，通"智"。
⑤极其恶也：使对方厌恶到极点。
⑥错：通"措"，措置、安放。

译　文

古时候，善于治理天下的人，必然会审慎地把握国家的发展趋势，揣度各诸侯国的具体情形。如果不能周密切实地审时度势，权衡利害，就不会知道诸侯国的强弱情况。如果不能周密地揣度形势，就难以知道所有情况的发展变化。

什么叫权衡得失呢？就是能准确揣测对方大与小，明察多与少，衡量财货有与无，预测百姓众与寡，丰足与贫乏，不足与有余各有多少？在战争中分辨山川地貌的险要与平易，哪处于己有利，哪处于己有害，研究计策时，哪个是长策，哪个是权宜之计。在君臣亲疏关系中，要知道哪些人贤德，哪些人不正派；在谋士与宾客中，哪个足智多谋，哪个是平庸之才。考察命运的福祸时，什么是吉利的，什么是凶险的；与诸侯交谊中，谁是可以效力的，谁是不能效力的；在判断老百姓的心理趋向时，哪种是平安的，哪种是具有危险的，什么是老百姓喜好的，什么是老百姓厌恶的；不顺从者，哪些要审察，哪些可相契。以此明察百姓心理变化的趋势。在准确地把握上述事态发展变化之后，才能称为审时度势，权衡利弊得失。

揣摩人情，游说人主的谋士，应在对方最高兴的时候去游说，要使其愿望极度膨胀。只要对方有欲望，他就不愿隐瞒事物的真实情况。而在对方怀疑，戒惧时去游说他，则要使其对所厌恶的事情恨至极点。倘若对方有所厌恶的事，此时也不会隐瞒其真实情况。因为对方在有欲求的时候，常会反映在他们外在神态变化之中。如果对方有所感动，却不显露在外部神态中，可先不要着急，不要与他直面地讨论，可与他说一些另外他能熟悉的东西，说一些使他感到亲近的事情，就可以知道他安身立命不露神色的依据。一般来说，心中的欲求，能形之于外部神态，因此，不时地察言观色，就能知道人的心灵深处的欲求。这就是所谓"测深揣情"。

原　文

故计国事者，则当审权量；说人主①，则当审揣情；谋虑情欲，必出于此。乃可贵，乃可贱；乃可重，乃可轻；乃可利，乃可害；乃可成，乃可败；其数一也。故虽有先王之道②，圣智之谋，非揣情隐匿，无可索之。此谋之大本③也，而说之法也。常有事于人，人莫能先，先事而生，此最难为。故曰：揣情最难守司。言必时其④谋虑。故观蜎飞蠕动，无不有利害，可以生事美⑤。生事者，几之势也。此揣情饰言，成文章而后论之也。

注　释

①说人主：向人主献说陈情。

②先王之道：古圣君王的法则。

③本：基本原则。

④时其：选择良机。

⑤生事美：意为成事之美。

译　文

因而，决策国家大事的人，必须会权衡得失利弊；同理，游说人主的谋士，也必须会揣摩人主的心理。策划、谋略、探察人的欲求，均同此理。揣情之术，可以使人富贵，也可以使人贫贱；可以使人有重权，也可以使人微不足道；可以使人受益，也可使人受害；可以使人成功，也可以使人失败；这些都是揣情之术产生的后果。所以，即使有贤明君王的大德，有上智之人的聪慧，若无忖度时势，探人心理的揣情之术，面对着隐藏了真实情况的事实，也依然不能识破它。由此可知，揣情之术是策划事物的基本条件，游说人主的基本法则。

事情发生在人们面前，往往人们难以事先预料。事先预料是一般人难以做到的。所以说揣情之术是最难以把握运用的。揣情之时，必须根据不同时势、情态做出判断。在现实中，连昆虫的飞行与蠕动，都是按照自身的生理规律存在，应变于环境。世上万物都是利害共生，而且全在变化之中。事情一开始，都会产生一种微小的态势。揣情者，就要用合情合理的言辞装饰成文章，而后再与对方论说。

摩篇

原　文

摩者，揣之术也。内符者，揣之主也①。用之有道，其道必隐。微摩之以其索欲，测而探之②，内符必应；其索应也，必有为之③。故微而去④之，是谓塞窖匿端⑤，隐貌逃情，而人不知，故能成其事而无患。摩之在此，符之在彼，从而用之，事无不可⑥。古之善摩者，如操钩而临深渊，饵而投之，必得鱼焉。故曰：主事日成⑦，而人不知；主兵日胜⑧，而人不畏也。圣人谋之于阴，故曰神；成之于阳，故曰明，所谓主事日成者，积德也，而民安之，不知其所以利。积善⑨也，而民道之，不知其所以然⑩；而天下比之神明也。主兵日胜者，常战于不争不费，而民不知所以服⑪，不知所以畏，而天下比之神明。

注　释

①内符者，揣之主也：内心情感的变化及其外在表现是揣测的主要对象。

②测而探之：估测然后探究其中奥妙。

③必有为之：一定有所作为。

④去：排除。

⑤端：头绪。

⑥摩之在此，符之在彼，从而用之，事无不可：在这里揣摩，在那里显现，互相呼应，没有什么事情不可以做成的。

⑦主事日成：所进行的事情日渐成功。

⑧主兵日胜：领兵打仗渐胜利。

⑨积善：积累善行。

⑩其所以然：是这个样子的原因。

⑪不知所以服：不知道为什么服从。

译　文

所谓"摩"是一种与"揣情"相类似的方法。内心活动是"揣"的对象。进行"揣情"时，有"揣"的规律可依，而这些规律却是隐而不现的。适当地去"摩"时，要根据对方欲望投其所好进行测探，其内情就会通过外部形象反映出来。内在的感情要表现出来，必然要有所作为，这就是"摩"的作用。

在"揣摩"之后，要适当地离开对方，像把地窖盖上一样隐藏起来，消除痕迹，伪装外表，回避实情，使人无法知道是谁办成的这件事。这样，办成了事，却不会留祸患。在此处"揣摩"对方，而要在另一处观察对方表现，顺应事物规律，使我方"揣摩"能在对方应验，则办事无所不成。

古代善于"摩"的人，就像拿着钓钩到水潭边上去钓鱼一样。只要把带着饵食的钩投入水中，就一定可以钓到鱼。所以说，主办的事情一天天成功，却没有察觉；主持的军队日益压倒敌军，却没人感到恐惧才是高明的。

圣人谋划什么行动总是在暗中进行的，所以被称为"神"，而办事成功都显现在光天化日之下，所以被称为"明"。所谓"主事日成"的人是暗中积累德行，老百姓安居乐业，却不知道为什么会享受到这些好处，他们还在暗中积累善行，老百姓生活在善政中却不知道为什么会有这样的局面。人们把"谋之于阴，成之于阳"的政治策略称为"神明"。那些主持军队而日益压倒敌人的统帅，坚持不懈地与敌军对抗，却不去争城夺地，消耗人力物力，老百姓也不知道为何敌国拜服，也不知道什么是恐惧。为此，普天下都称"谋之于阴，成之于阳"的军事策略为"神明"。

原　文

其摩者①，有以平，有以正；有以喜，有以怒；有以名，有以行；有以廉，有以信；有以利，有以卑。平者静也，正者宜也，喜者悦也，怒者动也，名者发也，行者成也，廉者洁也，信者期也，利者求也，卑者谄也②。故圣人所以独用者，众人皆有之③；然无成功者，其用之非也。

注　释

①其摩者：指"摩"的方法。

②卑者谄也：谦卑，是为了谄媚。

③皆有之：都能运用。

译　文

在实施"摩"时，有用和平进攻的，有用正义征服的，有用娱乐麻痹的，有用愤怒激励的，有用名望威吓的，有用行为逼迫的，有用廉洁感化的，有用信誉说服的，有用利害诱惑的，有用谦卑争取的。和平就是宁静，正义就是刚直，娱乐就是喜悦，愤怒就是威吓，名望就是声誉，行为就是实施，廉洁就是干净，信誉就是清明，利益就是求取，谦卑就是谄媚。所以，圣人所施用的"摩"之术，平常人也都可以具有，然而没有能运用成功的，那是因为他们运用不当。因此，谋划策略，最困难的就是周到缜密；进行游说，最困难的就是让对方全部听从自己的主张；主办事，最困难的就是必办成功。这三个方面只有成为圣人才能胜任。

原　文

　　故谋莫难于周密①，说莫难于悉听，事莫难于必成②；此三者唯圣人然后能任之。故谋必欲周密；必择其所与通者说③也，故曰：或结而无隙也。夫事成必合于数，故曰：道、数与时相偶者④也。说者听，必合于情；故曰：情合者听。故物归类；抱薪趋火，燥者先燃；平地注⑤水，湿者先濡；此物类相应，于事誓犹是也。此言内符之应外摩也如是，故曰：摩之以其类，焉有不相应者；乃摩之以其欲，焉有不听者。故曰：独行之道⑥。夫几者不晚，成而不拘，久而化成。

注　释

　　①莫难于周密：没有比周详、缜密更难的。

　　②必成：必定要成功。

　　③说：游说。

　　④道、数与时相偶者：指道理、术数、天时三者相配合。

　　⑤注：倒入。

　　⑥独行之道：志向高尚，不随俗浮沉之人才能掌握的揣摩之术。

译　文

　　所以说谋划必须周到缜密；游说要选择与自己观点相通的对象。所以说："办事情要稳健，无懈可击。"要想使所主持之事取得成功，必须有适当的方法。所以说："客观规律是与天时互相依附的。"进行游说的人必须使自己的说辞合于情理，合情合理才有人听。世界上万事万物都有各自的规律。好比抱着柴草向烈火走去，干燥的柴草就首先着火燃烧；往平地倒水，湿的地方就要先存水。这些都是与事物的性质相适应的。以此类推，其他事物也是这样的。这就是"内符"与"外摩"相适应的道理。

　　所以说按着事物的不同特性来实施"摩"之术，哪有不发生反应的呢？根据被游说者的欲望而施行"摩"之术，哪有不听从游说的呢？所以说只有圣人最能实行揣摩之术。大凡通晓机微的人都会把握好时机，有成绩也不居功，天长日久就一定取得成功。

权篇

原 文

说者，说之也；说之者，资之也。饰言者，假之①也；假之者，益损也。应对者，利辞也；利辞者，轻论②也。成义者，明之也；明之者符验也。难言者，却论③也；却论者，钓几也。佞言者，谄而干忠；谀言④者，博而干智；平言者，决而干勇；戚言⑤者，权而干信；静言者，反而干胜⑥。先意承欲者，谄也；繁称文辞者，博也；策选进谋者，权也；纵舍不疑者，决也；先分不足而窒非者，反也。

注 释

①假之：假借以说服人。

②轻论：轻视言论。

③却论：反对论调。

④谀言：谄媚，以不实之辞奉承人。

⑤戚言：忧愁的言论。

⑥反而干胜：自己有不足却指责他人而求取胜利。

译 文

所谓"游说"就是对人进行劝说。对人进行游说的目的，就是说服人啊。游说者要会粉言饰词，用花言巧语来说服他人。借用花言巧语说服别人，要会随机应变，有所斟酌。回答他人的问话，要会用外交辞令。所谓机变的外交辞令是一种轻俏的言辞。具有正义与真理价值的言论，必须要阐明真伪；而阐明真伪，就是要验证是否正确。责难对方的言辞，是反对对方的论调，持这种论调时，是要诱导对方说出自己心中的机密。

说着一些奸佞之话的人，会因谄媚而显得忠诚。说着奉承话的人，会因吹捧对方而显得有智慧。说着一些平实之话的人，由于果决而显得勇敢。说忧愁话的人，由于握着权，而显得有信用，而说稳重话的人，却由于能反抗而胜利。用华美的辞藻来鼓吹欲望者，就是谄媚。

用夸大与吹嘘来进献谋略，博取上司欢心的人，就是揽权者。前后进退而不犹疑者，就是果决的人。自己不对而又指责他人过错的就是反抗者。

原　文

故口者，机关也；所以关闭情意也。耳目者，心之佐助也；所以窥间见奸邪①。故曰：参调而应，利道而动。故繁言而不乱，翱翔②而不迷，变易而不危者，观要得理。故无目者不可示以五色③，无耳者不可告也五音。故不可以往④者，无所开之也。不可以来者，无所受之也。物有不通⑤者，圣人故不事也。古人有言曰："口可以食，不可以言"者，有讳忌也。众口铄金⑥，言有曲故也。

人之情，出言则欲听，举事⑦则欲成。是故智者不用其所短而用愚人之所长；不用其所拙而用愚人之所工⑧；故不困也。言其有利者，从其所长也；言其有害者，避其所短。故介虫⑨之捍也，必以坚厚⑩；螯虫之动也，必以毒螯。故禽兽知用其长，而谈者亦知其用而用⑪也。

注　释

①窥间见奸邪：察知发现奸诈邪恶。奸邪，奸即为恶，邪为不正。
②翱翔：鸟在高空飞舞。此处指言辞纵横自如。
③五色：青黄赤白黑五种颜色，泛指各种色彩。
④往：前往。
⑤不通：不通达、不可沟通。
⑥众口铄金：众人的言论可以熔化成金属。铄，熔化金属。
⑦举事：办事，行事。
⑧工：擅长、善于。
⑨介虫：指有甲壳的虫类。
⑩坚厚：指坚固厚实的甲壳。
⑪知其用而用：知道使用他该用的游说术。

译　文

一般说来，"口"就是人的"政府机关"，用它来封锁、宣传信息。

耳目，就是心的辅助器官，用它来侦察奸邪。所以说，只要口、耳、目三者相互呼应，就会走向成功。

一般说来，虽有烦琐的语言并不纷乱，虽有翱翔之物并不迷惑人，虽有局势的变化并不危险，就是要在观物时，掌握要害。由此可知，没有眼睛的人，没有必要拿五色给他们看；同理，没有耳朵的人，没必要让他们听五音；所以不可以去的地方，不必让他们去，不可以来的人，也没有必要接受他们。有些行不通的事，就不要办。古人有言，说："嘴可以吃饭，不可以说话。"说的是讲话是有忌讳的。警惕人言可畏，那是可以把事实歪曲的。

人之常情，只要自己说出话，就希望有人听，只要办事情就希望能成功。所以一个聪明人不用自己的短处而用愚者的长处。不用自己的笨处而用愚人的擅长，这样就使自己永远不会陷入窘迫。说到有利的一面，就要发挥其长处，说到有害的一面，就要避其短处。因而，甲虫防卫，是用其坚硬的甲壳。而毒虫行动，一定用那有毒的螫子。连禽兽都知道用自己的长处，何况进谏的人，更应该会用游说术了。

原　文

故曰：辞言有五：曰病、曰恐、曰忧、曰怒、曰喜。病者，感衰气而不神①也。恐者，肠绝而无主也。忧者，闭塞而不泄也。怒者，妄动②而不治也。喜者，宣散而无要也。此五者精则用之，利③则行之。故与智者言，依于博；与博者言，依于辨；与辨者言，依于要；与贵者言，依于势；与富者言，依于高；与贫者言，依于利；与贱④者言，依于谦；与勇者言，依于敢；与愚者言，依于锐；此其术也，而人常反之。是故与智者言，将以此明之；与不智者言，将以此教⑤之；而甚难为也。故言多类，事多变。故终日言不失其类，而事不乱；终日变，而不失其主。故智贵不忘。听贵聪，辞贵奇。

注　释

①不神：不精神。
②妄动：草率行动。
③利：有利。

④贱：地位低下。

⑤教：教导。

译　文

　　所以说，在外交辞令中有五种情况：一是病态之言；二是幽怨之言；三是忧郁之言；四是愤怒之言；五是喜悦之言。一般来说，病态之言是神气衰弱，说话没精神；幽怨之言是伤心痛苦，没有主见；忧郁之言是心情郁结，不能畅言；愤怒之言是轻举妄动，不能控制自己的话；所谓喜悦之言是说话自由散漫，没有重点。以上这五种外交辞令，精要者可以使用，有利者可以付之实行。

　　所以与智者谈话，就要以渊博为原则；与拙者说话，要以强辩为原则；与善辩的人谈话，要以简要为原则；与高贵的人谈话，要以鼓吹气势为原则；与富人谈话，要以高雅潇洒为原则；与穷人谈话，要以利害为原则；与卑贱者谈话，要以谦恭为原则；与勇敢的人谈话，要以果敢为原则；与上进者谈话，要以锐意进取为原则，这些都是与人谈话的原则。然而不少人却常常背道而驰。所以，与聪明人谈话时，就要让他明了这些方法；与笨人谈话时，就要把这些方法教给他。然而事实上很难做到。所以说谈话有各种方法，所论事情会不断变化。掌握这些技巧就可以终日谈论，也不会把事情搞乱。事情不断变化，也不会失其原则。故就智者而言重要的是要不乱不虚，听话善辨真伪，聪颖则善断是非，出言要变幻莫测。

谋篇

原　文

　　凡谋有道，必得其所因①，以求其情；审得其情，乃立三仪。三仪者，曰上、曰中、曰下，参以立焉，以生奇；奇不知其所壅②；始于古之所从。故郑人之取玉也，必载司南之车，为其不惑也。夫度材、量能、揣情③者，亦事之司南也。故同情而相亲者，其俱成者也；同欲而相疏者，其偏害者也；同恶而相亲者，其俱害者也；同恶而相疏者，偏害者也。故相益④则亲，相损则疏，其数行也；此所以察异同之分也，其类一也。故墙坏于其隙，木毁于其节，斯盖其分也。故变生事，事生谋，谋生计，计生仪，仪生说，说生进，进生退，退生制，因以制于事⑤。故百事一道，而百度一数⑥也。

注　释

①因：依据、凭借。

②奇不知其所壅：奇计是没有什么可以壅蔽的。

③度材、量能、揣情：度量才干、能力，揣测实情。

④益：有益、有利。

⑤因以制于事：因而用来制约事物。

⑥数：数术。

译　文

凡是遵循一定的法则去筹划计策，必须查明事情的原委，以探得实情。要想得到对方实情，就需确立"三仪"。所谓"三仪"就是上智、中才、下愚。此三者互相参验，就能定出奇谋。这样产生的奇谋，拥有无所不到的威力，然而也不过是遵循古代的哲理而形成的。据说，郑国人入山采玉时，都要开着指南车去，为的是不迷失方向。在考量才干能力、揣情度理方面也如同做事时要使用指南车一样。

凡是观点相同且感情亲密的人一同谋事，大家都可以成功。凡是志向相同而感情疏远的人，办事之后只能部分人得利；凡是恶习相同而又感情亲密的人，办事之后，一定是共同受害；凡是恶习相同而又感情疏远的人，一定是在办事后，一部分人先受损害。

所以说，想要互相都有利，就必须密切关系。如果相互间受到损害，就要疏远关系。依此方法行事就可以判断事物的异同。这是有一定规律的。比如墙壁都是由于有裂隙才塌倒，树木是由于有疖疤才毁坏。这就是事物一般的规律啊！

所以，事物不断变化，才能产生问题；因为要解决问题才需谋划；只有通过谋划才会产生计策。研究计策才能产生相应的方法；有了方法才能游说决策者，使前进，进而不通，再退一步，进退之中形成制度，以此制度解决现实中的问题。如此看来，万事万物的变化都是一个道理。控制万事万物也是同一法则啊！

原　文

　　夫仁人轻货，不可诱以利，可使出费；勇士轻难，不可惧以患，可使据危；智者达于数，明于理，不可欺以不诚，可示以道理，可使立功；是三才也。故愚者易蔽也，不肖者易惧也，贪者易诱也，是因事而裁之。故为强者，积于弱也；为直者，积于曲也；有余者，积于不足也；此其道术行也。故外亲而内疏者，说内；内亲而外疏者，说外；故因其疑以变之，因其见以然之，因其说以要之，因其势以成之，因其恶以权之，因其患以斥之；摩而恐之，高而动之，微而证之，符而应之，拥而塞之，乱而惑之，是谓计谋。计谋之用，公不如私，私不如结；结比而无隙者也。正不如奇；奇流而不止者也。故说人主者，必与之言奇；说人臣者，必与之言私。其身内，其言外者疏；其身外，其言深者危。无以人之所不欲而强之于人，无以人之所不知而教之于人。人之有好也，学而顺之；人之有恶也，避而讳之；故阴道而阳取之。故去之者，纵之；纵之者，乘之。貌者不美又不恶，故至情托焉。可知者，可用也；不可知者，谋者所不用也。故曰：是贵制人，而不贵见制于人。制人者，握权也。见制于人者，制命也。故圣人之道阴，愚人之道阳；智者事易，而不智者事难。以此观之，亡不可以为存，而危不可以为安；然而无为而贵智矣。智用于众人之所不能知，而能用于众人之所不能见。既用见可，择事而为之，所以自为也。见不可，择事而为之，所以为人也。故先王之道阴。言有之曰："天地之化，在高在深；圣人之制道，在隐于匿。非独忠、信、仁、义也，中正而已矣。"道理达于此之义，则可与语。由能得此，则可与谷远近之义。

注　释

　　①货：财物。
　　②难：灾难。
　　③达于数，明于理：通达数术，明白事理。
　　④易蔽：容易被蒙蔽。
　　⑤是因事而裁之：根据事情不同特点予以巧妙裁夺。

⑥内疏：内心疏远。

⑦外疏：表面疏远。

⑧因其势以成之：根据对方形势予以成就。

⑨微而证之：稍微引据证实。

⑩私不如结：心的结合要比私来得好。

⑪恶：厌恶。

⑫貌：面貌、容貌，也指外形、外表。

⑬见：表示被动，相当于"被"。

⑭所以自为：这是为自己去做。

⑮忠、信、仁、义：忠心、诚实、仁爱、道义，这是古代基本的道德法则。

译　文

　　一般来说，仁德的人不看重财货，不可以用物质引诱他们，却可以让他们提供财货；勇敢的人不能用危难去吓唬他们，却可以用他们解除危难；智慧的人有谋略通事理，不可以假装诚信去欺骗他们，却可以向他们讲明道理，让他们建功立业。这是三种人才啊！由此观之，愚昧的人是容易蒙蔽的，不肖之徒是容易被吓住的，贪婪的人就容易被引诱；所有这些都要根据具体情况来判断。然而，强者是由弱小的力量不断积累而变成强大的；强直的形式是由许多微小的曲线而积成的；由于积累才使不足者成为富裕者。这就是道术反致的规律啊！

　　所以，表面上亲善而内心疏远的人要从内心入手去游说他：对于那些内心亲善而表面上疏远的人要从表面上入手去游说他，可以根据对方所疑惑的问题，来改变自己游说的内容；根据对方的表现来判断游说活动是否见效；根据对方的答辞来确定自己游说的要点，根据情势的变化来征服对方。根据对方的所厌进行权衡，确定利弊；根据对方所虑对之申斥，加以防范。揣摩之后对之施以恐吓；抬高对方之后，策划行动；削弱对方之后，加以扶正；验证对方真假后，再决定是否响应他。拥堵对方后，加以阻塞。搅乱之后，迷惑对方。这些就叫作计谋。说到运用计谋，公开者不如保密；保密不如结党；结党而内部没有矛盾。另外，正常的策略不如奇谋；施以奇策是无往不胜的。所以说，游说人主的时候，必须先与他谈奇策；同理，向人臣游说时，必须先与他谈私交。

虽然是自己人，却把家丑外扬，说着有利于外人的话，就会被人疏远。同理，他是外面人，却知道许多内情，也会有危险。不要把人家不喜欢的东西强加于人；不要把人家不懂的事，强教于人。如果对方有某种嗜好，可以迎合他的兴趣，如果对方厌恶什么，可要加以避讳，以免引起反感。所以说，所进行的虽是阴谋，所得到的却是公开的获取。因而，想要除掉的人，可以放纵他，让他犯过，然后抓住机会除掉他。无论做什么事，在外表既不喜形于色，也不怒目相视，是感情深沉的人，可以以机密大事相托。对于能了解的人，可以任用他；对于一个不了解的人，一个有谋略的人，是不会重用他的。所以说，办事情最重要的是控制人，而不是被人控制，控制别人的人，手中握权；被人控制的人是被统治者。一般说来，圣人处世之道称为"阴"——谋略原则为隐而不露。愚人处世之道称为"阳"——谋略原则为大肆张扬。聪明智者，成事容易；而愚鲁的人成事困难。由此看来，一个国家灭亡了是难以复兴的，一旦国家动乱也难于安定。然而运用"无为"则是最高的智慧了。"无为"之智要运用在众人所不知，众人所不能见之处。如果在施用智谋之后发现了可行的迹象，就要见机行事，可做，自己就去做；如果发现不可以做，就要选择一些相应的事，让别人去做。

所以，圣人能行的大道，都是属于"阴"隐而不露。古语说：天地造化在于高、深。圣人之道在于隐而不露。不单单要求忠诚、信守、仁慈、义理，主要是维护不偏不倚的正道。只有真正的认清这种道理的真谛，才能游说他人。如果双方谈得很融洽，就可以发展长远的和目前的关系。

决篇

原　文

为人凡决物^①，必托于疑者，善其用福，恶其有患，害至于诱也，终无惑。偏^②有利焉，去其利则不受也，奇之所托。若有利于善者，隐托于恶，则不受矣，致疏远。故其有使失利，其有使离害者，此事之失③。圣人所以能成其事者有五：有以阳德之者，有以阴贼之者，有以信诚之者，有以蔽匿之者，有以平素之者。阳励于一言，阴励于二言，平素枢机以用四者，微而施之。于事度之往事④，验之来事，参之平素，可则决之。王公大人之事也，危而美名者，可则决之；不用费力而易成者，可则决之；用力犯勤苦，然不得已而为之者，可贵则决之；去患者，可则决之；从福⑤者，可则决之。故夫决情定疑，万事之基，以正治乱，决成败，难为者。故先王乃用蓍龟者，以自决也。

注　释

①决物：决断事情。

②偏：不正。

③失：过错、过失。

④度之往事：凭过去的事去揣度。

⑤从福：追求幸福。

译　文

　　凡是决断事情，都是受托于疑难的人。一般说来，人们总希望遇上好事，而不希望有灾祸，即使灾祸临头了，也不至于被引诱而陷入迷惑。做决断时，只对一方有利，那么不利的一方就不会接受。这是运用奇策的基础。如果我们觉出有人决策时表面上做善事而实际上在暗中作恶，我们不仅不能接受他，而且还要疏远他。所以，有时办事不力，使之受损害都是决策的失误啊。圣人所以能成就大事业，有五种因素：以公开的道德教化百姓；以谋略惩治坏人；以信义取信人民；以爱心庇护大众；以廉洁净化社会。实施公开的鼓励法，应坚持守常如一；用谋略控制百姓；要遵循矛盾法则，掌握事物的对立面；还要特别注意平常与关键时刻。如果能小心巧妙地把握上述四个方面，那么推断以往的事情，预测未来的事情，再参照平日的情况，就可以决策了。王公大臣们，都享有高尚的美名，如果他们可以作出决断，那么不用费力就很容易获得成功，不用气力就能成事的可以作出决断。有些虽然费力勤苦，然而不能不作出决策，那么可以作出决断；如果能排除忧患，就可以作出决断；如果能带来幸运，就可以作出决断。所以说决断事件，解决疑难，是万事的关键。用澄清治乱来预测成败是很难办的事啊！所以先圣是用蓍草、龟甲卜筮做决定的，避免了错误的人为因素。

符言

原　文

安、徐、正、静，其被①节无不肉②。善与而不静，虚心平意③，以待倾④损。右主位。目贵明，耳贵聪，心贵智。以天下之目视者⑤，则无不见；以天下之耳听者，则无不闻；以天下之心虑者，则无不知。辐凑并进，则明不可塞⑥。右主明。听之术曰："勿望而许之，勿坚而拒之⑦。"许之则防守，拒之则闭塞⑧。高山仰之可极⑨，深渊度之可测；神明⑩之位术，正静其莫之极欤！右主听。用赏贵信，用刑贵正。刑赏信正，验⑪于耳目之所见闻，其所不见闻者，莫不暗化矣。诚畅于天下神明，而况奸者⑫干君？右主赏。一曰天之，二曰地之，三曰人之⑬。四方、上下、左右、前后，荧惑之处安在？右主问。

心为九窍⑭之治，君为五官之长。为善⑮者，君与之赏；为非者，君与之罚。君因其所以求，因而与之，则不劳。圣人用之，故能赏之⑯。因之循理，故能长久。因求而与，悦莫大焉。虽无玉帛，劝同赏矣。右主因。人主不可不周；人主不周，则群臣生乱⑰，寂乎其无常也，内外不通，安知所闻，开⑱闭不善，不见原也。右主周。一曰长目⑲，二曰飞耳⑳，三曰树明㉑。明知千里之外，隐微之中，是谓洞天下奸，莫不谙变更。右主参。循名而为㉒实，按而定；名实相生，反相为情；故曰："名当㉓则生于实，实生于理，理生于名实之德㉔，德生于和㉕，和生于当。"有主名。

注　释

①被：及，达到。
②肉：肥满。
③虚心平意：内心谦虚，意志平和。

④倾：倒塌、覆灭。

⑤以天下之目视者：以天下人的眼光去看。

⑥塞：堵塞、蒙蔽。

⑦勿坚而拒之：不要坚持己见而拒绝对方。

⑧拒之则闭塞：拒绝采纳臣民的进言，那民必然离叛，使君主和臣民之间的通路闭塞。

⑨可极：可看到顶点。

⑩神明：谓无所不知，如神之明。

⑪验：和证据互相对照，以便明了真相。

⑫奸者：邪恶、狡诈的人。

⑬一曰天之，二曰地之，三曰人之：指应知天时、地利、人事。

⑭九窍：就是口、两耳、两眼、两鼻孔、二便孔等，但是通常都除掉二便孔而称为"七窍"。窍：小孔、洞。

⑮为善：做好事。

⑯圣人用之，故能赏之：用之，任用他们。赏之，疑为"掌之"。

⑰乱：叛乱。

⑱开：原意为开门，这里指开放而引起的变化。

⑲长目：眼睛看得很远。

⑳飞耳：耳朵听很远。

㉑树明：明察事物。

㉒循名而为：采取符合名分的行动。

㉓当：适合、恰当。

㉔德：道德。

㉕和：和谐、协调。

译　文

身居君位的人，如果能做到安详、从容、必志、沉稳，既会怀柔又能节制，愿意给予并与世无争，这样就可以心平气和地面对天下纷争。以上主位。眼睛最重要的就是明亮，耳朵最重要的就是灵敏，心灵最重要的就是智慧，人君如能用全天下的眼睛去观看，就不会有什么看不见的；如果用全天下的耳朵去听，就不会有什么听不到的；如果用全天下的心去思考，就不会有什么不知道的。如将这些集于一身，那么君主就可明察一切，无可闭塞。以上主明。

听取情况的方法是：不要远远看见了就随便答应，也不要远远看见了就随便拒绝。假如答别人，就要守信从而会多一层保护；假如随便拒绝了就会封闭君主的言路。仰望高山是可以望见顶的；测量深渊是可以测到底的；而圣人处事方法，其端正沉稳是无法测其高深的。以上主听。

奖赏时，最重要的是守信用。刑罚时，最重要的是公正。处罚与赏赐的信守和公正，必须让臣民亲身见闻，这样对于那些没有亲眼看到和亲耳听到的人也有潜移默化的作用。君主的诚信如果能畅达天下，那么连神明也会来佑护，又何惧那些奸邪之徒冒犯主君呢？以上主赏。一叫作天时，二叫作地利，三叫作人和。四面八方，上下、左右、前后不清楚的地方在何处？以上主问。

心是九窍的统治者，灵是五官的首长。做好事的臣民，君主给他们赏赐；做坏事的臣民，君主给他们惩罚，君主根据臣民的政绩来任用，斟酌实际情况给予赏赐，这样就不会劳神。圣人这样做了，才可称赞。故而遵循客观规律，才能长久。根据所求而予之，会使对方喜悦之至。虽无珍物，勉励与赏赐也是一样的。以上主因。

作为人主必须广泛了解外界事物，如不能这样，那么就容易发生社会骚乱，世间鸦雀无声是不正常的，内外没有交往，怎么能知道世界的变化！开放与封闭不适当，就无法发现事物的善恶。以上主周。

人君首先要有天下之眼观世界，其次要有天下之耳听人间，最后要有天下之心思万物。如果在千里之外，隐隐约约、渺渺茫茫之中有个"洞"，即使在那"洞"的黑暗中藏了奸邪，也可以"洞察"他们。以上主参。

按照名分去做事，按着事实来决断。名实相互助长，相反相依。适当的名称产生于客观事物，而客观事物产生于有关道理，道理产生于决定事物的法则，法则产生于大地之间的智慧，智慧产生于万物之协调。以上主名。

本经

盛神

原　文

　　盛神①法五龙②；盛神中有五气③，神为之长，心为之舍④，德为之大⑤。养神之所，归诸道⑥。道者，天地之始⑦，一其纪也⑧。物之所造，天之所生。包容无形化气，先天地而成，莫见其形，莫知其名，谓之"神灵"。故道者，神明之源，一其化端⑨。是以德养五气，心能得一⑩，乃有其术⑪。术者，心气之道所由舍者，神乃为之使。

　　九窍、十二舍⑫者，气之门户、心之总摄⑬也。生受之天⑭，谓之真人。真人者，与天为一。生而知之者，谓之真人；内修练而知之，谓之圣人。圣人者，以类知之⑮。故人与生一，出于化物⑯。知类在窍⑰。有所疑惑，通于心术，术必有不通⑱。其通也，五气得养⑲，务在舍神⑳。此之谓化㉑。化有五气者，志也、思也、神也、心也、德也，神其一长也。静和者养气，养气得其知，四者㉒不衰，四边威势，无不为，存而舍之㉓，是谓神化归于身，谓之真人。真人者，同天而合道，执一㉔而养产万类，怀天心、施德养，无为以包志虑、思意，而行威势者也。士者，通达之，神盛乃能养志。

注　释

　　①神：精气、魂魄。

　　②五龙：五行中的龙。所谓"五行"，是我国说明宇宙万物变化的传统学说。因为在天地之间，有循环流转不停的金、木、水、火、土，万物就是根据这五种元素而产生。龙是古代想象中神灵，具有超人能力。

　　③五气：指心、肝、脾、肺、肾五类之气。气是万物生成的根源，形成风雨、寒暑、阴阳等天地间观察之源，在人体中具有生命力、意志、感情。

　　④心为之舍：心是五气所宿的地方。

⑤德为之大：德最能治邪，因此使人成为人的本源。

⑥养神之所，归诸道：根据道来养神，道是天地的真理、万物的根源。

⑦天地之始：无的意思，"老子"中有"无名天地之始，有名万物之母"，所以"天地之始"就是无，而无常常表现为有，有又常常归于无的形态。

⑧一其纪也：天地之始是道，道之始是一，因此一为其纲纪。

⑨化端：变化的开始。

⑩得一：一是无，也就是万物之源。

⑪有其术：心如果能变成无为，其术自然产生。

⑫十二舍：是指目、耳、鼻、舌、身、意、色、声、香、味、触、事而言。

⑬摄：统率、收容。

⑭受之天：道是由上天传授到人间的。

⑮圣人者，以类知之：圣人固然伟大，但必须有学问之后才能明道，所以比真人要低一个层次。

⑯人与生一，出于化物：入共同所产生的，就是无为自然的天地作用，人诞生之后就从物而化。

⑰知类在窍：人之所以能知事类，完全是根据九窍。类是认识事物，概念之后加以类别。

⑱有所疑惑，通于心术，术必有不通：假如根据九窍还不知道而陷于迷惑，术就不通。

⑲其通也，五气得养：假如心术能很通，五气自然能被养。

⑳务在舍神：努力使魂魄停止住下来。

㉑此之谓化：假如能努力使魂魄住下来，自然会从胜而化。

㉒四者：指志、思、神、德而言。

㉓存而舍之，经常使其住在这里。

㉔执一：坚守无为。

译　文

要想强化人的精、气、神，那么就要效法五行之龙的变化之法。

精神旺盛的人，身体的五脏之气很强。其中在五脏之气——神、魂、魄、情、志中，神居主位。心是神的处所，品德是神外在表现形式，而养神之宝，归之于道。

所谓"道"是产生天地的本源。一切由"道"始，然后由一生二，由二生三，由三生成万事万物。万物所成，皆由天地生，而包含万物化之为气。"气"先天地而生，看不见它的形象，叫不出它的名字，我们就称它为"神灵"。

这里所说的"道"就是神明的本源，是万物变化之始。由此修德、养五气，人就能专心致志，获得一定的道术。所谓"道术"就是在"神气"出入身体时，人能自由运用它。

人的身体有九窍十二舍。即人的眼、耳、鼻、舌、身、意等都是人与外界接触的门户，它们会体察到外界的色、声、香、味、触、事，并由心灵总管它们。一生下来就受命于天，我们把他称为真人。真人与天合为一体，他们一生下来就明白天地之间的道理。而那些通过刻苦修炼，向内修为而了解到天地之间的道理，我们就把他称为"圣人"。所谓"圣人"，就是能掌握以此类推的方法，来解决疑难的人。因此，人生活在天地间，就在于随环境变化。接受外界知识在于利用各种感觉器官；解释疑难在于通过心灵进行综合分析。苦无心灵的思维，"道术"则有不通之处。

要使"道术"通达，务必内养"五气"，也就是神、魂、魄、精、志，而且要使"神道"归于自身，我们把这一过程称为"化"，也就是万物自然运化的规律。一个人要内养"五气"，在"志""思""神""法"中，"神"是最主要的。要用"静和"之法养气，养气的目的在于使上述四者平和。上述四者不衰，而且能呈现威势，就能无所不为。使气常存于身，使"神"气变化，归之于身，被称之为"真人"。所谓真人，就是能合天意，按万物产于一的自然规律养护万物，怀大志，施道德，养育万民、以无能不包的思想威行于世界的人。所谓士，一般能通达此理，也能精神旺盛，养气养志。

养志法灵龟

原　文

养志法灵龟[①]；养志者，心气之思不达也[②]。有所欲，志存而思之。志者，欲之使也。欲多则心散，心散则志衰，志衰才思不达也。故心气一则欲不惶[③]，欲不惶则志意不衰，志意不衰则思理达矣。理达则和通，和通则乱气不烦于胸中。故内以养气，外以知人；养志则心通矣，知人则分职明矣。将欲用之于人，必先知其养气志。知人气盛衰，而养其气志，察其所安，以知其所能。志不养，心气不固；心气不固，则思虑不达；思虑不达，则志意不实，志意不实，则应对不猛；应对不猛，则失志而心气虚；志失而心气虚，则丧其神矣。神丧则仿佛，仿佛[④]则参会[⑤]不一。养志之始，务在安己。己安则志意实坚，志意实坚则威势不分。神明常固守，乃能分之。

注　释

①养志法灵龟：因为志是判断是非的，所以使用占卜的龟甲最能判断吉凶，因此才必须效法灵龟。

②养志者，心气之思不达也：由于心气不达，所以才要养志。

③惶：多的意思。

④仿佛：两者相像而难辨别，也就是不明确的意思。

⑤参会：指志、心、神三者交合。

译　文

养志的方法要效法灵龟。对于那些思维不畅达的人来说，要想克服这个问题，首先就要培养自己的志气。一个人心中有欲望，才会有一种想法，而志气可以控制各种欲望。一个人如果欲望过多，那么他的心力就会被分散，他的意志就会变得薄弱，他的思维就会不能畅达。

如果一个人的心神专一，那么他的欲望就不会多；如果一个人的欲望不多，那么他的意志力就不会衰弱；如果一个人的意志力不衰弱，那么他的思想就会畅达；如果一个人的思想畅达，那么他的心气就会和顺；如果一个人的心气和顺，那么他的心中就不会烦乱。因此，一个人对内要养气，对外要明察各种人物，修养自己"五气"，如此才能心情舒畅，了解他人，做到知人善任。

我们想要任用人，一定要先知道他养气的功夫如何，一定要知道他心气的盛衰。如果要知道一个人的心志状态，那么就要在养气修志方面下功夫，然后去观察别人的心志是否稳健，从而知道这个人的能力如何。如果一个人不修养心志，那么他的"五气"就无法稳固；如果一个人的"五气"不稳固，思虑就不畅达；如果一个人的思虑不畅达，意志就不坚定；如果一个人的意志不坚定，那么他的反应就不快捷；如果一个人的反应不快捷，那么他就会失掉信心，他的心气就会虚弱；如果一个人心气虚弱，那么他就会失神丧志。如果一个人失神丧志就会精神恍惚，精神恍惚，"志""心""神"这三者就不协调了。

修养心志在开始的时候，一定要先安定自己。自己的意志安定了心志才会变得坚定。有了坚定的意志，一个人才能有神威。一个人能做到神威固守，他才能调动身边的一切。

实意法腾蛇

原 文

实意法腾蛇[1]；实意者，气之虑也[2]。心欲安静，思欲深远；心安静则神明荣，思深远则计谋成；神明荣则志不可乱，计谋成则功不可间。意虑定则收遂，安则其所行不错[3]，神者得则凝[4]。识气寄，奸邪得而倚之[5]，诈谋得而惑之，言无由心矣。故信心术[6]，守真一而不化，待人意虑之交会，听之候[7]也。

计谋者，存亡枢机。虑不会，则听不审矣。候之不得，计谋失矣。意无所信，则虚而无实。无为而求安静，五脏[8]和通六腑[9]，精神魂魄固守不动，乃能内视[10]、反听、定志，思之太虚，待神往来。以观天地开闭，知万物所造化，见阴阳之终始，原人事之政理。不出户而知天下，不窥牖而见天道。不见而命，不行而至，是谓"道"。知以通神明，应于无方而神宿矣。

注 释

①腾蛇：类似龙的神蛇，能腾云驾雾在云中飞舞。

②实意者，气之虑也：只要把意当作实体，气就变得和平，虑也会变成具体。

③安则其所行不错：如果内心平静，就不会有错误。

④凝：凝结、安定。

⑤识气寄，奸邪得而倚之：假如识气只是单纯的暂时寄住，那么奸邪就会乘虚而入。

⑥信心术：心计诚信。心术，心计。

⑦待人意虑之交会，听之候之：待人接物必须诚恳，上下交流之后，听从其言论，进而静观其动静。

⑧五脏：指心、肝、肺、脾、肾。

⑨六腑：人体中消化、吸收、排泄的脏器总称，包括胆、胃、小肠、大肠、三焦（胸膈、上腹和脐腹的三部分脏器，又分上焦、中焦、下焦）和膀胱。

⑩能内视：指不使心外散而言。

译　文

坚定意志之法要效法腾蛇。坚定意志要通过养气来实现，因为一个人的心情安详是思虑之本。如果一个人的心境能够达到平静安详的境界，那么他的思虑自然就能够深远。心境平静则精神愉快，思虑深远则计谋有成。心情愉快，这个人的思虑就不会乱；计谋成功，这个人的事业就不可破坏。意志、思虑稳定，则心境安详，心境安详则所作所行就不会有多大差错。精神愉快就容易使神思集中。

如果人的胆识、心气只是暂时寄住在意志里，那么奸邪就可能乘机而入，诈谋也可以乘机而行，所说的话也不会是用心思考的。所以说坚守心灵的术法，在于信守纯真而不变化，等待机会，待时机成熟，就可以根据上下交合的判断来解决问题。

所谓的"计谋"是关乎国家存亡的关键所在。如果一个人思虑不周，那么他所得到的信息就不能明确。在这种情况下等待时机，机会就不会来到了，计谋也就要失效了。计谋失效就会导致意志不坚定，从而就会使计划变得虚幻而不切实际。要想克服这种情况，就需要通过"无为"的思虑去追求"安静"的境界。如此，五脏六腑就会变得和谐通畅，精神魂魄也会变得固守纯真。这样修炼久了，就能够达到内视反听，凝神安志，神游太虚，待神明往来归己的境界。达到了这种境界就可以去观天地之变化，悟解万物造化的规律，知阴阳之交替，懂得人间之政理。

这样的人，不出门就可以知晓天下大事；不开窗就可以看见日月星辰等天体的变化之道；不必见到民众，民众就能听命而行；不必推行政令，天下就可以大治。这就是所谓"道"。掌握了"道"的人可以与神明交往，将其应用于天边天涯的世界，而使神明长存世间。

分威法伏熊

原　文

分威①法伏熊②；分威者，神之覆③也。故静固志意，神归其舍，则威覆盛矣。威覆盛，则内实坚④；内实坚，则莫当。莫当则能以分人之威而动其势，如其天。以实取虚，以有取无，若以镒称铢⑤。故动者必随，唱者必和，挠其一指观其馀次，动变见形，无能间者。审于唱和，以间见间，动变明，而威可分。将欲动变，必先养志，伏意以视间。知其固实者，自养也。

让己者，养人也。故神存兵亡，乃为之形势。

注　释

①分威：分是影响到很远的意思，也就是威势盛大，对人与物都有影响。

②法伏熊：效法想要进行偷袭的熊，把身体伏在地上，然后才采取行动，意指直前先要屈。

③覆：覆盖，外面。

④威覆盛，则内实坚：威的表面如果强盛，内志也自然变成坚实。

⑤以镒称铢：容易移动的意思。镒是重量单位，相当于二十四两，铢，二十四铢为一两。

译　文

要想让自己的威严影响深远，那么就要效法行将偷袭的熊。要想达到分威的效果，那么首先就要把自己的神威隐藏起来。平心静气地坚持自己的意志，使精神归之于心，这样隐藏的神威会更加强盛。神威强盛了，内部也会变得更为坚强雄厚，从而达到所向无敌的境界。当达到所向无敌的境界时，就能够凭借自己的声势而影响别人，这种方法就像天一样，不需要实际操作，只有施加影响就可以达到自己的目的。

掌握了分威之法以后，说服别人就如同用实来取虚，以有来取无，就像用镒来称铢一样，十分容易。所以，只要行动就必定有人追随，只要歌唱就必定有人应和。就如同屈起一个指头便可以更清楚观察其余手指的活动一样，懂得分威的人只要对方有所举动就能够掌握行动变化的具体情况，让对方完全无法搞任何阴谋。认真审察一唱一和的形式，也可用反间手段，在动中掌握对方情况，用"分威"法，隐蔽实力，趁时出击取胜。

由此可见，一个人要想有所活动，首先必须修养自己心志，隐蔽自己的实力，以暗察他人的活动。凡是意志坚实的人都善于自我养气，凡是谦逊的人都懂得替他人养气。所以我们要设法使自己与别人的精神交往发展，化解干戈，这就是人们所要控制的形势。

散势法鸷鸟

原　文

散势法鸷鸟[①]；散势者，神之使也。用之，必循间而动，威肃、内盛，推间而行之，则势散。夫散势者，心虚志溢[②]。意失威势[③]，精神不专，其言外而多变。故观其志意为度数，乃以揣说图事，尽圆方、齐短长。无间则不散势，散势者待间而动，动势分矣。故善思间者，必内精五气，外视虚实，动而不失分散之实，动则随其志意，知其计谋。势者，利害之决，权变之势。势败者，不以神肃察也。

注　释

①鸷鸟：一种猛禽。《孙子》中有"鸷鸟之疾，至于毁折者，节也"。

②夫散势者，心虚志溢：虚怀若谷就能包容一切，踌躇满志就能

235

决断一切，所以要好好发挥这种势。

③意失威势：志意一旦衰微就会丧失优势。

译　文

在游说或者战争中要想发展各部分的威势，就要效法从高空向下捕食猎物的鸷鸟。分散自己的实力，要在一定思想原则的指导下，实施时，必须按着一定的空间顺序活动。威武严正，实力充实，按一定的空间顺序操作，这样各部势力就能得到发展。如果能够做到"散势"这一点，那么这个人就能心胸广博，包容一切，意志力也就会充溢丰沛。如果一个人的意志力不强，他的势威就会衰弱，精神也不能够专一，那么在游说时难免就会把话说漏，引起对方疑心而导致时局变化。

因此要善于观察人的志向和意识，并以此为基础，揣度关系，谋划事体，持方圆规矩之理，合乎变化法则，求得事情的尽美，没有关联和空间，则无法发展各部势力以用之，欲发展各部势力需得循序而行，而一旦行动起来，各部势力也就发展了，其作用也可以发挥。

如此说来，善于发现对方漏洞的人，必须修炼自己的五种气，用来观察对方的虚实。如此，在行动时才能达到分散使用力量的效果。行动起来，才能让事情按照自己的意图发展，同时确知对方的计谋，而让自己立于不败之地。所以，控制势力是决定胜败的大事。威势溃败，往往是不能凝神观察所致。

转圆法猛兽

原　文

转圆法猛兽[①]；转圆者，无穷之计。无穷者，必有圣人之心[②]，以原不测之智，以不测之智而通心术。而神道混沌为一，以变论万类，说义无穷。智略计谋，各有形容[③]，或圆或方、或阴或阳、或吉或凶，事类不同。故圣人怀此之用，转圆而求其合。故与造化者为始，动作无不包大道，以观神明之域。

天地无极，人事无穷[④]，各以成其类。见其计谋，必知其吉凶、成败之所庄也。转圆者，或转而吉，或转而凶。圣人以道先知存亡，乃知转圆而从方。圆者，所以合语[⑤]；方者，所以错事[⑥]；转化者，所以观计谋⑦；接物者，所以观进退之意⑧。皆见其会，乃为要结，以接其说也。

注　释

①转圆法猛兽：圣人的智慧就像不停转动的圆珠，操纵自如，不过这类似猛兽的动作，寓动于静，先伏后动，一旦跃起威猛无比。

②有圣人之心：圣人的心像镜子一般。

③智略计谋，各有形容：智略计谋并无固定形态。

④天地无极，人事无穷：天地广阔无垠，人间也有无穷的吉凶循环。

⑤圆者，所以合语：圆变化无穷，因此使语言自由旋转。

⑥方者，所以错事：四角确立之后就会稳定，因此适合于对有为之事的处置。

⑦转化者，所以观计谋：所谓转化者就是转祸为福，以此适用于观察计谋的是非得失。

⑧接物者，所以观进退之意：如果接物能通达人情，所以适合物的进退和是非等。

译　文

实施"转圆"的方法，要效法扑食的猛兽，行动迅速，变化多端。所谓"转圆"，是指能够根据事情的发展变化而想出无穷无尽的应对计谋。而能构想出无穷计谋的人，必定有圣人之心，并用心灵推究难以测出的计谋，而那些别人难以测度的计谋都是与自己心术相通的。神道本是混沌的万物之始，以变化之理研讨万物，其内容也必然是无穷无尽的。

所以，根据事情的具体情况而生成计谋也各有不同的形式，或有圆谋，或有方略，有阴谋、有阳谋、有吉策、有凶智。事事各不相同。圣人以此为法，设计出许多计谋，以求切合实际。所以开始造化大地的圣人，其行为无不合乎自然大道，以观神明之奥妙。

天地之大无极无垠，人事之繁无穷无尽，又有各类的区别。各种智谋也各有其形，从中也必然会知道事物的凶吉成败了。所谓转圆者，有的转为吉祥，有的转为凶险。圣人掌握规律而先知存亡之理，然后再"转圆""从方",顺应规律。

所谓"转圆",就是要语言灵活,合乎要求,所谓"从方",就是使事物依规矩而行。"转化"就是为了观物设计,"接物"就是为了观察进退。如果能融汇方圆转化接物之理,就可以分析综合,让自己的游说立于不败之地了。

损兑法灵蓍

原 文

损兑法灵蓍①;损兑者几危②之决也。事有适然,物有成败。几危之动,不可不察。故圣人以无为待有德,言察辞合于事③。兑者④知之也,损者行之也⑤,损之说之,物有不可者圣人不为辞也。故智者不以言失人之言⑥。故辞不烦⑦,而心不虚;志不乱,而意不邪。当其难易,而后为之谋,自然之道以为实。圆者不行,方者不止⑧,是谓"大功"。兑之损之,皆为之辞。用分威散势之权⑨,以见其兑,戚其机危,乃为之决。故善损兑者,譬若决水于千仞之堤,转圆石于万仞之谷。而能行此者,形势不得不然也。

注 释

①灵蓍:占卜吉凶用的工具。

②几危:机危的意思。

③合于事:核对某种事物。

④兑者:兑,目也。兑者,以心、眼察看外物。

⑤损者行之也:损是难念,要想排除这种难念,必须决心执行。

⑥智者不以言失人之言:聪明人不可以老是滔滔不绝地雄辩而排斥他人的言论。

⑦辞不烦:言论简单而得要领。

⑧圆者不行,方者不止:圆便于转动,方便于静止。让圆的不转,方的不止(必然有大的力量才行)。

⑨分威散势之权:权衡优势扩散到四方的利弊。

译 文

所谓,"兑",就是以心、眼观察外物。所谓"损",就是排除不利而行之。若对其减抑，对其说解，事情仍不顺利发展变化，圣人也不会讲明道理。所以聪明人，不以自己的言论排斥他人的言论，辞应简明，而心中充满自信，意志不乱胸无邪念。遇事依其难易，然后策谋，而顺应客观规律则是其根本。

现实中，圆的计谋实施不利，方的谋略就不能停止，这就是大功告成的前提。不管是增益其词，还是减损其词，都能言之成理。用分散实力的权谋，就要发现增加威力之后，所显现的危机，并为其决断。所以善于掌握损益变化的人，就像在千丈的大堤上决堤，又如在万仞山谷中转动圆石，应变自如。而所以能这样做，乃形势所使然。

持枢

原　文

持枢①，谓春生、夏长、秋收、冬藏，天之正也，不可干而逆之。逆之者，虽成必败。故人君亦有天枢，生养成藏，亦复不可干而逆②之，逆之虽盛必衰。此天道、人君之大纲也。

注　释

①持枢：枢是门扉的轴。持，把握。掌握住行动的枢纽，才能控制行动的规律。

②逆：违逆。

译　文

持枢，就是掌握行动的关键，控制事物的规律。比如春季耕种，夏季生成，秋季收割，冬季储藏乃是天时的正常运作规律。不可违反这一自然规律，而倒行逆施，凡是违反自然规律的，即使成功一时，也终究必败。由此而知，人君也有他必须遵循的客观规律。他要组织百姓生产生活，教养万民，收获，储藏等。也不能违抗这些规律，如果悖逆客观规律，即使表面上看似强大，也必将衰弱。这是客观规律，是人君必须遵守的大纲纪。

中经

原　文

　　中经①，谓振穷趋急，施之能言厚德之人。救拘执，穷者不忘恩也。能言者，俦善博惠②，施德者，依道③；而救拘执者，养使小人④。盖士，当世异时，或当因免阗坑，或当伐害能言，或当破德为雄，或当抑拘成罪，或当戚戚自善，或当败败自立⑤。故道贵制人，不贵制于人也；制人者握权，制于人者失命。是以见形为容，象体为貌，闻声和音，解仇斗郄⑥，缀去却语，摄心守义。本经纪事者纪道数，其变要在"持枢""中经"。

　　见形为容，象体为貌者，谓爻为⑦之生也，可以影响、形容、象貌而得之也。有守之人，目不视非、耳不听邪，言必"诗""书"，行不僻淫⑧，以道为形，以德为容，貌庄色温，不可象貌⑨而得也，如是隐情塞郄而去之。闻声和音，谓声气不同，则恩爱不接。故商角不二合，徵羽不相配⑩。能为四声主，其唯宫⑪乎？故音不和则不悲，不是以声散伤丑害者，言必逆于耳也。虽有美行盛誉，下可比目⑫，合翼⑬相须也，此乃气不合、音不调者也。

　　解仇斗郄，谓解赢⑭微之仇。斗郄者，斗强也。强郄既斗，称胜者，高其功，盛其势。弱者哀其负，伤其卑，污其名，耻其宗。故胜盅，闻其功势，苟进而不知退。弱者闻哀其负，见其伤则强大力倍，死为是也。郄无极大，御无强大，则皆可胁而并。缀去者，谓缀己之系言⑮，使有余思⑯也。故接贞信者，称其行、厉其志，言可为可复，会之期喜，以他人之庶，引验以结往，明款款而去之。却语者，察伺短也。故言多必有数短之处，议其短验之。动以忌讳，示以时禁⑰，其人因以怀惧，然后结以安其心⑱，收语尽藏而却之⑲，无见己之所不能于多方之人⑳。

　　摄心者，谓逢好学伎术㉑者，则为之称远方验之，敬以奇怪，人系其心于己。效㉒之于人，验去㉓乱其前，吾归于诚已㉔。遭淫色酒者，为之术音乐动之㉕，以为必死，生日少之忧㉖。喜以自所不见之事，终可以观漫澜㉗之命，使有后会㉘。守义者，谓守以人义。探心在内以合㉒也。探心深得其主也。从外制内，事有系由而随也。故小人比人则左道㉓，而用之至能败家辱国。非贤智，不能守家以义，不能守国以道，圣人所贵道微妙者，诚以其可以转危为安，救亡使存也。

注 释

①中经：从内部管理处置。

②能言者，俦善博惠：巧于雄辩的人最能解决纠纷，所以就成为善人的好友而广施恩惠。俦，是同类、朋友。

③依道：不失道。

④救拘执者，养使小人：营救被捕的人，被捕者会深感其恩。也就欣然听从命令了。

⑤当世异时……败自立：不论在任何时代，君子都必然尝尽苦难。但是如果经常有救人之穷和急人之难的善行时，不论遭受如何的灾祸苦难，最后也能靠能言厚德之士的力量渡过难关。阗坑是用土把穴填平，抑拘是拘禁。

⑥郄：是骨与间的缝隙。

⑦爻为：同犹伪。

⑧僻淫：邪恶淫乱之意。

⑨象貌：脸形和颜色，此指表面现象。

⑩商角不二合，徵羽不相配：宫、商、角、徵、羽都是五音的名称。商属金，角属木，徵属火，羽属水，根据五行相克的学说，金克木，水克火，所以商角、徵羽的音乐不能调和。

⑪宫：五音之一。被视为土，能和其他四音。杜甫曾有"金管迷宫徵"的诗句。

⑫比目：指比目鱼。眼睛长在身体的一侧。传说两条鱼在水中并游。

⑬合翼，只有一眼一翅的比翼鸟，经常并羽齐飞，用来比喻恩爱夫妻。

⑭羸：弱小。

⑮缀己之系言：对于一个要走的人，为挽留他而说的话。缀是连接之意。

⑯余思：遗憾的意思。

⑰时禁：除规定时间以外禁止出入，这是轻视对方的办法。

⑱结以安其心：对方如果抱畏惧之念，虽然必须要他服从我方，但要以诚相待，使其安心。

⑲收语尽藏而却之：收起以前所使用的威胁语言，从此矢口不谈。

⑳无见已之所不能于多方之人：很多人面前不要让人们知道自己无能。

㉑伎术：同技术。

㉒效：效劳。

㉓验去：跟历史上的贤人行为对照。

㉔吾归于诚已：只能竭诚相待，如此就能掌握贤能的人。

㉕音乐动之：以音乐的快乐节奏来感动人。

㉖以为必死，生日少之忧：假如沉溺酒色，就会有必死之害，晓谕对方顾余命无多。

㉗漫澜：无限遥远的样子。

㉘后会：再见的意思。

㉙探心在内以合：在对方的心中要求义。

㉚左道：邪道之意。例如："旁门左道。"

译　文

"中经"所说的是那些救人危难，给人教诲和施以大恩大德的人。如果他们救助了那些拘捕在牢房的人，那些被救者，是不会忘记其恩德的。能言之士，能行善而广施恩惠，有德之人，按照一定的道义准则去救助那些被拘押的人，被拘押的人一旦被救，就会感恩而听命了。一些士人，生不逢时，在乱世里侥幸免遭兵乱；有的因善辩而受残害；有的起义成为英雄，更遭受陷害；有的恪守善道；有的虽遭失败，却自强自立。

因此，恪守"中经"之道的人，推重以"中经"之道施于人，而不要被他人控制。控制他人者掌握主动权，而一旦被他人控制，就会失掉许多机遇。"中经"之道就是关于"见形为容，象体为貌，闻声和音，解仇斗郤，缀去却语，摄心守义"原则的探讨。《本经》中记载的理论，权变的要旨，均在《持枢》《中经》两篇中。

所谓"见形为容，象体为貌"，是因人而变化的人的行为，可以影响形容和相貌。伪狡者，仅凭他们的形容和外貌就可以识别他们；而恪守道德的有为之人，他们不看非礼的东西，他们不听邪恶之言，他们谈论的都是《诗经》《尚书》之类，他们没有乖僻淫乱行为。他们以道为外貌，以德为容颜，相貌端庄、儒雅，不是光从外貌就能识别他们的。常常是隐名埋姓而回避人世。

"闻声和音"，听到声音是否与之相合，也是一种方法。如果说人与人意气不相投，也就不接受对方的恩爱友好。就如同在五音中，商与角不相和，徵与羽不相配一样。能成为四声的主音唯有宫声而已。所以说，音声不和谐，悲伤韵律是不会产生的，散、伤、丑、害都是不和之音，如果把它表现出来一定是很难入耳的。如果有美好的言行，高尚的声誉，却不能像比目鱼或比翼鸟那样和谐，也是因为气质不和，音不调协所致。

所谓"解仇斗郄"，就是解决矛盾。"解仇"是调解两个弱小者的不和；"斗郄"则是当两个强大的国家不和时，使他们相争的策略。强大敌手相斗时，得胜的一方，夸大其功业，虚张声势。而失败的一方，则因兵败力弱，玷污了自己声名，有侮于祖先而痛心。所以，得胜者，一听到人们称赞他的威势，就会轻敌而贸然进攻。而失败者，听到有人同情他的不幸时，反而会努力支撑，拼死抵抗。敌人虽然强大，往往有弱点，对方虽说有防御，而实际力量并不一定强大。我方可以用强大的兵势胁迫对方，让他们服从，吞并其国家。

所谓"缀去"的方法是说对于即将离开自己的人，说出真心挽留的话，以便使对方留下回忆与追念。所以遇到忠于信守的人，一定要赞许他的德行，鼓舞他的勇气。表示可以再度合作，后会有期，对方一定高兴。以他人之幸运，去引验他往日的光荣，即使款款而去，也十分留恋于我们。

"却语"的方法是说要在暗中观察他人的短处。因为人言多时，必有失误之处。要议论他的失误处，并加以验证。要经常揭他忌讳的短处，并证明他是触犯了时政所禁止的。这样他就会因此而害怕，然后让他安心，对以前说过的话，也不再说了，暗中则藏起这些证据，秘不示人。而且，不能在众人面前，显出自己的无能之处。

"摄心"的方法是，遇到那些好学技术的人，应该主动为他扩大影响，然后验证他的本领，让远近的人都尊敬他，并惊叹他的奇才异能，别人则将会与自己心连心。为别人效力者，要将之与历史上的贤才相对照，称其与前贤一样，诚心诚意地相待，这样方能得到贤能的人。遇到沉溺于酒色的人，就要用音乐感动他们，并以酒色会置人于死，要忧余命无多，以此，教谕他们，让他们高兴地看到见所未见的事，最终认识到遥远的未来，使命之重大，使之觉得将会与我后会有期。

"守义"的方法说的是，自己坚持仁义之道，并用仁义探察人心，使对方从心底里广行仁义。从外到内控制人心，无论什么事，都可以由此而解决。而小人对待人，则用旁门左道，用此则常常会家破国亡。如果不是圣贤之辈，是不能用义来治家的，用道来守国的。圣贤是特别重视"道"的微妙的。因为"道"确实可以使国家转危为安，救亡存国的。

亲士

原　文

入国①而不存②其士，则亡国矣。见贤而不急，则缓③其君矣。非贤无急，非士无与虑国。缓贤忘士，而能以其国存者，未曾有也。

昔者文公出走而正天下，桓公去国而霸诸侯，越王勾践遇吴王之丑，而尚摄④中国之贤君。三子之能达名成功于天下也，皆于其国抑而大丑⑤也。太上无败，其次败而有以成，此之谓用民。

注　释

①入国：进入国家、执掌国家。

②存：抚恤慰问。

③缓：怠慢。

④摄：通"慑"，震慑。

⑤大丑：（蒙受）大的羞辱。

译　文

执掌一个国家而不恤问贤士，国家就会灭亡。发现贤士而不急着任用，就是怠慢自己的君主。不是贤士就不要急着接见，不是贤士就不要与其谋划国事。怠慢遗弃贤士，而能够保全国家的，还从来没有过。

从前晋文公被迫在外流亡而最终匡正了天下，齐桓公被迫离开国家而最终称霸于诸侯，越王勾践遭遇吴王的羞辱而最终成为震慑中原的贤君。这三位先王之所以能够建立功业、名扬天下，都是因为在国内屈抑而蒙受大辱。最好的是不遭受失败，其次是遭受失败而最终取得成功，这才叫作善于使用士民。

修身

原 文

　　君子战虽有陈，而勇为本焉；丧虽有礼，而哀为本焉；士①虽有学，而行为本焉。是故置本不安者，无务丰末；近者不亲，无务来远；亲戚不附，无务外交；事无终始，无务多业；举物而暗，无务博闻。是故先王之治天下也，必察迩来远。

　　君子察迩而迩修②者也；见不修行，见毁，而反之身者也，此以怨省而行修矣。谮慝之言，无入之耳；批扞之声③，无出之口；杀伤人之孩，无存之心；虽有诋讦之民，无所依矣。故君子力事④日强，愿欲⑤日逾，设壮⑥日盛。

　　君子之道也，贫则见廉，富则见义，生则见爱，死则见哀。四行者不可虚假，反之身者也。藏于心者无以竭爱，动于身者无以竭恭，出于口者无以竭驯。畅之四支，接之肌肤⑦，华发隳颠⑧，而犹弗舍者，其唯圣人乎！

注 释

　　①士：出仕为官。

　　②迩修：修缮身边小事，即修身。

　　③批扞之声：批评诋毁人的话。

　　④力事：能力。

　　⑤愿欲：志向。

　　⑥设壮：饰庄，即庄重的仪容。

　　⑦接之肌肤：使之与肌肤紧密联结，指时刻牢记美德，不敢须臾忘记。

　　⑧华发隳颠：头发白了，头顶秃了，形容年老。

译 文

　　君子，指挥作战虽然有阵势可以依凭，但一定以自身的勇敢为根本；进行丧葬，虽然有礼节可以依循，但一定以内心的悲哀为根本；出仕为官，虽然有方法可以学习，但一定以自身的行为为根本。所以，根本不能立牢固，就不要追求末节的繁盛；近处的人不能亲近，就不要追求远方的人来归附；亲戚都不能亲附，就不要追求在外结交；一件事情都不能善始善终，就不要贪图更多的事业；一件事物都弄不明白，就不要追求博闻广知。所以，先王治理天下，一定慎察近事而使远人归附。

君子就是慎察近事而努力修身的人；发现自己修养不足，受到别人的诋毁，就要反身自省，如此就能消除怨恨而品行日修。谗毁诽谤的话，不要去听；攻讦诋毁的话，不要去说；伤人害物的心，不要具有；这样即便有好诋毁、害人的人，也无从施展了。所以，君子的能力日益强大，志向日益高远，仪容日益端庄。

君子之道：贫穷时清正廉直，富贵时广施恩义，对生人竭尽爱心，对死者竭尽哀怜。这四种品质不可存有虚假，必须是诚心具备的。这四种品质，内藏于心，就不会失去仁爱；流露于行，就不会失去恭敬；表现于口，就不会失去温驯。使它们畅达于四肢，贴切于肌肤，即便白发秃顶之时，也不舍弃的，大概只有圣人吧！

七患

原　文

子墨子曰：国有七患。七患者何？城郭沟池不可守，而治宫室，一患也。边国至境，四邻莫救，二患也。先尽民力无用之功，赏赐无能之人，民力尽于无用，财宝虚于待客，三患也。仕者持禄①，游者爱佼②，君修法讨臣③，臣慑而不敢拂，四患也。君自以为圣智而不问事，自以为安强而无守备，四邻谋之不知戒，五患也。所信者不忠，所忠者不信，六患也。畜种菽粟不足以食之，大臣不足以事④之，赏赐不能喜，诛罚不能威，七患也。以七患居国，必无社稷。以七患守城，敌至国倾。七患之所当，国必有殃。

注　释

①持禄：守着俸禄，为俸禄而为官，尸位素餐，不勤于国事。

②爱佼：佼，通"交"，指偷合苟荣，相互吹捧，而不为国家尽力。

③修法讨臣：指国君自己不守法度，胡乱责备、惩罚臣子。

④事：任事，任用。

译　文

子墨子说：国家有七种祸患。七种祸患是什么呢？城池壕沟不能守御，而兴建宫室，这是第一种祸患。敌国入寇边境，而四邻没有相互救援的，这是第二种祸患。先在无用的事情上耗尽民力，奖赏无能之人，民力耗尽于无用之事，财宝因招待宾客而空虚，这是第三种祸患。做官的只想着自己的俸禄，游学未仕的人只知道相互朋比、吹捧，君主自己不守法度而责罚大臣，大臣却畏惧不敢违逆君命，这是第四种祸患。君主自以为聪明圣智而不理政事，自以为安定强大而不加守备，邻国图谋攻伐而不知道戒备，这是第五种祸患。所信任的人不忠心，忠心的人得不到信任，这是第六种祸患。家畜、粮食不够吃，大臣不能胜任，赏赐不能使人欢喜，诛罚不能让人敬畏，这是第七种祸患。治理国家有这七种祸患，君主就要失去社稷；守护城池有这七种祸患，敌国到来国都必然陷落。这七种祸患存在的国家，一定要遭受灾殃。

非攻上

原　文

今有一人，入人园圃，窃其桃李，众闻则非之，上为政者得则罚之。此何也？以亏人自利也。至攘①人犬豕鸡豚者，其不义，又甚入人园圃窃桃李。是何故也？以亏人愈多。苟亏人愈多，其不仁兹甚，罪益厚。至入人栏厩，取人马牛者，其不仁又甚攘人犬豕鸡豚。此何故也？以其亏人愈多。苟亏人愈多，其不仁兹甚，罪益厚。至杀不辜人也，扡②其衣裘、取戈剑者，其不义又甚入人栏厩、取人马牛。此何故也？以其亏人愈多。苟亏人愈多，其不仁兹甚矣，罪益厚。当此天下之君子皆知而非之，谓之不义。今至大为攻国，则弗知非，从而誉之，谓之义。此可谓知义与不义之别乎？

杀一人，谓之不义，必有一死罪矣。若以此说往，杀十人，十重不义，必有十死罪矣。杀百人，百重不义，必有百死罪矣。当此天下之君子皆知而非之，谓之不义。今至大为不义攻国，则弗知而非，从而誉之，谓之义。情不知其不义也，故书其言以遗后世。若知其不义也，夫奚说书其不义以遗后世哉？

今有人于此，少见黑曰黑，多见黑曰白，则以此人不知白黑之辩矣。少尝苦曰苦，多尝苦曰甘，则必以此人为不知甘苦之辩矣。今小为非，则知而非之。大为非攻国，则不知而非，从而誉之，谓之义。此可谓知义与不义之辩乎？是以知天下之君子也，辩义与不义之乱也。

注 释

①攘：偷窃。
②扡：夺取。

译 文

如今有一个人，进入别人家的园圃，偷窃其中桃李，众人得知就会非议他，在上为政者得知就会惩罚他。这是为何呢？因为他损害别人而自利。至于盗窃别人鸡犬牲畜的，其不义要更甚于进入园圃偷窃桃李的。这是为何呢？因为他损害人更多了。若其损害人更多，他的不仁也就更甚，罪过也就更大。至于进入别人的栏厩，盗取牛马的，其不仁义又甚于盗窃鸡犬牲畜的。这是为何呢？因为其损害人更多了。若其损害人更多，他的不仁也就更甚，罪过也就更大。至于杀害无辜之人，夺取他的衣裘、戈剑的，其不义又甚于入人栏厩盗取牛马的。这是为何呢？因为他损害人更多了。若其损害人更多，他的不仁也就更甚，罪过也就更大。对于这些，天下的君子都知道非议他们，称其不义。如今不义大至攻打他人的国家，则不知道非议，反而跟着去赞誉，称其为义。这算得上是不明白义与不义的区别吗？

杀死一个人，称之为不义，必定要承受死罪。若按此法类推，杀十人，就有十倍的不义，一定要承受十倍的死罪；杀百人，则就有百倍的不义，一定要承受百倍的死罪。对于这些，天下的君子都知道非议，称之为不义。如今至于攻伐国家这种大不义之事，则不知道非议，反而跟着去称赞，称其为义。实在是不知道什么是义啊，所以记载那些称赞不义的话遗留给后世；若知道那些事是不义的，又怎么会记载那些不义的事来遗留给后世呢？

如今有这样的人，看到少许黑的就说是黑的，看到很多黑的就说是白的，那么人们就会认为此人不明白黑白的分别。尝到了少量苦的就说是苦的，尝到很多苦的就说是甜的，那么人们就会认为此人不明白甜苦的分别。如今做了少量不义之事，知道是不义的；大到做攻打他国这样的不义之事，则不知道是不义的，反而跟着去称赞，称其为义。这能称为懂得义与不义的区别吗？所以我由此知道，天下的君子对于义与不义的分辨是十分混乱的。

非攻中

原　文

子墨子言曰：古者①王公大人为政于国家者，情欲誉之审②，赏罚之当，刑政之不过失③……

是故子墨子曰：古者有语：谋而不得，则以往知来，以见知隐。谋若此，可得而知矣。今师徒④唯毋兴起，冬行恐寒，夏行恐暑，此不可以冬夏为者也。春则废民耕稼树艺，秋则废民获敛，此不可以春秋为者也。今唯毋废一时，则百姓饥寒冻馁而死者，不可胜数。今尝计军上竹箭、羽旄、幄幕、甲、盾、拨、劫⑤，往而靡弊腑冷⑥不反者，不可胜数。又与其矛、戟、戈、剑、乘车，其列住碎折靡弊而不反者，不可胜数。与其牛马，肥而往，瘠而反，往死亡而不反者，不可胜数。与其途道之修远，粮食辍绝而不继，百姓死者，不可胜数也。与其居处之不安，食饭之不时，饥饱之不节，百姓之道疾病而死者，不可胜数。丧师多不可胜数，丧师尽不可胜计，则是鬼神之丧其主后，亦不可胜数。

国家发政，夺民之用，废民之利，若此甚众。然而何为为之？曰：我贪伐胜之名，及得之利，故为之。子墨子言曰：计其所自胜，无所可用也。计其所得，反不如所丧者之多。今攻三里之城、七里之郭，攻此不用锐⑦，且无杀而徒得，此然也。杀人多必数于万，寡必数于千，然后三里之城、七里之郭且可得也。今万乘之国，虚数于千，不胜而入。广衍⑧数于万，不胜而辟。然则土地者，所有馀也；王民者，所不足也。今尽王民之死，严下上之患，以争虚城，则是弃所不足而重所有馀也。为政若此，非国之务者也！

注 释

①古者：或说当为"今者"，因为此段文字缺失较多，所以难以判断。

②誉之审：应为"毁誉之审"。

③此后文字缺失。

④师徒：军队。

⑤拨：同"瞂"，大盾；劫，同"铦"，刀把。

⑥腑冷：腐烂。

⑦锐：精锐士卒。

⑧广衍：宽广绵长（的原野）。

译 文

墨子说：古代治理国家的王公大人，果真追求毁誉审实，赏罚得当，刑罚施政没有过失……

所以，墨子说：古代有这样的话：若谋虑不到，就依据过去推知未来，依据明显之事推知隐微之事。如此谋略，就能够得到的。如今假若军队出征，冬天行军害怕寒冷，夏天行军害怕酷暑，此则说明不可以在冬夏两季出征。春天出征则耽误民众翻耕种植，秋天出征则耽误民众收获敛藏，此则说明不可以在春秋两季出征。如今耽误一时农时，则百姓饥寒冻饿而死的，就将不可胜数。如今尝试计算出兵时所使用的竹箭、羽旄、帐幕、铠甲、盾牌、刀柄，拿去使用以后破败、腐烂而不能带回的，也多得不可胜数；又其使用的矛、戟、戈、剑、乘车，拿去使用后破碎、弊坏而不能带回的，也多得不可胜数；又其牛马，去时肥壮，回来瘦弱，至于去后死亡而不能返回的，也是不可胜数；又其道路遥远，粮食断绝不继，百姓因此而死的，多得不可胜数；又其居处不安，饮食不时，饥饱不节，百姓在路上生病而死的，也多得不可胜数；战败丧师之事多得不可胜数；战败丧师中死亡将士不可胜计；先祖的鬼神因此而失去祭祀之人的也不可胜数。

国家发动战争，夺取民众的采用，损害民众的利益，像这样之多。然而为政者为何还要做这样的事呢？回答是：我贪图战胜的虚名和所抢得的利益，所以这样做。墨子说：计算他所取得的胜利，毫无用处；计算他所多得的财物，反而不如战争中丧失的多。如今攻打三里之城、七里之郭，攻占它们，不动用精锐之师，且又不杀伤徒众，能够得到吗？杀人多的以万数，少的也达数千，然后才能占领三里之城、七里之郭。如今万乘大国，虚邑数以千计，入住都入住不过来；广阔平衍之地数以万计，开辟都开辟不完。所以，国家的土地是有余的，而民众却是不足的。如今让民众去战死，加重上下的灾患，去争虚城，这就是摒弃他所不足的而追求有余的。如此为政，不是治国的要务啊！

原　文

饰①攻战者言曰：南则荆、吴之王，北则齐、晋之君，始封于天下之时，其土地之方，未至有数百里也，人徒之众，未至有数十万人也。以攻战之故，土地之博，至有数千里；人徒之众，至有数百万人，故当攻战而不可也。子墨子言曰：虽四五国则得利焉，犹谓之非行道也。譬若医之药人之有病者然，今有医于此，和合其祝药之于天下之有病者而药之。万人食此，若医四五人得利焉，犹谓之非行药也。故孝子不以食其亲，忠臣不以食其君。古者封国于天下，尚者以耳之所闻，近者以目之所见，以攻战亡者，不可胜数。何以知其然也？东方有莒之国者，其为国甚小，间于大国之间，不敬事于大，大国亦弗之从而爱利②。是以东者越人夹削其壤地，西者齐人兼而有之。计莒之所以亡于齐、越之间者，以是攻战也。虽南者陈、蔡，其所以亡于吴、越之间者，亦以攻战。虽北者且、不一著何③，其所以亡于燕代、胡貊之间者，亦以攻战也。是故子墨子言曰：古者王公大人，情欲得而恶失，欲安而恶危，故当攻战而不可不非。

饰攻战者之言曰：彼不能收用彼众，是故亡。我能收用我众，以此攻战于天下，谁敢不宾服哉！子墨子言曰：子虽能收用子之众，子岂若古者吴阖闾哉？古者吴阖闾教七年，奉甲执兵，奔三百里而舍焉。次注林，出于冥隘之径，战于柏举，中楚国④而朝宋与及鲁。至夫差之身，北而攻齐，舍于汶上，战于艾陵，大败齐人，而葆之大山⑤。东而攻越，济三江五湖，而葆之会稽。九夷之国莫不宾服。于是退不能赏孤⑥，施舍群萌，自恃其力，伐其功，誉其智，怠于教。遂筑姑苏之台，七年不成。及若此，则吴有离罢⑦之心。越王勾践视吴上下不相得，收其众以复其仇，入北郭，徙大内⑧，围王宫，而吴国以亡。昔者晋有六将军，而智伯莫为强焉。计其土地之博，人徒之众，欲以抗诸侯以为英名。功战之速，故差论其爪牙之士，皆列其舟车之众，以攻中行氏而有之。以其谋为既已足矣，又攻兹范氏而大败之。并三家以为一家而不止，又围赵襄子于晋阳。及若此，则韩、魏亦相从而谋曰："古者有语：'唇亡则齿寒。'赵氏朝亡，我夕从之。赵氏夕亡，我朝从之。诗曰：'鱼水不务，陆将何及乎？'"是以三主之君，一心戮力，辟门除道⑨，奉甲兴士，韩、魏自外，赵氏自内，击智伯，大败之。

是故子墨子言曰：古者有语曰：君子不镜于水，而镜于人。镜于水，见面之容。镜于人，则知吉与凶。今以攻战为利，则盖尝鉴之于智伯之事乎？此其为不吉而凶，既可得而知矣。

注　释

①饰：矫饰、辩解。

②不敬事于大，大国亦弗之从而爱利：应为"不敬事于大国，亦弗之从而爱利"，即：既不敬事大国，也不顺从大国，而唯利是图。

③且、不一著何：应为"粗、不屠何"，北方燕代之地的两个小国名。

④中楚国：攻入楚国腹地。

⑤葆之大山：葆，退保；大山，泰山。

⑥赏孤：赏赐、抚恤阵亡将士的孤寡。

⑦离罢：疲惫而离散。

⑧大内：应为"大舟"，吴王夫差建造供自己玩乐的大船。

⑨辟门除道：在城墙上开辟大门，清除道路。

译　文

为攻战进行矫饰的人辩解道：南方的楚国、吴国，北方的齐国、晋国，其初始受封时，土地方圆不过数百里，民众不过数十万。就是凭借攻战的缘故，土地广大到了数千里，民众多到了数百万。所以说，攻战是不可不进行的。墨子说：虽然这四五个国家因攻战而获利，也不能说它是可行的正道。就如医生给有病者开药一样，如今这里有个医生，调好他的药剂给天下有病的人服用。一万个病人服用这药剂，若只医好了四五个人，还不能说这药是可以通用的。所以，孝子不会拿它给自己的父母吃，忠臣不会拿它给自己的君主吃。古代天下的封国，远者由耳目所闻，近者亲眼看到，因为攻战而灭亡的，不可胜数。怎么知道如此呢？东方有个莒国，其国家很小，夹在大国之间，不敬事大国，也不顺从大国，而唯利是图。所以东面的越国侵削它的疆土，西面的齐国兼并、占有了它。审察莒国之所以被齐国、越国灭亡的原因，就是因为攻战。南方的国家陈、蔡，之所以被吴国、越国灭亡的原因，也都是攻战。北方的国家柤、不屠何，之所以被燕、代、胡貊灭亡的原因，也都是攻战。所以墨子说：当今的王公大人，若确实想获得利益而厌恶损失，想得到安定而厌恶危亡，就不可不反对攻战。

为攻战进行矫饰的人辩解道：那些君主不能收揽、役使他们的民众，所以灭亡。我能够收揽、使用我的民众，以此攻战于天下，谁敢不臣服呢！墨子说：你虽然能收揽、使用你的民众，难道赶得上从前的吴王阖闾吗？从前吴王阖闾教化七年，士兵披甲执刃奔行三百里才需停下歇息。于是吴军停驻在注林，取道冥隘小路，和楚军大战于柏举，攻入楚国腹地，迫使宋国、鲁国入朝臣服。到了夫差为君时，吴人北上攻打齐国，驻扎在汶上，与齐军在艾陵大战，大败齐人，使之退保泰山。于是向东攻打越国，渡过三江五湖，迫使越人退保会稽。东南九夷之国没有不臣服的。夫差取胜以后不能赏赐阵亡将士的遗孤，不能向民众普施恩惠，自恃勇力，自矜功业，吹嘘自己的才智，怠慢对国人的教化。又兴建姑苏台，历时七年还没建成。这个时候，吴国民众就有了疲惫、离异之心。越王勾践看到吴国上下不合，便收聚他的士卒来复仇，越人从吴国北郭攻入，掠走吴王的大船，包围吴国王宫，而吴国竟以此灭亡。从前晋国有六位将军，而智伯最为强大。他估量自己的土地广大，人民众多，想要跟诸侯抗衡以获得英名。认为攻战的方式扩张最快，于是选拔将领士卒，陈列战船战车，以攻打中行氏，并占据其领地。他认为自己的谋略已经十分完备了，又进攻范氏，将其打得大败。合并三家为一家犹且不罢手，又将赵襄子围困在晋阳。这个时候，韩氏、魏氏相互商议道："古语说'唇亡齿寒'，赵氏若在早上灭亡，我们就将在晚上追随灭亡；赵氏若在晚上灭亡，我们便在早上追随灭亡。诗中说：'鱼不在水中快跑，到了陆地上还怎么来得及呢？'"于是三家君主，勠力同心，开辟城门、清除道路，聚起甲士，韩氏、魏氏从外面，赵氏从里面，内外夹击智伯，将其打得大败。

所以墨子说：古语曾说：君子不以水为镜，而以人为镜。以水为镜，能照见容貌；以人为镜，则能预知凶吉。如今以攻战为利者，何不以智伯失败的事作为借鉴呢？这种事凶而不吉，已经能够得知了。

非攻下

原　文

子墨子言曰：今天下之所誉善者，其说将何哉？为其上中^①天之利，而中中鬼之利，而下中人之利，故誉之与？意亡非为其上中天之利，而中中鬼之利，而下中人之利，故誉之与？虽使下愚之人，必曰："将为其上中天之利，而中中鬼之利，而下中人之利，故誉之。"今天下之所同义者^②，圣王之法也。今天下之诸侯，将犹多皆免攻伐并兼^③，则是有誉义之名，而不察其实也。此譬犹盲者之与人同命白黑之名，而不能分其物也，则岂谓有别哉！是故古之知者之为天下度也，必顺虑其义而后为之行。是以动则不疑，速通成得其所欲，而顺天、鬼、百姓之利，则知者之道也。是故古之仁人有天下者，必反大国之说^④，一天下之和，总四海之内，焉率天下之百姓，以农臣事上帝、山川、鬼神。利人多，功故又大，是以天赏之，鬼富之，人誉之，使贵为天子，富有天下，名参乎天地，至今不废。此则知者之道也，先王之所以有天下者也。

今王公大人、天下之诸侯则不然。将必皆差论其爪牙之士，皆列其舟车之卒伍，于此为坚甲利兵，以往攻伐无罪之国，入其国家边境，芟刈⑤其禾稼，斩其树木，堕其城郭以湮⑥其沟池，攘杀其牲牷，燔溃其祖庙，劲杀其万民，覆其老弱，迁其重器，卒进而柱乎斗⑦，曰："死命为上，多杀次之，身伤者为下。又况失列北桡⑧乎哉？罪死无赦！"以譂⑨其众。夫无兼国覆军，贼虐万民，以乱圣人之绪。意将以为利天乎？夫取天之人，以攻天之邑，此刺杀天民，剥振神之位，倾覆社稷，攘杀其牺牲，则此上不中天之利矣。意将以为利鬼乎？夫杀之人，灭鬼神之主，废灭先王⑩，贼虐万民，百姓离散，则此中不中鬼之利矣。意将以为利人乎？夫杀之人为利人也博矣！又计其费，此为周生之本，竭天下百姓之财用，不可胜数也，则此下不中人之利矣。

今夫师者之相为不利者也，曰：将不勇，士不分，兵不利，教不习，师不众，率⑪不利和，威不围⑫，害⑬之不久，争之不疾，孙⑭之不强，植心不坚，与国⑮诸侯疑。与国诸侯疑，则敌生虑而意赢矣。偏具此物，而致从事焉，则是国家失卒⑯，而百姓易务也。今不尝观其说好攻伐之国？若使中兴师，君子⑰，庶人也必且数千，徒倍十万，然后足以师而动矣。久者数岁，速者数月，是上不暇听治，士不暇治其官府，农夫不暇稼穑，妇人不暇纺绩织纴。则是国家失卒，而百姓易务也。然而又与其车马之罢弊也，幔幕帷盖，三军之用，甲兵之备，五分而得其一，则犹为序疏矣。然而又与其散亡道路，道路辽远，粮食不继傺，食饮之时，厕役以此饥寒冻馁疾病，而转死沟壑中者，不可胜计也。此其为不利于人也，天下之害厚矣。而王公大人乐而行之，则此乐贼灭天下之万民也，岂不悖哉！今天下好战之国，齐、晋、楚、越，若使此四国者得意于天下，此皆十倍其国之众，而未能食其地也，是人不足而地有馀也。今又以争地之故而反相贼也，然则是亏不足而重有馀也。

注　释

①中：当，符合。

②同义者：共同认可的道义。

③将犹多皆免攻伐并兼："免"为衍字，指诸侯们多致力于相互攻伐兼并。

④大国之说：大国相互攻伐的主张。

⑤芟刈：割取。

⑥湮：填充、堵塞。

⑦卒进而柱乎斗："柱"当为"极"，通"及"。"乎"为衍文。译为：等到了战争的时候。

⑧失列北桡：落伍败北。

⑨谭：惮，使……畏惧。

⑩废灭先王：断绝先王的祭祀。

⑪率：同"帅"，将帅。

⑫圉：通"御"，抵御。

⑬害：当为"围"，被围困。

⑭孙：当为"系"，系累民众。

⑮与国：结交的国家。

⑯失卒：失去秩序。

⑰此处应有文字缺失，按上下意，应为"君子也必且数十"，或"君子也必且数百"。

译　文

　　墨子说：如今天下所称誉的人，该是怎样一种说法呢？是他在上能符合上天的利益，在中能符合鬼神的利益，在下能符合人民的利益，所以称誉他？还是他在上不能符合上天的利益，在中不能符合鬼神的利益，在下不能符合人民的利益，所以称誉他呢？即便是愚蠢之人，也会回答："因为他在上能符合上天的利益，在中能符合鬼神的利益，在下能符合人民的利益，所以称誉他。"如今被天下共同认可的义，就是前代圣王的法则。现在天下诸侯，大多致力于相互攻伐兼并，则是徒有称誉义的虚名，而不了解义的实情。这就如盲人和常人同样能说出黑白的名称，而不能分辨真正的黑白，这难道能说是可以分辨吗！所以，古代智者为天下谋划，一定要先考虑事情是否真的合乎道义，然后再去做。如此，行动便不会疑惑，且能迅速实现自己的愿望，又能顺应上天、鬼神、百姓的利益，这就是智者之道。所以，古代拥有天下的仁者，必然反对大国攻伐的主张，使全天下和睦一致，总领四海之内，率领天下百姓，务力农事以侍奉上帝、山川、鬼神。他们惠利的人多，而功劳又大，所以上天赏赐他们，鬼神富裕他们，百姓称誉他们，使他们贵为天子，富有天下，名声与天地齐同，至今不废。这就是智者之道，是先王之所以能拥有天下的原因。

如今的王公大人、天下诸侯则不这样。他们一定要选拔爪牙之士，陈列舟车士卒，用坚甲利兵，去攻打无罪的国家。侵入他国边境，收割其庄稼，砍伐其树木，拆毁其城郭，以填塞其沟池，抢夺、杀戮其牲畜，焚烧、毁坏其祖庙，滥杀其百姓，屠杀其老弱，搬走其宝器。到了战斗时，就下令说："死于君命的最上，杀敌多的其次，身体受伤的最下。至于落伍败北的呢？该当死罪，杀无赦！"如此来威吓士卒。兼并国家、覆没军队，残虐百姓，以扰乱圣人的功业。难道是认为这样有利于上天吗？取用上天的人民，以攻打上天的城邑，以此杀伤上天的子民，毁坏神位，倾覆社稷，夺杀牺牲祭品，如此在上则不合上天之利。难道认为这样是有利于鬼神吗？杀死人民，就灭掉了鬼神的祭主，废灭先王的祭祀，残虐天下万民，使百姓离散，如此在中则不合鬼神之利。难道认为这样有利于人民的利益？杀人以利人，利益又在哪里呢？再计算战争的费用，这都是民众生存之本，用尽天下百姓的财用，损耗不可胜数，如此在下则不合人民的利益。

如今对于军队人们认为不利的事，都说：将领不勇敢，士兵不奋进，武器不锋利，训练不精熟，人数不众多，将帅不和睦，受到威胁不能抵御，遭到围困不能长守，争夺优势不能迅疾，将士决心不够坚固，结交的诸侯心存疑虑。结交的诸侯心生疑虑，那么隔阂就会产生，而共同御敌的意愿就会减弱。假若具备了这些不利条件，还竭力进行战争，那国家就会丧失秩序，而百姓也会耽误正常事业。如今何不尝试着看看那些喜欢攻伐的国家。若国中兴师出兵，君子需要数十，普通士人需要数千，负担劳役的人则需数十万，然后才足以成军出动。战争持久的要几年，迅速的也要几个月，此时居上位者无暇听政，士人无暇处理公务，农夫无暇从事农事，妇女无暇纺线织布。如此则国家丧失秩序，而百姓耽误正常事务。然而又有车马的损弊，帐幕帷盖、三军用度、兵甲设备等损耗，这些也就能保全五分之一，这还是粗略的估计。然而又有士卒在道路上走散死亡的，道路辽远，粮食不继，饮食不时，厮役们因此饥寒、冻饿、生病，辗转死于沟壑之中的，不可胜计。如此其不利于人民，有害于天下也十分严重了。而王公大人都乐于实行，则这就是乐于残害天下的百姓，岂不荒唐！如今天下好战的国家，如齐、晋、楚、越，若让这四国得志于天下，那么让它们的民众增加十倍，也不能充满它们全部的土地，则是人口不足而土地有余！如今又以争夺土地的缘故而相互残杀，就是亏损不足的而增加有余的了。

原 文

今遝^①夫好攻伐之君，又饰其说以非子墨子曰：以攻伐之为不义，非利物与？昔者禹征有苗，汤伐桀，武王伐纣，此皆立为圣王，是何故也？子墨子曰：子未察吾言之类，未明其故者也。彼非所谓攻，谓诛也。昔者三苗大乱，天命殛^②之，日妖宵出^③，雨血三朝，龙生于庙，犬哭乎市，夏冰，地坼及泉，五谷变化，民乃大振^④。高阳^⑤乃命玄宫，禹亲把天之瑞令，以征有苗。四电诱祗^⑥，有神人面鸟身，若瑾以侍^⑦，搤矢有苗之祥^⑧。苗师大乱，后乃遂几^⑨。禹既已克有三苗，焉磨为山川^⑩，别物上下，卿制大极^⑪，而神民不违，天下乃静，则此禹之所以征有苗也。遝至乎夏王桀，天有〈车告〉命^⑫，日月不时，寒暑杂至，五谷焦死，鬼呼国，鹤^⑬鸣十夕馀。天乃命汤于镳宫，用受夏之大命："夏德大乱，予既卒其命于天矣，往而诛之，必使汝堪^⑭之。"汤焉敢奉率其众，是以乡有夏之境，帝乃使阴暴^⑮毁有夏之城。少少，有神来告曰："夏德大乱，往攻之，予必使汝大堪之。予既受命于天，天命融隆火^⑯于夏之城间西北之隅。"汤奉桀众以克有，属^⑰诸侯于薄，荐章^⑱天命，通于四方，而天下诸侯莫敢不宾服，则此汤之所以诛桀也。遝至乎商王纣，天不序其德，祀用失时，兼夜中，十日雨土于薄，九鼎迁止，妇妖宵出，有鬼宵吟，有女为男，天雨肉，棘生乎国道，王兄^⑲自纵也。赤鸟衔珪，降周之岐社，曰："天命周文王伐殷有国。"泰颠来宾，河出绿图^⑳，地出乘黄^㉑。武王践功^㉒，梦见三神，曰："予既沈渍殷纣于酒德矣，往攻之，予必使汝大堪之。"武王乃攻狂夫，反商之周，天赐武王黄鸟之旗，王既已克殷，成帝之来^㉓，分主诸神，祀纣先王，通维四夷，而天下莫不宾。焉袭汤之绪，此即武王之所以诛纣也。若以此三圣王者观之，则非所谓攻也，所谓诛也。

则夫好攻伐之君，又饰其说以非子墨子曰：子以攻伐为不义，非利物与？昔者楚熊丽㉔，始讨此睢山之间。越王繄亏㉕，出自有遽，始邦于越，唐叔与吕尚邦齐、晋。此皆地方数百里，今以并国之故，四分天下而有之。是故何也？子墨子曰：子未察吾言之类，未明其故者也。古者天子之始封诸侯也，万有馀。今以并国之故，万国有馀皆灭，而四国独立。此譬犹医之药万有馀人，而四人愈也，则不可谓良医矣。

则夫好攻伐之君又饰其说曰：我非以金玉、子女、壤地为不足也，我欲以义名立于天下，以德求诸侯也。子墨子曰：今若有能以义名立于天下，以德求诸侯者，天下之服可立而待也。夫天下处攻伐久矣，譬若傅子之为马㉖然。今若有能信效先利天下诸侯者，大国之不义也，则同忧之；大国之攻小国也，则同救之；小国城郭之不全也，必使修之；布粟之绝则委之；币帛不足则共之。以此效大国，则小国之君说。人劳我逸，则我甲兵强，宽以惠，缓易急，民必移㉗。易攻伐以治我国，攻必倍。量我师举之费，以争诸侯之毙，则必可得而序㉘利焉。督以正，义其名，必务宽吾众，信吾师，以此授㉙诸侯之师，则天下无敌矣，其为下不可胜数也。此天下之利，而王公大人不知而用，则此可谓不知利天下之巨务矣。

是故子墨子曰：今且天下之王公大人士君子，中情将欲求兴天下之利，除天下之害，当若繁为攻伐，此实天下之巨害也。今欲为仁义，求为上士，尚欲中圣王之道，下欲中国家百姓之利，故当若非攻之为说，而将不可不察者此也。

注　释

①逮：应为"逮"，及、至。

②殛：诛杀。

③日妖宵出：太阳出现妖异，夜晚出现在天空。或说"妖"为衍文。

④振：通"震"，震怖。

⑤高阳：颛顼帝，禹为颛顼六世孙。

⑥四电诱祗：疑为"雷电誖振"，即雷电乱震之意。

⑦若瑾以侍：应为"奉圭以侍"。

⑧搂矢有苗之祥："祥"当为"将"字之误，文意应为：用箭射有苗的将帅。

⑨遂几：逐渐衰微。

⑩焉磨为山川："磨"当为"历"，即度量、划分山川。

⑪卿制大极：当为"飨制四极"，即为四方制定制度。

⑫〈车告〉命：即诰命，以上喻下称为"诰"。

⑬鹳：同"鹤"。

⑭堪：胜。

⑮阴暴：一说为神灵名字；一说"阴"当为"降"，阴暴即降下灾难。

⑯融：祝融；隆，当为"降"。

⑰属：召集。

⑱荐章：昭告。

⑲兄：通"况"，更加。

⑳绿图：箓图，即传说中的"河图"。

㉑乘黄：传说中的神马。

㉒践功：应为"践阼"。

㉓成帝之来："来"当为"赉"；即承受天帝的赏赐。

㉔熊丽：楚国先王，鬻熊的儿子。

㉕繄亏：越国先王，或说即越王无余，不能确定。

㉖傅子之为马："傅"当为"僮"，即像役使牛马那样役使童子。

㉗移：迁徙，前来投奔。

㉘序：当为"厚"。

㉙授：抵御；或说应为"援"，援助。

译　文

至于好攻伐的君主，又辩饰他们的主张来非难墨子，说：您认为攻伐是不义的，恐怕它是有利的吧？从前，禹征讨有苗，汤征讨夏桀，武王征讨殷纣，他们都被立为圣王，这是什么原因呢？墨子回答：您还没搞清我的说法，没明白我主张"非攻"的缘由。禹、汤、武王不是"攻",而是"诛"。从前三苗作乱,上天降命诛除他们,太阳晚上升起,连续三天降下血雨,宗庙中有龙出现,市场上有狗发出人的哭声,夏天水冻结成冰,大地裂开深及泉水,五谷变异,民心震怖。先祖颛顼帝于是在玄宫中向禹授命,禹亲自拿着上天的符令,前往征讨有苗。当时雷电大震,有人面鸟身的神灵,握着玉圭侍立,用箭射死有苗的将领。有苗军队于是大乱,后来就衰微了。禹征服有苗之后,于是划分山川,区别物类,规范四方,使神灵、百姓各归其道,天下于是安定下来,这就是禹征讨有苗的情况。到了夏王桀的时候,上天降下严命,日月失序、寒暑不调,五谷枯死,鬼怪高呼于国都之中,有鹤连续十个晚上鸣叫。上天就在镳宫向商汤降下命令,让他去接受夏桀的天命,说:"夏王德行大乱,我已经在天上断绝了他的命运,前往攻伐他,我一定让你大胜。"商汤于是才敢率领他的徒众,向有夏的边境进发,天帝派遣阴暴毁坏有夏的城郭。不久,有神灵前来通告,说:"夏王德行大乱,前往攻打他,我一定让你大胜。我已经得到天命,天帝命令祝融在夏都西北角放下大火。"商汤获得夏民的支持而击败了桀,接着在薄地召集诸侯,昭告天命,通谕四方,天下诸侯没有敢不服从的,这就是商汤讨伐夏桀的情况。到了商纣王的时候,上天厌恶纣王之德,祭祀失时,连续黑夜,一连十日土如雨下。九鼎移位,女妖夜出,鬼怪夜吟,有女人变为男子,上天降下肉雨,国道长满荆棘,而纣王却更加骄傲放恣。红色的鸟衔着玉珪,降临在周人的宗庙上,说:"上天命令周文王讨伐殷商。"泰颠前来投奔,黄河中出现箓图,大地上出现乘黄神马。武王即位,梦到三位神祇,都说:"我已经使纣王沉溺于酒色之中了,前往攻伐他,我一定让你取胜。"武王于是攻打狂夫纣,灭商兴周,上天于是赏赐武王黄鸟之旗。武王攻克殷商后,承受上天的赏赐,于是命令诸侯分祀诸神,并祭祀纣王的先祖,与四夷交通,天下没有不服从他的。于是他继承商汤的事业,这就是武王伐纣的情况。由这三位圣王的事业来看,他们的攻伐不能称为"攻",而是"诛"。

好攻伐的君主,又辩饰其说法来非难墨子,说:您认为攻伐不利,大概它是有利的吧?从前楚国君主熊丽,开始在睢山之间征讨;越王緊亏出自有遽氏，开始到越地建国；唐叔和吕尚就封于齐、晋之地。他们的国家最初都不过数百里，如今以兼并其他国家的手段，几乎四分天下。这是什么原因呢？墨子回答：您还没搞清我的说法，没明白我主张"非攻"的缘由。古代天子最初分封诸侯，多达上万个。如今因为国家相互兼并的原因，万余国家都已经覆灭，只剩下这四个独立尚存。这就如医生给万余人吃药，而只有四个人痊愈一样，不可以称其为良医。

但爱好攻伐的君主又辩饰其说法，说：我不是因为金玉、人口、土地的不足而发动战争，我是想以义立名于天下，以德收服诸侯。墨子说：当今若有能以义立名于天下，以德收服诸侯的，天下的归服就可以立刻得到。天下苦于攻伐很久了，就像将童子当作马来役使一样。如今若有能以信义交往、惠利天下诸侯的，大国行不义则共同为此忧虑；大国攻打小国，就前往救援；小国城郭不能保全，必定帮其修理好；布匹粮食匮乏，就相赠送；财货金钱不足，就来供给。这样与他国交往，大国、小国的君主都必然欢悦。别人劳顿而我安逸，则我的兵力强盛。宽厚而恩惠，平缓而不急，民众必定前来归附。改变攻伐的政策，以治理自己的国家，功效必定加倍。计算我们兴师的损费，用来救济诸侯的疲敝，那一定可以获得厚利。以正道引导他人，树立道义的美名，务必款待我的民众，取信我的军队，以此来对抗诸侯的军队，那就天下无敌了。这样做的好处不可胜数，这是天下的大利，而王公大人却不知采用，则可以说他们不知惠利天下的最大要务了！

所以，墨子说：如今天下的王公大人士君子，果真想兴起天下之利，除去天下之害，那么，假若频繁攻伐，这就是天下的大害。如今想追求仁义，求为上士，上追求符合圣王之道，下追求符合国家、百姓的利益，则对于"非攻"这样的主张，不可不深察的原因，就在于此。

大取

原　文

天之爱人心，薄[①]于圣人之爱人也；其利人也，厚于圣人之利人也。大人之爱小人也，薄于小人之爱大人也；其利小人也，厚于小人之利大人也。以臧②为其亲也而爱之，非爱其亲也；以臧为其亲也而利之，非利其亲也。以乐为利其子，而为其子欲之，爱其子也；以乐为利其子，而为其子求之，非利其子也。

于所体之中，而权轻重之谓权。权，非为是也，非非为非也③。权，正也。断指以存腕，利之中取大，害之中取小也。害之中取小也，非取害也，取利也。其所取者，人之所执也。遇盗人，而断指以免身，利也；其遇盗人，害也。断指与断腕，利于天下相若，无择也。死生利若，一无择也。杀一人以存天下，非杀一人以利天下也。杀己以存天下，是杀己以利天下。

于事为之中，而权轻重之谓求。求为之，非也④。害之中取小，求为义，非为义也。为暴人语天之为是也，而性，为暴人歌天之为非也。诸陈执既有所为，而我为之陈执，执之所为，因吾所为也；若陈执未有所为，而我为之陈执，陈执因吾所为也。暴人为我为天之以人非为是也，而性。不可正而正之。利之中取大，非不得已也；害之中取小，不得已也。所未有而取焉，是利之中取大也；于所既有而弃焉，是害之中取小也。

义可厚，厚之；义可薄，薄之，谓伦列。德行、君上、老长、亲戚，此皆所厚也。为长厚，不为幼薄。亲厚，厚。亲薄，薄。亲至，薄不至。义，厚亲不称行而顾行⑤。为天下厚禹，为禹也。为天下厚爱禹，乃为禹之人爱也。厚禹之⑥加于天下，而厚禹不加于天下。若恶盗之为加于天下，而恶盗不加于天下。

爱人不外己，己在所爱之中。己在所爱，爱加于己。伦列之爱己，爱人也。

圣人恶疾病，不恶危难。正体不动，欲人之利也，非恶人之害也。圣人不为其室，臧⑦之故，在于臧。

圣人不得为子之事。圣人之法，死亡亲，为天下也。厚亲，分也，以死亡之，体渴兴利。有厚薄而毋伦列，之兴利为己。

注 释

①薄：通"博"，广博。

264

②臧：家臣、奴仆。

③非非为非也：衍出一个"非"字，当为"非为非也"。

④非也：当为"非为之也"。

⑤不称行而顾行：第一个"行"，当为行次之意，指与人关系亲疏、地位尊卑；第二个"行"当为德行之意。

⑥厚禹之：当为"厚禹之爱人"。

⑦臧：当为储藏之意。

译　文

上天爱人，比圣人爱人要更为广博；上天利人，比圣人利人要更为厚重。君子爱小人，比小人爱君子要更为广博；君子惠利小人，比小人惠利君子要更为厚重。将奴仆当作自己的亲人而爱他，不是爱自己的亲人；将奴仆当作自己的亲人而惠利他，不是惠利自己的亲人。认为音乐对孩子有利，而希望孩子学习音乐，是爱自己的孩子；认为音乐对孩子有利，而强迫孩子学习音乐，并非有利于自己的孩子。

在所处置的事情中，权衡其轻重叫作"权"。权衡之后，选择它，并非因为它是对的；否定它，并非因为它是错的。权，只是考察出一种最为有利的情况。断指存腕，就是在利中取大，在害中取小。在害中取小，并非是选择害，而是选择了利。其所能选取的选项，掌握在别人的手中，不由自己主宰。遇到了强盗，断指以全身，这就是取利了；遇上强盗，本身就是一件大害事。若断指与断腕，对于天下的利都是相同的，也就无须权衡选择了，（人人都会选择断指）若死与生对天下的利都是相同的，也就无须权衡选择了，（人人都会选择生）杀一个人以保全天下，并非是杀死一个人就一定有利于天下，（而是权衡之后，觉得杀死他能保全天下，才不得不杀死他）杀身以保全天下，同样也是权衡后，觉得杀死自己能有利于天下（才不得不这么做的）。

在与人共同行事之中，而自己随意权衡轻重叫作"求"。要求别人按照自己的意愿取舍、行事，是不对的。在害中选取小的，要求别人遵从自己所认为的"义"，这不是真正的"义"。向暴人述说天道，这是正确的，这是君子的天性；强迫暴人顺从自己所谓的天道这是错误的。各种学说已经有了明确的主张，若我再为它们陈说阐释，那么，这些学说则因我而发扬光大。若各学说没有明确的主张，若我再为它们陈述阐释，那么，这些学说则可能会因我而改变、扭曲。暴人认为自己就是天下公理，而别人都是错误的，这就是他们的本性。对此不可不加以纠正。在利之中选取大的，不是不得已；而在害之中选取小的，则是不得已。获取所未有的东西，就是在利之中取大；而舍弃已经拥有的东西，就是在害之中取小。

可以厚爱的就厚爱，可以薄爱的就薄爱，这就是所谓的"伦列"。有德者、君上、长者、亲戚，这都是应当厚爱的。厚爱年长的，却不薄爱年幼的；亲厚的，厚爱；亲薄的，薄爱。有至亲的，没有至薄的。厚爱亲人，不可仅仅以亲疏关系去厚爱或薄爱，还要考察他的行为决定当厚爱还是薄爱。为天下厚爱禹，不是因为禹是亲人；为天下厚爱禹，是因为禹能惠爱天下人。厚爱禹的爱人作为，是有利于天下的；而厚爱禹本身，并不会有利于天下。这就如厌恶盗贼的盗窃行为，有利于天下；而厌恶盗贼本人，并不会有利于天下。

爱人并不排除自己，自己也在所爱之中。自己既然在所爱之中，爱也应加于自己。依照伦列爱自己，也是爱别人。

圣人厌恶疾病，不厌恶危难。之所以四体不动，也是为了使人们能得到利益，并不是因为害怕灾祸。

圣人不为了自己的家室，储藏货物，也是为天下人的利益而储藏。

圣人不能一味侍奉在父母身边尽孝。圣人丧葬的法则是：他们认为亲人已经去世了，心已无知，就节葬短丧，为天下尽心。厚爱父母，是人子的职分，认为他们死了就无知，是想竭尽力量为天下牟利。若只有厚薄而不顾伦列，那兴利就是为了自己的私利。

原　文

语经：非白马焉，执驹焉说求之①，舞说非也。渔大之舞大②，非也。三物③必具，然后足以生。

臧之爱己，非为爱己之人也。厚不外己。爱无厚薄，举己，非贤也。义，利；不义，害。志功为辩。

有有于秦马，有有于马，也智来者之马也。

爱众众世，与爱寡世相若④。兼爱之有相若。爱尚世⑤与爱后世，一若今之世人也。鬼，非人也，兄之鬼，兄也。

天下之利、驩。圣人有爱而无利，倪日之言⑥也，乃客之言也。天下无人，子墨子之言也。犹在。

不得已而欲之，非欲之也。非杀臧也⑦。专杀盗，非杀盗也。凡学爱人。

小圜之圜，与大圜之圜同。方⑧至尺之不至也，与不至锺之至不异，其不至同者，远近之谓也。

是璜也，是玉也。意楹，非意木也，意是楹之木也。意指之人也，非意人也。意获⑨也，乃意禽也。志功，不可以相从也。

利人也，为其人也。富人，非为其人也。有为也以富人。富人也，治人有为鬼焉。为赏誉利一人，非为赏誉利人也。亦不至无贵于人。智亲之一利，未为孝也，亦不至于智不为己之利于亲也。

智是之世之有盗也，尽爱是世。智是室之有盗也，不尽是室也。智其一人之盗也，不尽是二人。虽其一人之盗，苟不智其所在，尽恶其弱也。

诸圣人所先为，人欲⑩名实。名实不必名⑪。苟是石也白，败⑫是石也，尽与白同。是石也唯大，不与大同，是有便谓焉也。以形貌命者，必智是之某也，焉智某也。不可以形貌命者，唯不智是之某也，智某可也。诸以居运⑬命者，苟入于其中者，皆是也，去之，因非也。诸以居运命者，若乡里齐、荆者，皆是。诸以形貌命者，若山丘室庙者，皆是也。

智与意异。重同，具同，连同，同类之同，同名之同，丘同，鲋同，是之同，然之同，同根之同。有非之异，有不然之异。有其异也，为其同也，为其同也异。一曰乃是而然，二曰乃是而不然，三曰迁⑭，四曰强⑮。

子深其深，浅其浅，益其益，尊其尊。察次山比因至，优指复。次察声端名，因请复⑯。正夫⑰辞恶者，人右⑱以其请得焉。诸所遭执，而欲恶生者，人不必以其请得焉。

注 释

①非白马焉，执驹焉说求之：非白马，指"白马非马"的说法；

执驹焉说求之，当为"执驹马说求之无母"，即"孤驹没有母亲"的诡辩之论。

②渔大之舞大：疑原文谬误，当为"杀犬之无犬"。

③三物：指故、理、类三者。

④爱众众世，与爱寡世相若：世，当为"也"；一"众"字衍出。此句当为"爱众也，与爱寡也相若"。

⑤尚世：上世；尚，通"上"。

⑥倪日之言：当为"儒者之言"。

⑦非杀臧也：当为"专杀臧，非杀臧也"。

⑧方：当为"不"。

⑨获：收获、猎物。

⑩欲：当为"效"。

⑪名实不必名：当为"实不必名"。

⑫败：击碎，敲碎。

⑬居运：居住或迁徙。

⑭迁：昔日是，今日不是。

⑮强：似是而非。

⑯这两句脱误严重，难以推测原文，只能根据上下文对其进行翻译，见译文。

⑰正夫：当为"匹夫"。

⑱右：当为"有"。

译 文

《语经》说：白马不是马，孤驹没有母亲，这是舞弄口舌，是错误的。说杀狗不是杀犬，这也是不对的。故、理、类三者俱备，才足以论证。

奴仆爱自己，并不是爱自己这个人。厚爱别人并不排除自己，爱人与爱己，并无薄厚之分。但过分推举自己，就非贤者所为了。义，就是利己利人；不义，就是害人害己。义与不义，应该根据行事之人的意愿和功绩来判断。

有人说是秦马，有人说是马，都知道来的是马。

爱众多的人与爱稀少的人相同。兼爱任何人，要相等对待他们。爱上古之人与后世之人，也要和爱当世之人一样。鬼不是人，但兄长的鬼，就应该像对待兄长一样。

天下人都追求利益和欢乐。"圣人有爱而无利"，这是道听途说之言，是儒者的说法，即便天下没人支持墨子的说法，但真理永远在那里。

不得已而想要它，并不是真的想要它。不得已而杀死家臣，并非真的想杀死家臣。以杀死强盗为职业，并非是真的想杀人。但凡贤者做出这些事，都是出于爱人的目的。

小圆的圆和大圆的圆是一样的。"不到一尺"的不到和"不到千里"的不到是没有差别的，不到是一样的，只不过远近不同罢了。

是璜，也就说明了是玉。考虑柱子，并非考虑所有木头，而是考虑做成了柱子的木头。考虑某个人，也并非考虑整个人类。而考虑猎物，却是考虑所有的禽鸟。动机和效果，是不可以相等同的。

说"利人"，就是真的为那人好；说"富人"，不一定真的为他好，也可能怀着某种目的使他富有。使他富有，是为了让他能治理人事、祭祀鬼神。为了自己获得赏誉而有利于一人，并非真的是要用赏誉去惠利他人，但这种做法也不至于对他人没有任何好处。知道自己通过孝亲而获利，还称不上真正的孝顺，但也不至于为了避嫌，明知可以利亲而不去做。

知道这个世界上有强盗，仍然爱这个世上所有人；知道这个屋中有强盗，不能认为里面的所有人都是强盗。知道其中一人是强盗，不能讨厌其中所有人。虽然明知其中一个人是强盗，若不知他在何处，就讨厌所有人的人，那就是自己的爱心太弱了。

圣人首先要做的，就是考察名实。实不一定都在名上体现出来。若一块石头是白的，那么将其打碎，每一小块都是同样的白。这块石头是大的，那么将其打碎，每一小块就不能同样称为大了，这就是各依其便而称名。以形貌而命名的，一定要知道作为名的那个东西是什么样的，然后才能知晓这件东西是什么样的。不能以形貌来命名的，虽然不知道它的名反映的对象如何，只要知道它本身什么样就可以了。

那些以居住和迁徙来命名的，若进入其中居住的，就都是，离开了，就不是了。那些以居住、迁徙命名的，比如乡里、齐、楚等；那些以形貌命名的，比如山、丘、室、庙等。

认知与本意会有差异。有重同、具同、连同、同类之同、同名之同、丘同、鲋同、是之同、然之同、同根之同。有根本不同的异，有是非各执的异。有的异，恰恰是因为同，所以才显出了异。是不是的关系有四种：一是"是而然"；二是"是而不然"；三是"迁"；四是"强"。

对于某种学说，你应该深奥的就深入探求，浅近的就浅近了解，增益其对世人有益的，尊重其值得尊重的。明察其所以成立的根由以及学说中的比附，及其设立主张的原因。再进一步考察其所说的内容——包括其论点产生的端绪、借鉴名学的方法，这样对于其实情就能完全了解。不善言辞的匹夫，人们都能从其言语中察得实情；可那些因自己遭遇而固执某种成见，存有好恶偏执的人，则人们一定难以从其主张中了解实情了。

原 文

圣人之附〈溃〉①也，仁而无利爱，利爱生于虑。昔者之虑也，非今日之虑也；昔者之爱人也，非今之爱人也。爱获之爱人也，生于虑获之利，虑获之利，非虑臧之利也，而爱臧之爱人也，乃爱获之爱人也。去其爱而天下利，弗能去也。昔之知墙②，非今日之知墙也。贵为天子，其利人不厚于正夫。二子事亲，或遇孰，或遇凶，其亲也相若。非彼其行益也，非加也。外执无能厚吾利者。藉臧也死而天下害，吾持养臧也万倍，吾爱臧也不加厚。

长人之异，短人之同，其貌同者也，故同。指之人也与首之人也异。人之体，非一貌者也，故异。将剑与挺剑异，剑以形貌命者也，其形不一，故异。杨木之木与桃木之木也，同。诸非以举量数命者，败之尽是也。故一人指，非一人也，是一人之指，乃是一人也。方之一面，非方也，方木之面，方木也。

以故生，以理长，以类行也者。立辞而不明于其所生，忘也。今人非道无所行，唯有强股肱，而不明于道，其困也，可立而待也。夫辞以类行者也，立辞而不明于其类，则必困矣。故浸淫之辞，其类在鼓栗③。圣人也，为天下也，其类在于追迷④。或寿或卒，其利天下也指若，其类在誉石⑤。一日而百万生，爱不加厚，其类在恶害。爱二世有厚薄，而爱二世相若，其类在蛇文⑥。爱之相若，择而杀其一人，其类在阮下之鼠。小仁与大仁，行厚相若，其类在申。凡兴利除害也，其类在漏雍⑦。厚亲不称行而类行，其类在江上井。不为己之可学也，其类在猎走。爱人非为誉也，其类在逆旅。爱人之亲若爱其亲，其类在官苟⑧。兼爱相若，一爱相若，一爱相若，其类在死也。

注　释

①附〈氵贾〉：附，通"拊"；〈氵贾〉，疑为"循"。

②墙：当为"啬"，节俭。

③鼓栗：鼓起人的警戒。

④追迷：匡正世人的迷惑。

⑤誉石：药石，指以药石攻除天下病害。

⑥蛇文：文字有脱误，原文不可考，按上下文翻译，见译文。

⑦漏雍：弥补漏洞、疏通壅塞。

⑧此处文字有脱失，意思不明。

译　文

　　圣人拊循天下，以仁为本而没有固定的爱、利手段，如何爱人、利人都产生于思虑。昔日的思虑，不是今日的思虑；昔日爱人的方法，不是今日的爱人。爱婢妾的爱人，产生于考虑婢妾的利益，考虑婢妾的利益，而不是考虑奴仆的利益；但爱奴仆的爱，和爱婢妾的爱，在根本上是相同的。若去掉其所爱而能有利于天下，那就不能不去掉了。从前懂得节俭，不一定今日也懂得节俭。贵为天子，其厚爱人之心，不一定重于匹夫。两个儿子侍奉亲人，一个遇到丰年，一个遇到荒年，侍奉父母的资用不同，但他们的孝心是相同的。并非他们的孝行有所增益，内心指孝的厚薄并未改变。外物不能使我的利人之心有所改变，假如奴仆死了会对天下有害，我养护奴仆一定谨慎万倍，但我对奴仆本人的爱心并未有所增加。

　　高的人与矮的人相同，是因为他们的外表相同，所以说相同。指着的人与面向的人不同，人并非只有一种相貌，所以说不同。扶剑和拔剑是不相同的，这是剑以形貌来命名的，形状不一，所以不同。杨木的木与桃木的木，相同。那些不是以数量命名的，将其拆开还是那些东西。所以，一个人指向的人，并非一个人；被人所指的一个人，确实是一个人。一面是方的东西，未必是一个方体；而方木的任何一面，都是方的。

论说因其"缘故"而产生，又顺道理而发展，借助同类事物相互推行。立论却不明白其缘故，所论一定是荒谬的。如今人不遵从道理，就无法行事，只有强壮的身体，而不明白做事的道理，他陷入困窘，是立等可待的。论说要依其同类而推行，立论而不明白其所依循的类，就一定会遭遇困境。所以渐入的言辞，目的在鼓起人的警戒。圣人，就是为天下牟利的人，其目的就在于匡正世人的迷惑。无论长寿与夭折，圣人利天下的目的都是相同的，他们都会如药石那样攻除天下的病害。一日之中有成百上万的生灵诞生，但我的爱不会有厚薄的变化，都是要为之除去祸害。爱上世、今世有薄有厚，但爱其实类同，类同之处就在于都按照伦列而施爱。爱两个人，而杀死其中的一个人，正如杀死坑中的老鼠，是为天下除害。小仁与大仁，德行的厚薄是相同的，相同之处是都在于尽力伸展自己的仁心。但凡兴利除害，都如堵漏洞、除壅塞一样，要随实情而变通。厚爱亲人，没有固定的行为标准，而是要努力效仿孝子的孝心，就如江中的井一样（用不着随着别人的流动而流动）。"不为己"是可以学的，就如打猎时追逐猎物一样。爱人并非为了沽名钓誉，就如旅店一样各取所需，相互惠利。爱别人的亲人，如同爱自己的亲人，自己的亲人也在爱、敬之中。大家相互兼爱，就相当于每个人都爱自己；若每个人都只爱自己，这和一群死人又有什么区别？

小取

原　文

夫辩者，将以明是非之分，审治乱之纪，明同异之处，察名实之理，处利害，决嫌疑。焉摹略万物之然，论求群言之比，以名举实，以辞抒意，以说出故，以类取，以类予。有诸己不非诸人，无诸己不求诸人。

或也者，不尽也。假者，今不然也。效者，为之法也；所效者，所以为之法也。故中效，则是也；不中效，则非也，此效也。辟①也者，举也物而以明之也。侔也者，比辞而俱行也。援也者，曰子然，我奚独不可以然也？推也者，以其所不取之，同于其所取者，予之也。

是犹谓也者同也，吾岂谓也者异也。夫物有以同而不②，率遂同。辞之侔也，有所至而正③。其然也，有所以然也。其然也同，其所以然不必同。其取之也，有所以取之。其取之也同，其所以取之不必同。是故辟、侔、援、推之辞，行而异，转而危④，远而失，流而离本，则不可不审也，不可常用也。故言多方，殊类异故，则不可偏观也。

夫物或乃是而然，或是而不然。或一周而一不周，或一是而一不是也，不可常用也。故言多方，殊类异故，则不可偏观也。非也。

白马，马也，乘白马，乘马也。骊马，马也，乘骊马，乘马也。获，人也，爱获，爱人也。臧，人也，爱臧，爱人也。此乃是而然者也。

获之亲，人也，获事其亲，非事人也。其弟美人也，爱弟，非爱美人也。车，木也，乘车，非乘木也。船，木也，入船，非入木也。盗人，人也，多盗，非多人也；无盗，非无人也。奚以明之？恶多盗，非恶多人也；欲无盗，非欲无人也。世相与共是之。若若是，则虽盗人⑤也，爱盗非爱人也，不爱盗非不爱人也，杀盗人非杀人也，无难盗无难矣。此与彼同类，世有彼而不自非也，墨者有此而非之，无也故焉，所谓内胶外闭，与心毋空乎，内胶而不解也。此乃是而不然者也。

且夫读书，非好书也。且斗鸡，非鸡也，好斗鸡，好鸡也。且入井，非入井也，止且入井，止入井也。且出门，非出门也，止且出门，止出门也。若若是，且夭，非夭也，寿夭也。有命，非命也。非执有命，非命也。无难矣。此与彼同类，世有彼而不自非也，墨者有此而罪非之，无也故焉，所谓内胶外闭，与心毋空乎，内胶而不解也。此乃是而不然者也。

爱人，待周爱人，而后为爱人。不爱人，不待周不爱人；不周爱，因为不爱人矣。乘马，不待周乘马，然后为乘马也；有乘于马，因为乘马矣。逮至不乘马，待周不乘马，而后为不乘马。此一周而一不周者也。

居于国，则为居国，有一宅于国，而不为有国。桃之实，桃也。棘之实，非棘也。问人之病，问人也；恶人之病，非恶人也。人之鬼，非人也；兄之鬼，兄也。祭人之鬼，非祭人也；祭兄之鬼，乃祭兄也。之马之目盼，则为之马盼；之马之目大，而不谓之马大。之牛之毛黄，则谓之牛黄；之牛之毛众，而不谓之牛众。一马，马也，二马，马也。马四足者，一马而四足也，非两马而四足也。马或白者，二马而或白也，非一马而或白。此乃一是而一非者也。

注　释

①辟：同"譬"。

②不：同"否"。

③正：当为"止"。

④危：同"诡"。

⑤则虽盗人人：此处多一"人"字，为衍出。

译　文

辩论，就是为了分清是非的区别，审察治乱的规律，明白相同或差异的地方，考察名实之间的道理，断决利害关系，解决疑难疑惑。于是就要广泛地探求万事万物的本来面目，论证、分析各种不同的言辞、主张，用名称反映事物，用言辞表达思想，以推论解释其原因。按类别归纳，按类别演绎。能论证自己的观点，而不反对别人有道理的观点；不能论证自己的观点，也不能去胡乱刁难别人的观点。

"或"，表示并非都如此。"假如"，表示如今并非这样。"效法"，是为事物立了个标准，效法的那个对象就是评判的标准；所以符合标准就是对的，不符合标准就是错的。这就是"效法"的运用。"譬如"，是举物来说明这个道理。"相侔"，是同类的命题相互类推。"援引"，是说"你可以这样，我为何偏不可以这样呢?""推"，是用对方所不赞同的命题，推出其与对方所赞同的命题相同，以此来反驳对方。

"是犹谓"，意思是所说的东西相同，"吾岂谓"意思是所说的东西不同。事物有相同的地方而不相从属，那就是相同的。推论中的"相侔"，所说的范畴一定要有限度。事物如此，有所以如此的原因。表现形式相同，但之所以如此的原因未必相同。赞同一种观点，一定有赞同它的原因。在赞同它这点上相同，但之所以赞同它的原因未必相同。所以辟、侔、援、推之辞这些论式，运用起来就会发生各种变化，转而就可能称为诡辩，走远了就会迷失方向，就会失去论辩的本意，则不可不谨慎审察，不可以经常乱用。所以，言辩有很多方法，不同种类的事物论断的根据、理由也就不同，在论述中不可偏执某一种方法。

事物有"是而然"的，有"是而不然"的；有"一周而一不周"的，有"一是而一不是"的。不能总按常理来推论事物。所以，言辩有很多方法，很多类别，很多差异和缘故，在推论之中不能偏执某一观点，有所偏执是不正确的。

白马是马，乘白马是乘马。骊马是马，乘骊马是乘马。婢妾是人，爱婢妾，是爱人。奴仆是人，爱奴仆是爱人。这就是"是而然"的情况。

婢妾的双亲是人，婢妾侍奉其双亲，不能说是侍奉别人。一个人的弟弟是美人，他爱他的弟弟，不能说是他爱所有美人。车是木头做的，乘车不能说是乘木头。船是木头做的，入船不能说是入木头。强盗是人，强盗的数量多了，并不是人的总数多了；强盗没了，也并非是没有人了。以什么说明呢？厌恶盗贼多，并不是厌恶人多；希望没有盗贼，并非希望没有人。这是世人都认可的。如果这样，那么即便是盗贼也是人，但爱盗贼却不是爱人，不爱盗贼也并非不爱人，杀盗贼，也并非残杀人，这没有什么疑难的。彼此都是同类，世人都持有这个主张而不以之为错，墨者持有这个主张就非难他们，没有其他的缘故，这就是所谓的内胶外闭，耳目闭塞与内心空虚难道不是相互促进的吗？内心固执就得不到解脱。这就是"是而不然"的情况。

将要读书，不能说明喜欢书；将要斗鸡，指的不是鸡；喜欢斗鸡，喜欢的就是鸡。将要跳井，还不是跳井；阻止将要跳井，则是阻止跳井。将要出门，还不是出门；阻止将要出门，则是阻止出门。如果这样，那么将要夭折，还不是夭折，寿终才是夭折。持有命论，不是说天有生命；不持有命论，也并非说天帝无知。这里没有什么疑难。彼此都是同类的，世人都持有这个主张而不以之为错，墨者持有这个主张就非难他们，没有别的缘故，这就是所谓的内胶外闭，耳目闭塞与内心空虚难道不是相互促进的吗？内心固执就得不到解脱。这就是"是而不然"者的情况。

爱人，要普遍爱所有人，然后才能称为爱人。不爱人，则不必普遍不爱所有人；不普遍爱所有人，就可以称为不爱人了。乘马，不必等到乘了所有马才称为乘马；只要乘坐了马，就可以称为乘马。至于不乘马，则要不乘所有的马，然后才能说其不乘马。这就是"一周而一不周"的情况。

居住某国，就是居住在某国之内；在某国拥有座房子，并不是拥有某国。桃的果实，是桃；棘的果实，并非是棘。慰问他人的病情，是慰问那人；厌恶他人的疾病，并非是厌恶那人。人的鬼，不是人；兄长的鬼，却是兄长。祭某人的鬼，不是祭某人；而祭兄长的鬼，却是祭兄长。某匹马，眼睛一边小，就称其为眼睛一边小的马；某匹马的眼睛大，却不能称这匹马大。某头牛的毛黄，就称其为黄毛的牛；某头牛的毛多，却不能说是牛多。一匹马是马，两匹马也是马。马有四个蹄子，一匹马四个蹄子，并不能说两匹马四个蹄子。马有的是白色的，两匹马中有白色的，并不能说每一匹马都是白色的。这就是"一是而一不是"的情况。

史记篇

五帝本纪

黄帝

黄帝者，少典①之子，姓公孙，名曰轩辕。生而神灵②，弱③而能言，幼而徇齐④，长而敦敏⑤，成而聪明⑥。

轩辕之时，神农氏世衰⑦。诸侯相侵伐，暴虐百姓，而神农氏弗能征。于是轩辕乃习用干戈⑧，以征不享⑨，诸侯咸来宾从⑩。而蚩尤最为暴，莫能伐。炎帝欲侵陵诸侯，诸侯咸归轩辕。轩辕乃修德振兵，治五气⑪，蓺五种⑫，抚万民，度四方⑬，教⑭熊罴貔貅貙虎，以与炎帝战于阪泉之野。三战，然后得其志⑮。蚩尤作乱，不用帝命。于是黄帝乃征师诸侯，与蚩尤战于涿鹿之野，遂禽杀蚩尤。而诸侯咸尊轩辕为天子，代神农氏，是为黄帝。天下有不顺者，黄帝从而征之，平者去之，披山通道，未尝宁居。

东至于海，登丸山，及岱宗。西至于空桐，登鸡头。南至于江，登熊、湘。北逐荤粥⑯，合符⑰釜山，而邑于涿鹿之阿。迁徙往来无常处，以师兵为营卫⑱。官名皆以云命，为云师。置左右大监，监于万国。万国和，而鬼神山川封禅与为多焉。获宝鼎，迎日推策⑲。举风后、力牧、常先、大鸿以治民。顺天地之纪，幽明之占，死生之说，存亡之难。时播百谷草木，淳化⑳鸟兽虫蛾，旁罗㉑日月星辰水波土石金玉㉒，劳勤心力耳目，节用水火材物㉓。有土德之瑞㉔，故号黄帝。

277

注 释

①少典：有熊氏部族的首领。

②神灵：神异而有灵性。

③弱：出生不久。

④徇齐：形容非常聪明。徇，通"迅"，疾速，引申为敏慧。

⑤敦敏：笃实又敏捷。

⑥聪明：聪慧明辨，明察事理。

⑦世衰：世，通"式"，逐渐。世衰即逐渐衰落。

⑧习用干戈：习兵演武，训练士卒。

⑨不享：奉上谓之享，不享即不服，不朝拜。

⑩宾从：服从、归顺。

⑪治五气：五气，五行之气。古代把五行和四时相配：春为木，夏为火，季夏（夏季的第三个月）为土，秋为金，冬为水。"治五气"即指研究四时节气变化。

⑫蓺五种：蓺，种植；五种，黍、稷、稻、麦、菽农作物。

⑬度四方：计算、丈量四方的土地。

⑭教：训练。

⑮得其志：指黄帝如愿以偿地征服炎帝部族。

⑯荤粥：即匈奴。

⑰合符：古代的合盟信物制度，在文字发明之前常用于重大的政治、行政、庆典、军事等活动，符又称符节、符信，多以竹、木、兽皮、玉、骨等为材料，制成后一分为二，供持有者双方相互印证，也就是合符。

⑱以师兵为营卫：环绕军兵为营以自卫，指带兵走到哪里，就在哪里设置营寨守卫。

⑲迎日推策：推算节气历数。

⑳淳化：驯化。

㉑旁罗：遍及，句意指黄帝的德行遍及天地万物。

㉒日月星辰水波土石金玉：泛指天地万物。

㉓节用水火材物：水，决水取鱼，陂涸为田；火，烧山开荒。指

黄帝教导人民按照时节获取山川江河之利，有节制地使用各种资源。

㉔有土德之瑞：古时以五行相生相克附会王朝命运，土胜者即为土德，土在颜色上表现为黄色。

译　文

黄帝是有熊氏首领少典的儿子，姓公孙，名轩辕。他生来表现得神异而有灵性，出生不久便可以开口讲话，年幼时聪明机智，长大了笃实敏捷，成年以后见闻广博、明察事理。

黄帝之时，神农氏的统治逐渐衰弱。诸侯之间相互侵伐，残害百姓，而神农氏已经无力征伐他们了。于是，黄帝训练士卒，习兵演武，征讨那些不来朝贡者，因而诸侯都来归顺。诸侯之中，蚩尤部族尤为凶暴，没有人能够讨伐他。神农氏的首领炎帝好侵凌诸侯，诸侯于是都来归从黄帝。黄帝便修善德行，整顿军旅，研究时令节气的变化，播种五谷，安抚人民，丈量四方土地，训练熊、罴、貔貅、貙、虎等猛兽，与炎帝在阪泉的郊野大战。经过三次大战，才如愿以偿地征服了炎帝部族。这时，蚩尤又作乱，不遵从黄帝的命令。于是黄帝征发诸侯的军队，与蚩尤在涿鹿的郊野展开大战，终于擒杀了蚩尤。于是，诸侯都遵从轩辕为天子，取代神农氏统治天下，这就是黄帝。天下哪里有不归顺的，黄帝便率军前去征讨，平复之后就离开，一路上劈山开路，从未得到过安居。

向东黄帝到过大海之滨，登上了丸山、泰山；向西黄帝到达了空桐，登上了鸡头山；向南黄帝到达长江，登上了熊山、湘山；向北黄帝驱逐匈奴部族，在釜山与诸侯们合验了符契，并在涿鹿山脚下建起了自己的都邑。黄帝四处迁徙，没有固定的住处，带兵走到哪，就在哪里安营扎寨。黄帝用云来命名所封的官职，他的军队号称云师。又设置了左右大监，由他们来监督天下诸侯。诸侯都安定谐和，因此，自古以来黄帝时祭祀鬼神山川的活动最多。黄帝获得了上天赐予的宝鼎神策，便预测推算未来的节气历数。他起用风后、力牧、常先、大鸿等贤人治理民众，顺应天地四时的规律，推测阴阳五行的变化，制定出生死亡的礼仪，使民众免去生存的苦难。黄帝还教导百姓按照节气播种百谷草木，驯养鸟兽蚕虫，他的德行普及天地万物，为此身心耳目饱受辛苦，他还教民按时节、有节制地到江湖、陂泽、山林、原隰中采捕。黄帝做天子时有土德之瑞，所以他才号称"黄帝"。

夏本纪

大禹治水

原　文

　　夏禹，名曰文命。禹之父曰鲧，鲧之父曰帝颛顼，颛顼之父曰昌意，昌意之父曰黄帝。禹者，黄帝之玄孙而帝颛顼之孙也。禹之曾大父昌意及父鲧皆不得在帝位，为人臣。

　　当帝尧之时，鸿水滔天，浩浩怀山襄陵，下民其忧。尧求能治水者，群臣四岳皆曰鲧可。尧曰："鲧为人负命毁族①，不可。"四岳曰："等之未有贤于鲧者，愿帝试之。"于是尧听四岳，用鲧治水。九年而水不息，功用不成。于是帝尧乃求人，更得舜。舜登用，摄行天子之政，巡狩。行视鲧之治水无状，乃殛鲧于羽山以死。天下皆以舜之诛为是。于是舜举鲧子禹，而使续鲧之业。

　　尧崩，帝舜问四岳曰："有能成美尧之事者使居官？"皆曰："伯禹为司空，可成美尧之功。"舜曰："嗟，然！"命禹："女平水土，维是勉之。"禹拜稽首，让于契、后稷、皋陶。舜曰："女其往视尔事矣。"

　　禹为人敏给克勤②；其德不违，其仁可亲，其言可信；声为律，身为度，称以出；亹亹穆穆③，为纲为纪。

　　禹乃遂与益、后稷奉帝命，命诸侯百姓兴人徒④以傅土⑤，行山表木⑥，定高山大川。禹伤先人父鲧功之不成受诛，乃劳身焦思，居外十三年，过家门不敢入。薄衣食，致孝于鬼神；卑宫室，致费于沟淢。陆行乘车，水行乘船，泥行乘橇，山行乘檋⑦。左准绳，右规矩，载四时，以开九州，通九道，陂九泽，度九山。令益予众庶稻，可种卑湿。命后稷予众庶难得之食。食少，调有馀相给，以均诸侯。禹乃行相地宜所有以贡，及山川之便利。

注　释

　　①负命毁族：违背命令，危害善类。

②敏给克勤：敏捷又勤劳。敏给，敏捷；克勤，能勤劳。

③亹亹穆穆：勤勉庄敬。

④人徒：民众，服徭役的人。

⑤傅土：傅，通"敷"，分。即分理土地。

⑥表木：立木作为表计。

⑦暐：暐车，专门为登山而设计的交通工具。

译　文

夏禹，名叫文命。禹的父亲是鲧，鲧的父亲是帝颛顼，颛顼的父亲是昌意，昌意的父亲是黄帝。即禹是黄帝的玄孙、帝颛顼的孙子。禹的曾祖父昌意和父亲鲧都没能登上帝位，而作为臣子。

帝尧在位的时候，洪水滔天，浩浩荡荡地包围高山，漫过丘陵，百姓不堪其忧。尧求访能治理洪水的人，群臣四岳都说鲧可以。尧说："鲧这个人好违背命令、危害善类，不可以任用。"四岳说："如今没有比鲧更为贤能的人了，希望您试试他吧。"于是尧听从了四岳的建议，任用鲧治理洪水。九年过去了而洪水没有消退，鲧的治水功绩不成。于是尧乃求访别人，又得到了舜。舜被任用，摄行天子的政事，巡视四方。舜看到鲧治理洪水没有功绩，于是在羽山将鲧诛杀。天下人都认为舜诛杀鲧是正确的。而后舜举荐了鲧的儿子禹，让他继续鲧的事业。

尧去世以后，帝舜问四岳说："有能完成光大尧帝的事业、可以任用为官的人吗？"四岳都回答："如果让大禹做司空，一定可以完成光大尧帝的事业。"舜说："啊，的确！"于是，命令禹："你去平治水土，一定要好好干啊！"禹下拜叩首，辞让于契、后稷、皋陶。舜说："你还是去处理你的事务吧！"

禹为人敏捷又勤劳；不违道德，仁慈可亲，诚信守诺；出声可以为律，立身可以为度，规范准则都可以从他身上得到；他勤勉庄敬，可以作为民众的纪纲。

禹于是与益、后稷等奉尧帝之命，令诸侯百姓兴人力、服徭役以分理土地，沿着山势立木为表以确定高山大川。禹哀痛父亲鲧治水不成而遭到诛杀，于是劳心焦思，在外治水十三年，经过家门也不敢懈怠回家。他自己吃穿简朴，对先祖神灵的祭祀却很丰盛；自己住的地方很简陋，将资材都拥来修筑水沟水渠。他在陆地上就乘车奔走，遇水路就乘船奔波，在泥地里乘橇前行，在山路上乘暐车行进。他准绳、规矩从不离身，所行之事合乎四时节气，从而划分天下大州，疏通天下道路，治理天下江河，度量天下山川。命令益给百姓可以种在卑湿之处的稻种，又让后稷赈济没有粮食吃的民众。食物缺乏时，就让有余粮的地区调配食物给缺粮之地，使各诸侯境内贫富均衡。禹于是一边行进，一边考察各地物产，规定他们应向天子进献的贡品，并考察各地山川地形的便利程度。

殷本纪

殷纣亡国

原　文

帝纣资辨捷疾^①，闻见甚敏；材力过人，手格猛兽；知足以距^②谏，言足以饰非；矜^③人臣以能，高天下以声，以为皆出己之下。好酒淫乐，嬖于妇人。爱妲己，妲己之言是从。于是使师涓作新淫声，北里之舞，靡靡之乐。厚赋税以实鹿台之钱，而盈钜桥之粟，益收狗马奇物，充仞^④宫室。益广沙丘苑台，多取野兽蜚鸟置其中。慢于鬼神。大冣^⑤乐戏于沙丘，以酒为池，县^⑥肉为林，使男女倮^⑦相逐其间，为长夜之饮。

百姓怨望而诸侯有畔^⑧者，于是纣乃重刑辟，有炮烙之法。以西伯昌、九侯、鄂侯为三公。九侯有好女，入之纣。九侯女不憙^⑨淫，纣怒，杀之，而醢^⑩九侯。鄂侯争之强，辨之疾，并脯^⑪鄂侯。西伯昌闻之，窃叹。崇侯虎知之，以告纣，纣囚西伯羑里。西伯之臣闳夭之徒，求美女奇物善马以献纣，纣乃赦西伯。西伯出而献洛西之地，以请除炮烙之刑。纣乃许之，赐弓矢斧钺，使得征伐，为西伯。而用费中^⑫为政。费中善谀，好利，殷人弗亲。纣又用恶来。恶来善毁谗，诸侯以此益疏。

西伯归，乃阴修德行善，诸侯多叛纣而往归西伯。西伯滋大，纣由是稍失权重⑬。王子比干谏，弗听。商容贤者，百姓爱之，纣废之。及西伯伐饥国，灭之，纣之臣祖伊闻之而咎周，恐，奔告纣曰："天既讫⑭我殷命，假人元龟⑮，无敢知吉，非先王不相⑯我后人，维王淫虐用自绝，故天弃我，不有安食，不虞知天性⑰，不迪率典⑱。今我民罔不欲丧，曰'天曷不降威，大命胡不至'？今王其奈何？"纣曰："我生不有命在天乎！"祖伊反，曰："纣不可谏矣。"西伯既卒，周武王之东伐，至盟津，诸侯叛殷会周者八百。诸侯皆曰："纣可伐矣。"武王曰："尔未知天命。"乃复归。

纣愈淫乱不止。微子⑲数谏不听，乃与大师、少师谋，遂去。比干⑳曰："为人臣者，不得不以死争。"乃强谏纣。纣怒曰："吾闻圣人心有七窍。"剖比干，观其心。箕子㉑惧，乃佯狂为奴，纣又囚之。殷之大师、少师乃持其祭乐器奔周。周武王于是遂率诸侯伐纣。纣亦发兵距之牧野。甲子日，纣兵败。纣走入，登鹿台，衣其宝玉衣，赴火而死。周武王遂斩纣头，县之大白旗。杀妲己。释箕子之囚，封比干之墓，表商容之闾。封纣子武庚禄父，以续殷祀，令修行盘庚之政。殷民大说。于是周武王为天子。其后世贬帝号㉒，号为王。而封殷后为诸侯，属周。

注 释

①资辨捷疾：资，资质；辨，通"辩"，善辩；捷疾，行动敏捷迅速。

②距：通"拒"。

③矜：骄矜，夸耀。

④仞：通"牣"，满。

⑤冣：通"聚"，聚集。

⑥县：通"悬"。

⑦倮：通"裸"。

⑧畔：通"叛"。

⑨憙：通"喜"。

⑩醢：酷刑，将人剁为肉酱。

⑪脯：酷刑，将人杀死做为肉干。

283

⑫费中：即费仲，纣时佞臣。

⑬权重：权利，权柄。

⑭讫：终止，断绝。

⑮假人元龟：假人，以人事察验；元龟，卜龟，用龟壳占卜。

⑯相：保佑，帮助。

⑰天性：天意，天命。

⑱率典：常法。

⑲微子：微子启，纣王的庶兄。

⑳比干：纣王的叔叔。

㉑箕子：纣王的叔叔。

㉒贬帝号：夏、商的天子称帝，周天子为了自谦称王，表示自己德行浅薄不及五帝。

译　文

商王纣天子聪敏，能言善辩，行动迅捷，材力超过常人，能徒手与猛兽格斗。他的智慧足可拒绝谏言，言辞足可掩饰过错，于是便以才能在群臣面前骄矜自大，以声威在天下人面前抬高自己，以为世人没有赶得上自己的。纣王嗜好饮酒淫乐，宠幸妇人。他尤为宠爱妲己，唯妲己之言是从。于是让师涓作新的俗乐，配以市井的舞曲，淫靡的歌声。他又加重赋税，充实鹿台的钱财，充盈钜桥的粮仓，大肆收集犬、马、奇异的玩物来填满宫室。又扩建沙丘的楼台苑囿，捕捉野兽飞鸟放养在其中。他怠慢鬼神祭祀，招来大批戏乐，聚集在沙丘，以酒为池，悬肉为林，让男女赤裸着在里面追逐嬉戏，通宵达旦地饮酒作乐。

百姓心生怨望而诸侯多有背叛的，于是纣王便加重刑罚，设置了炮烙之刑。纣任用西伯昌、九侯、鄂侯作为三公。九侯有个美丽的女儿，献给纣王为妃。九侯之女不喜淫荡，惹怒了纣王，纣王将其杀死，并将九侯处以醢刑。鄂侯极力争辩，争辩激烈了，纣王也把其鄂侯处死，并将其制成肉干。西伯昌听闻消息，私下里哀叹。崇侯虎得知以后，便向纣王告发，纣将西伯囚禁在羑里。西伯的臣子闳夭等人求寻来美女、奇物、宝马等献给纣王，纣王于是赦免了西伯。西伯从监狱里出来以后，将洛水以西的一片土地献给纣，请求废除炮烙之刑，纣王许诺了，并赐给西伯弓矢斧钺，使他可以征伐其他诸侯，这样他就成了西部地区的诸侯长。纣任用费仲处理政事。费仲善于阿谀，贪图财利，殷人因此不再亲和。纣又重用恶来，恶来善于毁谤，好进谗言，因此诸侯对于殷商越加疏远了。

西伯回到周，便暗地里修德行善，很多诸侯背叛了纣王前去归附西伯。西伯愈加强大，纣因此渐渐丧失了权利。王子比干劝谏，纣王不听。大臣商容是贤者，百姓爱戴他，纣将其罢免。及至西伯攻打饥国，将其灭掉，纣的臣子祖伊听说后怪罪周国，十分恐惧，跑到纣那里报告说："上天已经断绝我们殷商命运了，无论以人事查看，还是用龟壳占卜，没有任何吉兆，并不是先王的在天之灵不保佑我们，只是因为大王荒淫残虐自绝于天，所以上天抛弃我们，使我们不得安食，您既不揣度天意，又不遵守常法。如今殷商百姓没有不想让国家灭亡的，说'上天何不显示威力？天命为何还不到来？'如今大王打算怎么办呢？"纣王说："我生下来就为天子，这难道不是天命注定的吗！"祖伊归来，叹道："纣王无法劝谏了！"西伯去世以后，周武王东伐，到了盟津，诸侯背叛殷商与周军会师的有八百余国。诸侯都说："殷纣可以讨伐了。"武王说："你们不了解天命。"于是又回去了。

纣王淫乱不止。微子屡次进谏不听，便与少师、太师等谋划，于是离开了殷。比干说："为人臣子，不得不以死抗争。"于是强谏纣王。纣王被激怒了，说："我听说圣人心上有七窍。"于是便剖开比干的胸，观看他的心。箕子因此畏惧，便佯狂装作奴隶一样行事，纣王还是将他囚禁了。殷朝的太师、少师于是带着他们的祭祀乐器逃往了西周。周武王遂率领诸侯讨伐殷纣，纣也发兵在牧野地区抵抗。甲子日，殷军战败，纣王逃走，登上鹿台，穿着他带宝玉的衣服，放火自焚而死。周武王于是砍下纣的头颅，悬挂在太白旗上示众。然后杀死妲己，释放箕子，修缮比干的坟墓，旌表商容的里巷，分封纣王的儿子武庚禄父，以继续殷商的祭祀，令他修行盘庚的善政。殷商百姓大喜。于是周武王登上天子之位，他的后代贬低帝号，称为王。封殷商的后裔为诸侯，从属于周王朝。

周本纪

烽火戏诸侯

原　文

　　褒姒不好笑，幽王欲其笑万方^①，故不笑。幽王为烽燧大鼓，有寇至则举烽火。诸侯悉至，至而无寇，褒姒乃大笑。幽王说之，为数举烽火。其后不信，诸侯益亦不至。

　　幽王以虢石父为卿，用事，国人皆怨。石父为人佞巧，善谀好利，王用之。又废申后^②，去太子也。申侯怒，与缯、西夷犬戎攻幽王。幽王举烽火征兵，兵莫至。遂杀幽王骊山下，虏褒姒，尽取周赂^③而去。于是诸侯乃即申侯而共立故幽王太子宜臼，是为平王，以奉周祀。

注　释

　　①万方：各种方法。

　　②申后：周幽王王后，太子之母。

　　③赂：财物。

译　文

　　褒姒不爱笑，周幽王用尽各种方法想博她一笑，她就是不笑。幽王设有烽燧和大鼓，有敌人进犯就点燃烽火。一次诸侯都到了却没有敌人，褒姒这时才大笑。周幽王很高兴，为此多次乱燃烽火。后来失去信用，诸侯也都不来了。

　　幽王任用虢石父为卿，让他管理政事，国人都有怨气。虢石父为人佞巧，喜欢谄谀、贪慕财利，但幽王却重用了他。幽王又废掉申后，罢黜太子。申侯大怒，便联合缯国和西夷的犬戎攻打幽王。幽王点燃烽火征召诸侯之兵，但没有军队到来。他们便将幽王攻杀于骊山之下，掳走了褒姒，掠尽周人的财货而去。于是，诸侯都到申侯那里一起立了原来幽王的太子宜臼，就是周平王，来继承周王朝的社稷。

秦本纪

孝公求贤

原 文

孝公元年，河山以东强国六，与齐威、楚宣、魏惠、燕悼、韩哀、赵成侯并。淮泗之间小国十馀。楚、魏与秦接界。魏筑长城，自郑滨洛以北，有上郡。楚自汉中，南有巴、黔中。周室微，诸侯力政[1]，争相并。秦僻在雍州，不与中国诸侯之会盟，夷翟遇之。孝公于是布惠，振孤寡，招战士，明功赏。下令国中曰："昔我缪公自岐雍之间，修德行武，东平晋乱，以河为界，西霸戎翟，广地千里，天子致伯，诸侯毕贺，为后世开业，甚光美。会往者厉、躁、简公、出子之不宁，国家内忧，未遑外事，三晋[2]攻夺我先君河西地，诸侯卑秦，丑莫大焉。献公即位，镇抚边境，徙治栎阳，且欲东伐，复缪公之故地，修缪公之政令。寡人思念先君之意，常痛于心。宾客群臣有能出奇计强秦者，吾且尊官，与之分土。"于是乃出兵东围陕城，西斩戎之獂王。

卫鞅闻是令下，西入秦，因景监求见孝公。

注 释

①力政：以武力为政，暴政。
②三晋：韩、赵、魏三国，三家瓜分晋国而来，故称三晋。

译 文

秦孝公元年，黄河、华山以东有强国六个，孝公与齐威王、楚宣王、魏惠王、燕悼公、韩哀侯、赵成侯并立。淮河、泗水流域还有小国十余个。其中楚、魏两国与秦交界。魏国修筑了长城，从郑沿洛水河岸北上，占有上郡之地。楚国据汉中，往南占有巴、黔中等郡。周室衰微，诸侯以武力为政，互相兼并。秦处于偏僻的雍州，不参与中原诸侯的会盟，中原诸侯也把秦国当蛮夷对待。秦孝公于是布施恩惠，赈济孤寡，招募战士，明确功赏。下令国中说："昔日我先王缪公起自岐、雍之间，修文德、行武功，在东面平定晋国的动乱，与晋国以黄河为界，在西面称霸戎翟，扩展土地上千里，天子承认为霸主，诸侯都来祝贺，为后世开创基业，甚为荣耀。不幸以前厉公、躁公、简公、出子的时候，遭遇不宁，国家内忧，顾不上国外之事，三晋攻夺了我河西之地，诸侯藐视秦国，没有比这更加耻辱的了。献公即位以后，镇抚边境，将国都迁到栎阳，并准备东伐，恢复缪公时的故土，修习穆公时的政令。寡人追念先君遗志，常常痛于内心。宾客群臣如果有谁能够出奇计强盛秦国，我就封其高官，授其土地。"随即出兵向东围困陕城，向西斩杀了戎夷的䝠王。

卫鞅听说此令已下，便西入秦国，通过景监求见秦孝公。

秦始皇本纪

定号皇帝

原　文

秦初并天下，令丞相、御史曰："异日韩王纳地效玺，请为藩臣，已而倍①约，与赵、魏合从畔秦，故兴兵诛之，虏其王。寡人以为善，庶几息兵革。赵王使其相李牧来约盟，故归其质子。已而倍盟，反我太原，故兴兵诛之，得其王。赵公子嘉乃自立为代王，故举兵击灭之。魏王始约服入秦，已而与韩、赵谋袭秦，秦兵吏诛，遂破之。荆王献青阳以西，已而畔约，击我南郡，故发兵诛，得其王，遂定其荆地。燕王昏乱，其太子丹乃阴令荆轲为贼，兵吏诛，灭其国。齐王用后胜计，绝秦使，欲为乱，兵吏诛，虏其王，平齐地。寡人以眇眇②之身，兴兵诛暴乱，赖宗庙之灵，六王咸伏其辜③，天下大定。今名号不更，无以称成功，传后世。其议帝号。"

丞相绾、御史大夫劫、廷尉斯等皆曰："昔者五帝地方千里，其外侯服夷服诸侯或朝或否，天子不能制。今陛下兴义兵，诛残贼，平定天下，海内为郡县，法令由一统，自上古以来未尝有，五帝所不及。臣等谨与博士议曰：'古有天皇，有地皇，有泰皇，泰皇最贵。'臣等

昧死上尊号，王为'泰皇'。命为'制'，令为'诏'，天子自称曰
'朕'。"王曰："去'泰'，著'皇'，采上古'帝'位号，号曰'皇
帝'。他如议。"制曰："可。"

追尊庄襄王为太上皇。制曰："朕闻太古有号毋谥，中古有号，死
而以行为谥。如此，则子议父，臣议君也，甚无谓④，朕弗取焉。自
今已来，除谥法。朕为始皇帝。后世以计数，二世三世至于万世，传
之无穷。"

注 释

①倍：通"背"，背叛。

②眇：通"渺"，渺小。

③辜：罪。

④无谓：没有意义、价值。

译 文

秦国刚刚统一天下，秦王诏令丞相、御史说："昔日韩王交出土地
印玺，请求作为秦国藩臣，不久背弃盟约，与赵国、魏国合纵背叛秦
国，所以兴兵讨伐，俘虏韩王。我认为这样很好，如此就可以停止战
争了。赵王派遣其相李牧来与我盟约，所以归还了赵国的质子。但不
久赵国就背叛盟约，在太原反抗我，所以兴兵讨伐，擒获了赵王。赵
国公子嘉自立为代王，我又举兵击破消灭了它。魏王开始约定归服于
秦国，不久又与韩国、赵国图谋袭击我，于是派兵将讨伐，攻破了它。
楚王进献青阳以西之地，不久就背叛了盟约，攻打我南郡，所以发兵
讨伐，俘虏了楚王，遂平定了楚地。燕王昏庸悖乱，其太子丹于是暗
中令荆轲刺杀我，遂派遣兵将，灭掉了燕国。齐王听从后胜的奸计，
断绝秦使，想要为乱，兵将前去征讨，俘虏了齐王，平定齐地。寡人
以微小之身，兴兵诛除暴乱，全倚赖祖宗的神灵，使六国之王都因他
们的罪过受到了惩罚，天下得以安定。如今不更变名号，便不能扬显
这显赫的功绩，使其传于后世。情商定帝号。"

丞相王绾、御史大夫冯劫、廷尉李斯等人都说："从前五帝管理的
地方纵横千里，外面划分有侯服、夷服等不同区域，那里的诸侯有的

朝见、有的不朝见，天子不能控制。现在陛下兴发义兵，诛除残贼，平定天下，海内之地都设为郡县，法令归于一统，这是自上古以来未曾有过的，五帝之功也赶不上。臣等恭谨地与博士们商议说：'古代有天皇，有地皇，有泰皇，其中泰皇最为尊贵。'臣等冒死献上尊号，王称为'泰皇'。王之教令称为'制'，下达命令称为'诏'，天子自称为'朕'。"秦王回答说："去掉'泰'，留下'皇'，采用上古'帝'的位号，称'皇帝'。其他就如你们的商议。"于是下令说："可以。"

追尊秦庄襄王为太上皇。皇帝下令说："朕听说远古之时有称号没有谥号，中古时候有称号，还要在人死以后根据生前行为加谥号。这样，就是儿子评价父亲，臣子议论君主，很没有意义，我不赞成。自今以后，废除谥法。朕就是始皇帝。后世计数而称，二世三世以至万世，传之于无穷。"

项羽本纪

破釜沉舟

原 文

项梁起东阿，西，至定陶，再破秦军，项羽等又斩李由，益轻秦，有骄色。宋义乃谏项梁曰："战胜而将骄卒惰者败。今卒少惰矣，秦兵日益，臣为君畏之。"项梁弗听。乃使宋义使于齐。道遇齐使者高陵君显，曰："公将见武信君乎？"曰："然。"曰："臣论武信君军必败。公徐行即免死，疾行则及祸。"秦果悉起兵益章邯，击楚军，大破之定陶，项梁死。沛公、项羽去外黄攻陈留，陈留坚守不能下。沛公、项羽相与谋曰："今项梁军破，士卒恐。"乃与吕臣军俱引兵而东。吕臣军彭城东，项羽军彭城西，沛公军砀。

章邯已破项梁军，则以为楚地兵不足忧，乃渡河击赵，大破之。当此时，赵歇为王，陈馀为将，张耳为相，皆走入钜鹿城。章邯令王离、涉间围钜鹿，章邯军其南，筑甬道而输之粟。陈馀为将，将卒数万人而军钜鹿之北，此所谓河北之军也。

楚兵已破于定陶，怀王恐，从盱台之彭城，并项羽、吕臣军自将之。以吕臣为司徒，以其父吕青为令尹。以沛公为砀郡长，封为武安侯，将砀郡兵。

初，宋义所遇齐使者高陵君显在楚军，见楚王曰："宋义论武信君之军必败，居数日，军果败。兵未战而先见败征，此可谓知兵矣。"王召宋义与计事而大说之，因置以为上将军，项羽为鲁公，为次将，范增为末将，救赵。诸别将皆属宋义，号为卿子冠军。

行至安阳，留四十六日不进。项羽曰："吾闻秦军围赵王钜鹿，疾引兵渡河，楚击其外，赵应其内，破秦军必矣。"宋义曰："不然。夫搏牛之虻不可以破虮虱①。今秦攻赵，战胜则兵罢，我承其敝；不胜，则我引兵鼓行而西，必举秦矣。故不如先斗秦赵。夫被坚执锐，义不如公；坐而运策，公不如义。"因下令军中曰："猛如虎，很②如羊，贪如狼，强不可使者，皆斩之。"乃遣其子宋襄相齐，身送之至无盐，饮酒高会。天寒大雨，士卒冻饥。项羽曰："将戮力而攻秦，久留不行。今岁饥民贫，士卒食芋菽③，军无见粮，乃饮酒高会，不引兵渡河因赵食，与赵并力攻秦，乃曰'承其敝'。夫以秦之强，攻新造之赵，其势必举赵。赵举而秦强，何敝之承！且国兵新破，王坐不安席，埽境内而专属于将军，国家安危，在此一举。今不恤士卒而徇其私，非社稷之臣。"项羽晨朝上将军宋义，即其帐中斩宋义头，出令军中曰："宋义与齐谋反楚，楚王阴令羽诛之。"当是时，诸将皆慴服，莫敢枝梧④。皆曰："首立楚者，将军家也。今将军诛乱。"乃相与共立羽为假上将军。使人追宋义子，及之齐，杀之。使桓楚报命于怀王。怀王因使项羽为上将军，当阳君、蒲将军皆属项羽。

项羽已杀卿子冠军，威震楚国，名闻诸侯。乃遣当阳君、蒲将军将卒二万渡河，救钜鹿。战少利，陈馀复请兵。项羽乃悉引兵渡河，皆沈船，破釜甑，烧庐舍，持三日粮，以示士卒必死，无一还心。於是至则围王离，与秦军遇，九战，绝其甬道，大破之，杀苏角，虏王离。涉间不降楚，自烧杀。当是时，楚兵冠诸侯。诸侯军救钜鹿下者十馀壁，莫敢纵兵。及楚击秦，诸将皆从壁上观。楚战士无不一以当十，楚兵呼声动天，诸侯军无不人人慑恐。于是已破秦军，项羽召见诸侯将，入辕门，无不膝行而前，莫敢仰视。项羽由是始为诸侯上将军，诸侯皆属焉。

注　释

①搏牛之虻不可以破虮虱：抓牛身上的虻虫，是无法清除牛身上的虮虱的。指与章邯的军队决战并不是推翻秦国的好办法。

②很：通"狠"，凶狠、暴戾。

③芋菽："芋"应为"半"，王劭注："半，量器名，容半升也。"

④枝梧：抵触、抗拒。

译　文

项梁自东阿出兵，向西进军，到了定陶又一次打败秦军，项羽等又斩杀了秦三川守李由，因此，项梁更加轻视秦军，有骄傲之色。宋义于是劝谏项梁说："战胜之后将领骄傲士卒惰怠的军队将遭受失败。如今士卒少有怠惰了，秦兵日益增多，我为君感到担心。"项梁不听劝告。就派宋义出使齐国。宋义在路上遇到了齐国使者高陵君田显，问："您将去拜见武信君吗？"高陵君回答："是的。"宋义说："我断定武信君一定会失败。你慢些走就可以免除死亡，快速走就要遭受灾祸。"秦果然发动全部兵力增援章邯，攻打楚军，在定陶将其击破，项梁战死。沛公、项羽离开外黄进攻陈留，陈留守军固守，不能攻下，沛公、项羽商谋："如今项梁军被击溃，士卒都十分恐慌。"便和吕臣一起引兵东进。吕臣驻军在彭城东，项羽驻军彭城西，沛公驻扎在砀。

章邯击破项梁军后，就觉得楚地义军无须担忧了，便渡过黄河攻打赵国，大破赵军。这个时候，赵歇是赵王，陈馀为大将，张耳为赵相，都跑进钜鹿城中。章邯令王离、涉间围攻钜鹿，自己驻扎在南面，建筑甬道为王离军输送粮草。陈馀作为大将，统率数万人驻扎在钜鹿城北面，这就是所谓的河北军队。

楚军在定陶被击败后，楚怀王很害怕，从盱台来到彭城，将项羽、吕臣的军队合并，自己亲自统领。任命吕臣为司徒，他的父亲吕青为令尹。任命沛公为砀郡长，封其为武安侯，让他统率砀地军队。

当初宋义在路上所碰到的齐国使者高陵君田显在楚军中，见到楚怀王说："宋玉断定武信君的军队一定失败，过了几天，军队果然失败。军队还未交战就先察见要败的征兆，这可以说是通晓兵事了。"怀王召见宋义，和他商量事情，大为高兴，因此任命他为上将军，封项羽为鲁公，担任次将，范增为末将，发兵救赵。诸将都受宋义统属，他号称为"卿子冠军"。

楚军行进到安阳，停留四十六天不前进。项羽说："我听说秦军在钜鹿围攻赵王，应迅速引兵渡河，楚军攻打其外面，赵军从内部策应，一定可以击破秦军。"宋义说："不是这样的。抓牛身上的虻虫是不能消除牛身上的虮虱的，现在秦军攻打赵国，打胜了必然士卒疲敝，我们趁机进攻秦军。打不胜，我们就率军鸣鼓西进，一定可以一举灭秦。所以不如先坐观秦赵苦斗。披坚执锐，冲锋陷阵，我宋义比不上您；运筹帷幄之中而决胜，您就不如宋义了。"因而下令军中说："凶猛如虎，狠戾如羊，贪婪如狼，倔强不听号令的，都处斩。"于是派遣他的儿子宋襄去齐国担任国相，亲自送到无盐，摆酒设宴大肆欢会。恰逢天气转寒，降下大雨，士兵又冷又饿。项羽说："本应并力攻打秦军，却长期逗留不进。当今饥荒年岁，人民贫困，士卒只吃半升豆子，军中没有存粮了，宋义却还设酒宴，会宾客，不率军渡河就地取用赵地的粮食，同赵军并力攻秦，说什么等秦军疲敝。以秦军的强大，进攻新建立的赵国，其形势秦军一定会攻下赵国。攻下赵国秦军就更加强大，有什么疲敝可乘呢！且楚军刚刚被击溃，楚王坐不安席，集中国内所有兵力交给上将军统属，国家安危在此一举。如今上将军不体恤士卒，却徇情营私，不是忠于社稷良臣。"项羽清晨朝见上将军宋义，就在其军帐中斩下了宋义的头颅，出来号令军中说："宋义同齐国合谋反楚，楚王密令我诛杀他。"这个时候，诸将全都慑服，没有敢违逆的，都说："首先复立楚国的就是将军家。如今将军又诛除了叛乱。"于是一起共立项羽为假上将军。项羽派人追杀宋义的儿子，到了齐地赶上，杀了他。又派桓楚向楚怀王汇报。楚怀王于是就让项羽担任上将军，当阳君黥布、蒲将军都归项羽节制。

项羽已经杀死了卿子冠军宋义，威震楚国，闻名诸侯。于是派遣
当阳君、蒲将军率领士卒两万渡河，解救巨鹿。战争稍有胜利，陈馀
又请求援兵。项羽于是引全军渡过黄河，都凿沉船只，砸破炊具，烧
掉营舍，留三日的军粮，以向士卒表示必死之心，没有一个活着回来
的打算。于是，到了钜鹿便围困王离，与秦军会战，经过九次战斗，
断绝了秦兵的运粮甬道，大破秦军，杀死秦将苏角，俘虏了王离。涉
间不降楚国，自焚而死。这个时候，楚军在诸侯中最强。诸侯军救援
钜鹿的有十余座营壁，没有敢纵兵攻击秦军的。及至楚军击秦，诸将
都从营壁上观望。楚军战士无不以一敌十，楚兵呼声惊天动地，诸侯
军无不恐惧。于是，等到攻破了秦军，项羽召见诸侯将领，他们进入
辕门，无不跪在地上膝行而前，没有敢仰视的。项羽自此开始为诸侯
上将军，诸侯都受他统属。

鸿门宴

原 文

沛公旦日①从百馀骑来见项王，至鸿门，谢曰："臣与将军勠力而
攻秦，将军战河北，臣战河南，然不自意能先入关破秦，得复见将军
于此。今者有小人之言，令将军与臣有郤②。"项王曰："此沛公左司
马曹无伤言之；不然，籍何以至此。"项王即日因留沛公与饮。项王、
项伯东向坐。亚父南向坐。亚父者，范增也。沛公北向坐，张良西向
侍。范增数目项王，举所佩玉玦以示之者三，项王默然不应。范增起，
出召项庄，谓曰："君王为人不忍，若入前为寿，寿毕，请以剑舞，因
击沛公于坐，杀之。不者，若属皆且为所虏。"庄则入为寿，寿毕，
曰："君王与沛公饮，军中无以为乐，请以剑舞。"项王曰："诺。"项
庄拔剑起舞，项伯亦拔剑起舞，常以身翼蔽沛公，庄不得击。

于是张良至军门，见樊哙。樊哙曰："今日之事何如？"良曰："甚
急。今者项庄拔剑舞，其意常在沛公也。"哙曰："此迫矣，臣请入，
与之同命。"哙即带剑拥盾入军门。交戟之卫士欲止不内，樊哙侧其盾
以撞，卫士仆地，哙遂入，披帷西向立，瞋目视项王，头发上指，目

眦尽裂。项王按剑而跽曰："客何为者？"张良曰："沛公之参乘樊哙者也。"项王曰："壮士，赐之卮酒。"则与斗卮酒。哙拜谢，起，立而饮之。项王曰："赐之彘肩。"则与一生彘肩。樊哙覆其盾于地，加彘肩上，拔剑切而啗之。项王曰："壮士，能复饮乎？"樊哙曰："臣死且不避，卮酒安足辞！夫秦王有虎狼之心，杀人如不能举，刑人如恐不胜，天下皆叛之。怀王与诸将约曰'先破秦入咸阳者王之'。今沛公先破秦入咸阳，豪毛③不敢有所近，封闭宫室，还军霸上，以待大王来。故遣将守关者，备他盗出入与非常也。劳苦而功高如此，未有封侯之赏，而听细说④，欲诛有功之人。此亡秦之续耳，窃为大王不取也。"项王未有以应，曰："坐。"樊哙从良坐。坐须臾，沛公起如厕，因招樊哙出。

沛公已出，项王使都尉陈平召沛公。沛公曰："今者出，未辞也，为之奈何？"樊哙曰："大行不顾细谨，大礼不辞小让。如今人方为刀俎，我为鱼肉，何辞为。"于是遂去。乃令张良留谢。良问曰："大王来何操？"曰："我持白璧一双，欲献项王，玉斗一双，欲与亚父，会其怒，不敢献。公为我献之。"张良曰："谨诺。"当是时，项王军在鸿门下，沛公军在霸上，相去四十里。沛公则置车骑，脱身独骑，与樊哙、夏侯婴、靳强、纪信等四人持剑盾步走，从郦山下，道芷阳间行。沛公谓张良曰："从此道至吾军，不过二十里耳。度我至军中，公乃入。"沛公已去，间至军中，张良入谢，曰："沛公不胜杯杓，不能辞。谨使臣良奉白璧一双，再拜献大王足下；玉斗一双，再拜奉大将军足下。"项王曰："沛公安在？"良曰："闻大王有意督过之，脱身独去，已至军矣。"项王则受璧，置之坐上。亚父受玉斗，置之地，拔剑撞而破之，曰："唉！竖子不足与谋。夺项王天下者，必沛公也，吾属今为之虏矣。"沛公至军，立诛杀曹无伤。

注　释

①旦日：第二天。

②郤：间隙、嫌隙。

③豪毛：豪，通"毫"。

④细说：谗言。

译　文

　　沛公第二天带着百余骑来见项王，到达鸿门，谢罪说："臣与将军勠力同心共伐暴秦，将军在黄河之北作战，臣在黄河之南作战，然而没料到我竟先攻入了秦地，能在这里又见到将军。如今有小人谗言，使将军和我产生了嫌隙。"项王说："这是您的左司马曹无伤说的；不然，我怎么会如此呢。"项王当日即留沛公一起饮酒。项王、项伯东向而坐，亚父南向而坐。亚父，就是范增。沛公北向而坐，张良西向陪侍。范增屡屡向项王使眼色，再三举起他所佩戴的玉玦示意，项王默然不应。范增起座，出门召集项庄，对他说："君王不忍动手，你上前祝酒，祝寿完毕，请求舞剑，趁机在座位上袭击沛公，杀死他。不然，你们这些人都将是他的俘虏了。"项庄于是进去祝酒。祝酒完毕，说："君王与沛公宴饮，军中没有什么可以娱乐的，请为诸位舞剑。"项王说："好。"项庄拔剑起舞，项伯也拔剑起舞，常常用身子掩护沛公，项庄不能击杀。

　　张良走出军门，见到樊哙。樊哙问："今天的事怎么样了？"张良说："十分危急。现在项庄舞剑，其意在于刺杀沛公。"樊哙说："这就急迫了，我请求进入，与沛公共生死。"樊哙即带剑持盾进入军门。把守的卫士想制止他进入，樊哙侧着盾牌撞击，卫士扑倒在地上，樊哙得以进入，揭开帷帐，西向而立，瞋目怒视项王，头发上指，眦眦欲裂。项王按剑，长跪而起，问道："来客是谁？"张良说："沛公的参乘樊哙。"项王说："真是壮士，赐给他一杯酒。"左右就给他一杯酒。樊哙拜谢，起身后，站着将酒一饮而尽。项王说："赐给他猪腿。"左右就拿了一个生猪腿给他。樊哙将盾牌平放在地上，又将猪腿放在上面，拔剑切着食用。项王说："壮士！还能再饮酒吗？"樊哙说："臣连死都不怕，一杯酒有什么可推辞的！秦王有虎狼般的残忍之心，杀人唯恐不尽，用刑唯恐不重，天下都背叛他。楚怀王与诸将约定说'先击破秦军进入咸阳的为秦王'。如今沛公先攻破秦军进入咸阳，丝毫财货都不敢接近，封闭宫室，退回到霸上，等待大王到来。之所以派遣兵将守卫关口，是为了防备其他盗贼和非常之变。沛公经受劳苦，功高若此，没有受到封侯的奖赏，而您却听信小人谗言，欲诛杀有功之人。这是步亡秦的后尘啊，私下里觉得大王不可如此。"项王无言以对，说："坐。"樊哙跟从张良坐下。坐了一会儿，沛公起来如厕，趁机招樊哙一起出去。

沛公出去以后，项王命都尉陈平召沛公回来。沛公说："如今出来，尚未辞行，该如何呢？"樊哙说："做大事不顾细枝末节，行大礼不讲究小的谦让。如今人家为刀俎，而我们是待杀的鱼肉，还请辞干什么。"便离开了。沛公令张良留下来致歉。张良问："大王来时带了什么礼物？"沛公说："我带了一对白玉璧，准备献给项王，一对玉斗，准备献给亚父，恰好逢他发怒，没敢进献。你替我献给他们吧。"张良说："遵命。"当时，项王驻军鸿门，沛公驻军霸上，相距四十里。沛公抛弃车骑，单身骑马独行，樊哙、夏侯婴、靳强、纪信四人持剑盾步行跟随，从骊山而下，取道芷阳，抄行小路。沛公对张良说："从这条道路到我军中，不过二十里路。你估计我到军中时再进去。"沛公离开后，估计行至军中了，张良才进去致歉，说："沛公不胜酒力，不能当面告辞。特意命臣奉上白璧一对，敬献给大王；玉斗一对，敬献给大将军。"项王问："沛公人在哪里？"张良说："听闻大王有意责备，便脱身独去，已经回到军中了。"项王接受了玉璧，放在座位上。亚父接受玉斗后，将其放在地上，拔剑击碎，说："哎！小子不足以共谋大事。夺取项王天下的，一定是沛公，我们这些人都要被他俘虏了。"沛公回到军中，立刻诛杀了曹无伤。

高祖本纪

沛公入咸阳

原　文

　　汉元年十月，沛公兵遂先诸侯至霸上。秦王子婴素车白马，系颈以组①，封皇帝玺符节，降轵道旁。诸将或言诛秦王。沛公曰："始怀王遣我，固以能宽容；且人已服降，又杀之，不祥。"乃以秦王属吏，遂西入咸阳。欲止宫休舍，樊哙、张良谏，乃封秦重宝财物府库，还军霸上。召诸县父老豪桀曰："父老苦秦苛法久矣，诽谤者族，偶语者弃市。吾与诸侯约，先入关者王之，吾当王关中。与父老约，法三章耳：杀人者死，伤人及盗抵罪。馀悉除去秦法。诸吏人皆案堵^②如故。凡吾所以来，为父老除害，非有所侵暴，无恐！且吾所以还军霸上，待诸侯至而定约束耳。"乃使人与秦吏行县乡邑，告谕之。秦人大喜，争持牛羊酒食献飨军士。沛公又让不受，曰："仓粟多，非乏，不欲费人。"人又益喜，唯恐沛公不为秦王。

注　释

①系颈以组：用丝绳系在脖子上，表示降服。
②案堵：同"安堵"，安居。

译　文

　　汉元年十月，沛公的军队先于其他诸侯到达霸上。秦王子婴驾着白车白马，用丝绳系着脖子，封好皇帝的印玺符节在轵道旁投降。诸将有人进言诛杀秦王。沛公说："当初怀王派遣我西入关中，就是因为我为人宽容；况且人家已经降服了，再去诛杀，不祥。"于是将秦王交给了官吏，遂向西进入咸阳。沛公想要留在秦宫中休息，樊哙、张良劝阻，于是封查了秦国的珍宝、财物、府库，回到霸上驻军。召集各县的父老豪杰说："你们苦于秦国苛法很久了，诽谤的被族灭，偶尔议论朝政就要被杀。我与诸侯们约定，先入关中的称王，我当称王关中。现在和你们约定，仅有法令三条：杀人的抵命，伤人及盗窃的抵罪。其余秦法全部废除。官吏、百姓都要安居如故。我之所以到来，是为了帮你们消除灾祸，而不是前来侵虐你们的，不要害怕！我之所以回到霸上驻军，是等待诸侯们到了再共同制定规约罢了。"于是便令人同秦国官吏一起巡行县邑，告谕秦地百姓。秦人大喜，争相拿着牛羊酒食进献、慰劳沛公的军士。沛公又辞让不接受，说："粮仓里的粮食很多，不缺乏，不想让大家破费。"秦人更加欣喜，唯恐沛公不做秦王。

高祖论成败

原 文

高祖置酒雒阳南宫。高祖曰:"列侯诸将无敢隐①朕,皆言其情。吾所以有天下者何?项氏之所以失天下者何?"高起、王陵对曰:"陛下慢而侮人,项羽仁而爱人。然陛下使人攻城略地,所降下者因以予之,与天下同利也。项羽妒贤嫉能,有功者害之,贤者疑之,战胜而不予人功,得地而不予人利,此所以失天下也。"高祖曰:"公知其一,未知其二。夫运筹策帷帐之中,决胜于千里之外,吾不如子房。镇国家,抚百姓,给馈饷②,不绝粮道,吾不如萧何。连百万之军,战必胜,攻必取,吾不如韩信。此三者,皆人杰也,吾能用之,此吾所以取天下也。项羽有一范增而不能用,此其所以为我擒也。"

注 释

①隐:欺瞒。
②馈饷:粮食、军饷。

译 文

高祖在洛阳南宫之中摆下酒宴。高祖说:"列位诸侯、将领不要隐瞒朕,都说心里话。我为什么能够得到天下,项羽又为什么而失去天下?"高起、王陵回答说:"陛下傲慢而好轻辱人,项羽仁厚而能爱护人。然而,陛下派人攻城略地,所招降攻占的地方就分封给他们,与天下人共享利益。项羽则嫉贤妒能,有功的人进行迫害,贤能的人进行怀疑,战胜之后不和别人分享功劳,得到土地也不分给他人利益,这就是他失去天下的原因。"高祖说:"你们只知其一,未知其二。运筹帷幄,决胜于千里之外,我不如张良。镇抚国家,安定百姓,供给前线粮草军饷,确保粮道通畅,我不如萧何。统领百万大军,战必胜,攻必取,我不如韩信。这三人都是当世人杰,我能任用他们,就是我取得天下的原因。项羽有一个范增却不能任用,就是他所以被我擒杀的原因。"

识人之明

原　文

　　高祖击布时，为流矢所中，行道病。病甚，吕后迎良医，医入见，高祖问医，医曰："病可治。"于是高祖嫚骂①之曰："吾以布衣提三尺剑取天下，此非天命乎？命乃在天，虽扁鹊何益！"遂不使治病，赐金五十斤罢之。已而吕后问："陛下百岁后，萧相国即死，令谁代之？"上曰："曹参可。"问其次，上曰："王陵可。然陵少戆②，陈平可以助之。陈平智有余，然难以独任。周勃重厚少文，然安刘氏者必勃也，可令为太尉。"吕后复问其次，上曰："此后亦非而所知也。"

注　释

　　①嫚骂：辱骂，乱骂。
　　②戆：刚直。

译　文

　　高祖平定英布叛乱之时，被流矢射中，行军途中就生了病。病情严重，吕后请来良医，医生入见，高祖询问医生，医生说："病可以治。"于是高祖谩骂道："我以一个布衣平民，手提三尺剑最终取得天下，这难道不是天命吗？命运在天，即使有扁鹊那样的神医又能有什么用！"于是不让他治病，赏赐了黄金五十斤，让他离去。后来，吕后问："陛下百年以后，萧相国如果也死了，令谁代替他呢？"高祖说："曹参可以。"又问接下来的安排，高祖说："王陵可以，然而王陵稍显刚直，陈平可以辅助他。陈平智谋有余，却难以独当大任。周勃为人厚重少文采，然而能安定刘氏天下的一定是他，可以任用周勃为太尉。"吕后又问以后的事，高祖说："再以后的事，也不是你所能够知道的了。"

晋世家

骊姬之乱

原　文

献公私谓骊姬曰："吾欲废太子，以奚齐①代之。"骊姬泣曰："太子之立，诸侯皆已知之，而数将兵，百姓附之，奈何以贱妾之故废嫡立庶？君必行之，妾自杀也。"骊姬详誉太子，而阴令人谮恶太子，而欲立其子。

二十一年，骊姬谓太子曰："君梦见齐姜，太子速祭曲沃，归釐②于君。"太子于是祭其母齐姜于曲沃，上其荐胙③于献公。献公时出猎，置胙于宫中。骊姬使人置毒药胙中。居二日，献公从猎来还，宰人上胙献公，献公欲飨之。骊姬从旁止之，曰："胙所从来远，宜试之。"祭地，地坟④；与犬，犬死；与小臣，小臣死。骊姬泣曰："太子何忍也！其父而欲弑代之，况他人乎？且君老矣，旦暮之人，曾不能待而欲弑之！"谓献公曰："太子所以然者，不过以妾及奚齐之故。妾愿子母辟之他国，若早自杀，毋徒使母子为太子所鱼肉也。始君欲废之，妾犹恨之；至于今，妾殊自失于此。"太子闻之，奔新城。献公怒，乃诛其傅杜原款。或谓太子曰："为此药者乃骊姬也，太子何不自辞明之？"太子曰："吾君老矣，非骊姬，寝不安，食不甘。即辞之，君且怒之。不可。"或谓太子曰："可奔他国。"太子曰："被此恶名以出，人谁内我？我自杀耳。"十二月戊申，申生自杀于新城。

此时重耳、夷吾来朝。人或告骊姬曰："二公子怨骊姬谮杀太子。"骊姬恐，因谮二公子："申生之药胙，二公子知之。"二子闻之，恐，重耳走蒲，夷吾走屈，保其城，自备守。初，献公使士蒍为二公子筑蒲、屈城，弗就。夷吾以告公，公怒士蒍。士蒍谢曰："边城少寇，安用之？"退而歌曰："狐裘蒙茸⑤，一国三公，吾谁适从！"卒就城。及申生死，二子亦归保其城。

注　释

①奚齐：骊姬的儿子。

②厘：福。

③胙：祭福之肉。

④坟：凸起。

⑤狐裘蒙茸：蒙茸，狐裘表面毫毛蓬乱的样子。指国政混乱。

译　文

晋献公私下对骊姬说："我想废掉太子，以奚齐取代他。"骊姬哭泣着说道："太子被立，诸侯都已知道，他又数次将兵作战，百姓都归附他，为何要以贱妾的缘故废嫡立庶呢？您一定要这么做的话，贱妾宁愿自杀。"骊姬表面上赞誉太子，而私下里却让人谗毁太子，想立她自己的儿子。

二十一年，骊姬对太子说："君王梦到了齐姜，太子应立刻去曲沃祭拜，为君王求得福瑞。"太子于是到曲沃去祭拜他的母亲齐姜，将祭肉献给了献公。献公当时外出打猎，祭肉放置在宫中。骊姬派人将毒药放在祭肉之中。两日以后，献公打猎归来，厨师将祭肉献给献公，献公正想享用。骊姬从旁边制止，道："祭肉从远方而来，应试试有没有毒。"将其倒在地上，地面凸起，将其喂给狗，狗死掉了；又将其给仆人吃，仆人也死了。骊姬哭着说："太子怎么忍心如此！他的父亲都想杀掉代替，更何况他人？况且君上年老了，在世还能有几天呢，太子竟迫不及待地想要弑君！"对献公说："太子之所以这样做，不过是因为贱妾和奚齐的缘故。臣妾愿母子二人到他国躲避，或早早自杀，不要让我们母子白白为太子残害。当初君王想废掉他，臣妾犹不忍心；到如今，我才知道自己大错特错了。"太子听闻这件事，便逃奔到了新城。献公大怒，于是杀死了他的老师杜原款。有人对太子说："毒药是骊姬所放的，太子为何不自己辩明呢？"太子说："我们君上年老了，没有骊姬，便寝不安席，食不甘味。假使我说了，君上将会对骊姬发怒。不可以这样做。"有人劝太子说："可以逃奔他国。"太子说："身负弑君、弑父的恶名而出奔，谁会接纳我呢？我自杀吧。"十二月戊申，太子申生在新城自杀。

此时公子重耳、夷吾来朝见献公。有人告诉骊姬说："这两位公子怨恨您谮杀太子。"骊姬恐惧，因此诬告两位公子说："申生投毒祭肉，两位公子事先也知道。"二位公子听说后，十分恐惧，重耳逃奔到蒲城，夷吾逃奔到屈城，退保封城，自卫防守。当初，襄公令士蒍为两位公子修筑蒲、屈二城城墙，没有修好。夷吾把这件事告诉了献公，献公对士蒍很生气。士蒍谢罪说："边城寇贼少，修筑城墙什么用呢？"退下之后，歌唱道："狐裘绒毛乱蓬蓬，一国三主不知所从！"终于修好了城墙。等到申生死后，两位公子便回去退保他们的封城了。

卧薪尝胆

原　文

勾践之困会稽也，喟然叹曰："吾终于此乎？"种曰："汤系夏台，文王囚羑里，晋重耳奔翟，齐小白奔莒，其卒王霸。由是观之，何遽不为福乎？"

吴既赦越，越王勾践反国，乃苦身焦思，置胆于坐，坐卧即仰胆，饮食亦尝胆也。曰："女忘会稽之耻邪？"身自耕作，夫人自织，食不加肉，衣不重采，折节下贤人，厚遇宾客，振贫吊死，与百姓同其劳。欲使范蠡治国政，蠡对曰："兵甲之事，种不如蠡；填抚国家，亲附百姓，蠡不如种。"于是举国政属大夫种，而使范蠡与大夫柘稽行成，为质于吴。二岁而吴归蠡。

译　文

越王勾践困厄在会稽山的时候，喟然长叹说："我将于此了结一生了吗？"大夫文种说："商汤被拘系在夏台，周文王被囚禁在羑里，晋公子重耳逃亡于翟，齐公子小白逃亡于莒，他们最终都能成就王霸之业。由此来看，您今日的被困为何不能成为福分呢？"

吴国赦免了越国，越王勾践回国后便忧心苦思，把苦胆放置到座位上，坐卧之时便仰望苦胆，饮食之时也要尝尝苦胆。对自己说："你难道忘了被困会稽山的耻辱了吗？"他亲身耕作，夫人亲自织布，吃饭时不吃荤菜，穿衣时不穿华美的衣服，降低身份尊重贤人，厚遇往来的宾客，赈济贫民、吊慰死者，和百姓共同劳作。勾践想任用范蠡处理国政，范蠡说："用兵打仗的事，文种不如我范蠡；镇抚国家、亲附百姓，范蠡则不如文种。"于是勾践将国家政务托付给大夫文种，而派遣范蠡和大夫柘稽到吴国求和，担当人质。两年以后，吴国才放范蠡回国。

赵世家

赵氏孤儿

原　文

　　晋景公之三年，大夫屠岸贾欲诛赵氏。初，赵盾在时，梦见叔带①持要而哭②，甚悲；已而笑，拊手且歌。盾卜之，兆③绝而后好。赵史援占之，曰："此梦甚恶，非君之身，乃君之子，然亦君之咎。至孙，赵将世益衰。"屠岸贾者，始有宠于灵公，及至于景公而贾为司寇，将作难，乃治灵公之贼以致赵盾，遍告诸将曰："盾虽不知，犹为贼首。以臣弑君，子孙在朝，何以惩罪？请诛之。"韩厥曰："灵公遇贼，赵盾在外，吾先君以为无罪，故不诛。今诸君将诛其后，是非先君之意而今妄诛。妄诛谓之乱。臣有大事而君不闻，是无君也。"屠岸贾不听。韩厥告赵朔趣亡。朔不肯，曰："子必不绝赵祀，朔死不恨。"韩厥许诺，称疾不出。贾不请而擅与诸将攻赵氏于下宫，杀赵朔、赵同、赵括、赵婴齐，皆灭其族。

　　赵朔妻成公姊，有遗腹，走公宫匿。赵朔客曰公孙杵臼，杵臼谓朔友人程婴曰："胡不死？"程婴曰："朔之妇有遗腹，若幸而男，吾奉之；即女也，吾徐死耳。"居无何，而朔妇免身④，生男。屠岸贾闻之，索于宫中。夫人置儿绔中，祝曰："赵宗灭乎，若号；即不灭，若无声。"及索，儿竟无声。已脱，程婴谓公孙杵臼曰："今一索不得，后必且复索之，奈何？"公孙杵臼曰："立孤与死孰难？"程婴曰："死易，立孤难耳。"公孙杵臼曰："赵氏先君遇子厚，子强为其难者，吾为其易者，请先死。"乃二人谋取他人婴儿负之，衣以文葆，匿山中。程婴出，谬谓诸将军曰："婴不肖，不能立赵孤。谁能与我千金，吾告赵氏孤处。"诸将皆喜，许之，发师随程婴攻公孙杵臼。杵臼谬曰："小人哉程婴！昔下宫之难不能死，与我谋匿赵氏孤儿，今又卖我。纵不能立，而忍卖之乎！"抱儿呼曰："天乎天乎！赵氏孤儿何罪？请活之，独杀杵臼可也。"诸将不许，遂杀杵臼与孤儿。诸将以为赵氏孤儿良已死，皆喜。然赵氏真孤乃反在，程婴卒与俱匿山中。

居十五年，晋景公疾，卜之，大业⑤之后不遂⑥者为祟。景公问韩厥，厥知赵孤在，乃曰："大业之后在晋绝祀者，其赵氏乎？夫自中衍⑦者皆嬴姓也。中衍人面鸟噣，降佐殷帝大戊，及周天子，皆有明德。下及幽厉无道，而叔带去周适晋，事先君文侯，至于成公，世有立功，未尝绝祀。今吾君独灭赵宗，国人哀之，故见龟策。唯君图之。"景公问："赵尚有后子孙乎？"韩厥具以实告。于是景公乃与韩厥谋立赵孤儿，召而匿之宫中。诸将入问疾，景公因韩厥之众以胁诸将而见赵孤。赵孤名曰武。诸将不得已，乃曰："昔下宫之难，屠岸贾为之，矫以君命，并命群臣。非然，孰敢作难！微君之疾，群臣固且请立赵后。今君有命，群臣之愿也。"于是召赵武、程婴遍拜诸将，遂反与程婴、赵武攻屠岸贾，灭其族。复与赵武田邑如故。

及赵武冠，为成人，程婴乃辞诸大夫，谓赵武曰："昔下宫之难，皆能死。我非不能死，我思立赵氏之后。今赵武既立，为成人，复故位，我将下报赵宣孟⑧与公孙杵臼。"赵武啼泣顿首固请，曰："武愿苦筋骨以报子至死，而子忍去我死乎！"程婴曰："不可。彼以我为能成事，故先我死；今我不报，是以我事为不成。"遂自杀。赵武服齐衰三年，为之祭邑，春秋祠之，世世勿绝。

注　释

①叔带：赵氏先人，在周幽王时入晋侍奉晋文侯。

②持要而哭：抱着他的腰痛哭。

③兆：征兆，占卜时龟甲上烧出的裂纹。

④免身：免通"娩"，分娩。

⑤大业：即皋陶，伯益之父，赵氏的嫡系先祖。

⑥不遂：不顺利。

⑦中衍：赵氏先祖，曾为商王太戊驾驶马车。

⑧赵宣孟：即赵盾。

译　文

晋景公三年，大夫屠岸贾想要诛灭赵氏。当初，赵盾活着时，梦见叔带抱着他的腰痛哭，十分悲伤；之后又大笑，还拍着手唱歌。赵盾进行占卜，龟甲上烧出的裂纹开始中断而后又变好了。赵家的史官史援解释卜象说："这梦甚为凶险，不是应验在您的身上，而是您儿子的身上，然而也是您的过错。到了您孙子那一代，赵氏家族将更加衰落。"屠岸贾，起初受到晋灵公的宠幸，等到晋景公时做了晋国司寇，将要发难，于是惩治弑杀灵公的凶手以便牵连出赵盾，他遍告所有将领说："赵盾虽然不知道弑杀灵公之事，但仍为逆贼之首。做臣子的弑杀了君主，而子孙还在朝中为官，何以惩戒罪人？请诛灭赵氏。"韩厥说："灵公被弑杀，赵盾逃亡在外，先君成公认为他无罪，所以不加以诛讨。如今诸将想要诛杀他的后人，是违背先君的意思而滥杀无辜。滥杀无辜就是作乱。臣子要做大事，国君却没有听闻，这是目无君主。"屠岸贾不听。韩厥通知赵朔赶快逃亡。赵朔不肯，说："您一定不会让赵家断绝祭祀，我死无所恨。"韩厥许诺了，称病不出。屠岸贾不请求晋景公便擅自和将领们在下宫攻打赵氏，杀死了赵朔、赵同、赵括、赵婴齐，诛灭他们的全族。

赵朔的妻子是晋成公的姐姐，怀有赵朔留下的身孕，逃入景公宫里躲藏。赵朔的一位门客叫公孙杵臼，杵臼对赵朔的朋友程婴说："为何不为赵氏赴难而死？"程婴说："赵朔的妻子有身孕，如果有幸生下了男孩，我就奉养他；如果是个女孩，我再去死。"没多久，赵朔妻子分娩，生下了个男孩。屠岸贾听说了这个消息，来到宫中搜索。夫人将孩子藏在裤子中，祝祷道："赵氏宗族要是灭绝，你就号哭；如果还不灭绝，你就不要出声。"搜查的时候，孩子竟没出任何声音。脱险以后，程婴对公孙杵臼说："如今一次没有搜查到，屠岸贾之后必定再次搜索，怎么办呢？"公孙杵臼说："扶立遗孤和死哪个更难？"程婴说："死容易，扶立遗孤难。"公孙杵臼说："赵氏前人对您不薄，您就勉强做那难的吧，我做简单的，请先死。"于是两人设法取得别人家的婴儿背负着，包上漂亮的襁褓，藏匿在山中。程婴出来，假意对将军们说："我程婴没出息，不能扶立赵氏孤儿。谁能给我千金，我就告诉他赵氏孤儿在哪。"诸将都十分欢喜，许诺了他，派军队跟着程婴去攻打公孙杵臼。公孙杵臼假意说："程婴，你真是个小人啊！昔日下宫之难不能死节，和我一起谋划藏匿赵氏孤儿，如今又出卖我。即使不能扶立他，难道就忍心出卖吗？"又抱着婴儿高呼说："天啊，天啊！赵氏这个孤儿有什么罪过？请让他活下去，只杀了我公孙杵臼吧！"诸将不答应，于是杀死了公孙杵臼和孤儿。诸将以为赵氏孤儿的确死了，都欢喜不已。然而，真正的赵氏孤儿却还活着，程婴终于和他一起藏匿在深山之中了。

过了十五年，晋景公患病，进行占卜，结果是大业子孙后代不顺利的作祟。景公询问韩厥，韩厥知道赵氏孤儿仍在世，便说："大业的后代在晋国断绝祭祀的，不就是赵氏吗？从中衍传下的后代都是嬴姓的。中衍人面鸟嘴，降临人世辅佐殷王太戊，一直到其后代辅佐周天子，都有美德。后来遇到厉王、幽王无道，叔带离开周天子来到晋国，侍奉先君文侯，一直到成公，世代立有功勋，从未断绝祭祀。如今君上独灭绝赵氏宗族，国人都为他们感到悲哀，所以显现在龟策上。希望您考虑考虑吧！"景公问："赵氏尚有子孙后代吗？"韩厥将实情都告诉了他。于是景公和韩厥商量立赵氏孤儿，先把他召来藏到宫中。诸将入宫探望景公的疾病，景公依靠韩厥的部下胁迫他们同赵氏孤儿见面。赵氏孤儿名叫赵武。诸将不得已，便说："昔日下宫之难，都是屠岸贾策划的，他假传君命，号令群臣。不然的话，谁敢发动变乱呢！如果不是您有病，我们本来就想为赵氏立后。现在君上有这个命令，也遂了群臣的意愿。"于是景公令赵武、程婴一一拜见诸将，诸将遂反过来和程婴、赵武一起攻打屠岸贾，灭了他的家族。晋国又把原属于赵氏的封地归还给了赵武。

等到赵武行了冠礼，已是成人，程婴便辞别诸位大夫，对赵武说："昔日下宫之难，赵氏群臣都能死难。我不是不能死，而是想要扶立赵氏的后人。现在你已经复立赵氏，长大成人，恢复了原来的爵位，我将到地下去报告给赵宣孟和公孙杵臼。"赵武哀啼叩头，坚持请求说："我宁愿劳苦筋骨来报答您一直到死，您难道忍心离开我而去死吗？"程婴说："不行。公孙杵臼以为我能完成大事，所以先我而死；如今我不去报告，他就会以为我任务没有完成。"于是自杀。赵武为他守孝三年，给他设立了祭祀的土地，每年春秋祭祀，世代不绝。

孟尝君列传

鸡鸣狗盗

原　文

齐湣王二十五年，复卒使孟尝君入秦，昭王即以孟尝君为秦相。人或说秦昭王曰："孟尝君贤，而又齐族也，今相秦，必先齐而后秦，秦其危矣。"于是秦昭王乃止。囚孟尝君，谋欲杀之。孟尝君使人抵昭王幸姬求解。幸姬曰："妾愿得君狐白裘。"此时孟尝君有一狐白裘，直千金，天下无双，入秦献之昭王，更无他裘。孟尝君患之，遍问客，莫能对。最下坐有能为狗盗者，曰："臣能得狐白裘。"乃夜为狗，以入秦宫臧中，取所献狐白裘至，以献秦王幸姬。幸姬为言昭王，昭王释孟尝君。孟尝君得出，即驰去，更封传，变名姓以出关。夜半至函谷关。秦昭王后悔出孟尝君，求之已去，即使人驰传逐之。孟尝君至关，关法鸡鸣而出客，孟尝君恐追至，客之居下坐者有能为鸡鸣，而鸡齐鸣，遂发传出。出如食顷，秦追果至关，已后孟尝君出，乃还。始孟尝君列此二人于宾客，宾客尽羞之，及孟尝君有秦难，卒此二人拔之。自是之后，客皆服。

译　文

齐湣王二十五年，（齐王）终于又派遣孟尝君前往秦国，秦昭王随即任命孟尝君为秦相。有人劝说秦王道："孟尝君贤能，又是齐国王族，如今为秦相，一定先替齐国打算，后照顾秦国，秦国危险了。"于是秦昭王罢免了孟尝君的相位，并将他囚禁，图谋杀掉他。孟尝君派人到秦昭王的宠姬那里求救。宠姬说："我希望得到您的那件白色狐裘。"孟尝君曾有一领白狐裘，价值千金，天下无双，但入秦的时候已经献给了秦昭王，没有其他狐裘了。孟尝君为此发愁，问遍门客，没人有对策。居于最末座次，能够装狗偷盗的一个门客说："臣能够得到白狐裘。"于是他夜里扮作狗，钻入秦宫的仓库中，偷回了原来献给秦王的白狐裘，又将其献给了秦王的宠姬。宠姬为孟尝君在秦王面前说好话，秦昭王于是释放了孟尝君。孟尝君获释后，便疾驰离开，更换了出境证件，改变姓名逃出城关。半夜时到达了函谷关。秦昭王后悔释放孟尝君，派人寻找他，他已经离开了，便派人驾着传车飞奔追捕他。孟尝君到了函谷关下，关法规定鸡鸣的时候才放人出关，孟尝君害怕追兵赶到，十分恐惧，有居于下座的宾客能够学鸡叫，他一学，附近的鸡都鸣叫起来，孟尝君便立刻出示证件逃出了函谷关。他出去约一顿饭的工夫，秦国追兵果然到达关口，但已经落在了孟尝君的后面，只好返回。当初，孟尝君将这两个人奉为宾客，其他宾客都感到羞辱，等到孟尝君有了秦国的患难，最终靠着这两个人得以脱险。从此以后，宾客们都佩服孟尝君广招门客、细大不捐做法。